抗日战争档案汇编

抗战时期国民政府军政部兵工署第十工厂档案汇编

5

重庆市档案馆 编

中華書局

本册目录

五、生产概况

（一）生产过程

（二）迁移

（二）出品情况

五、生产概况

（一）生产过程

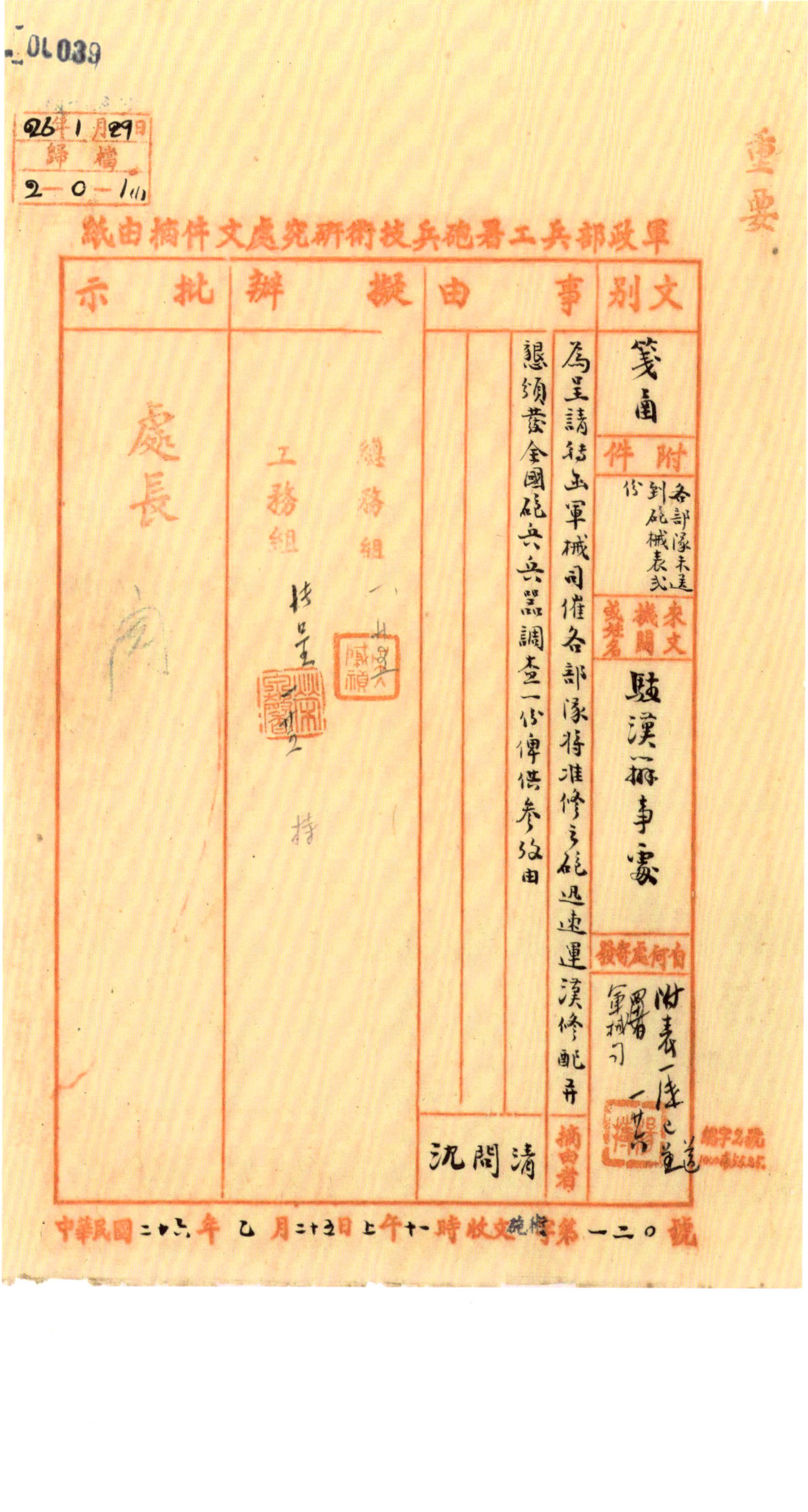
重要

0L039

26年1月29日
歸檔
2-0-1(1)

軍政部兵工署砲兵技術研究處文件摘由紙

文別	箋函
附件	各部隊未送到砲械表式份
來文機關或姓名	駐漢辦事處
自何處寄發	附表一張已呈送 軍械司 署
事由	為呈請轉函軍械司催各部隊將堆修之砲迅速運漢修配并懇頒發全國砲兵兵器調查一份俾供參攷由
摘由者	沈閣清
擬辦	總務組 工務組 持呈
批示	處長 閱

中華民國二十六年一月二十二日上午十一時收文砲術字第一二〇號

兵工署炮兵技术研究处驻汉办事处为请转函军械司催促送炮维修并颁发全国炮兵兵器调查致该处的笺函（一九三七年一月二十二日）

軍政部兵工署砲兵技術研究處駐漢辦事處

漢技(六)字第九號　第一頁

事由：呈請轉函軍械司催各部隊將准修之砲迅速運漢修配并懇須發全國砲兵兵器調查乙份俾供參攷。

案查漢廠及本處前後接奉　上峯飭令修配各部隊之砲械，多未送漢，已送到者，均早已動工，或已修竣待發，現在頗感工作缺乏，業經逐函催促各部隊，但均尚未回復。為使本處工作不輟盡量利用廠中能力以修整國軍各砲兵之裝備計，懇請

中華民國　年　月　日

18　電話三三〇七五　地址漢陽兵工廠　電報掛號漢陽(技)二一一一

軍政部兵工署砲兵技術研究處駐漢辦事處

漢技(二八)字第九號 第二頁

轉函軍械司催促各部隊將准備之砲從速送來，并通令各砲兵部隊及各軍械庫，凡在我國尚頗合用之砲，如克式山野砲、十年式山砲等及各種新式砲械，有須脩配者，從速詳報。全國砲兵兵器調查，亦祈須發乙份，俾知全國各種火砲數目及狀況，則可通盤籌劃平時及戰時之脩理工作。我國火砲不多，目前不易製造補充，脩理工作實為目前軍備上之急務之一。又查上年十二月十九日漢技字第十八号呈為武昌軍械

中華民國　　年　　月　　日

19

電話三三〇七五

地址 漢陽兵工廠
電報掛號 漢陽(技)二一一一

軍政部兵工署砲兵技術研究處駐漢辦事處

漢技(三)字第九號 第三頁

庫所存砲械彈药處理辦法中，有山野砲四十門，可送處修理，擬請

早賜核准，令該庫送廠修理。以上各節是否有當，理合開列未曾送到砲械表二份，一併具文呈請

鑒核指令祇遵。謹呈

砲兵技術研究處處長莊

附呈各部隊未送到砲械表貳份

軍政部兵工署砲兵技術研究處駐漢辦事處主任陸君和代

中華民國二十八年一月廿二日

地址漢陽兵工廠

電報掛號漢陽(技)二一一一

電話三三〇七五

20

各部隊未送来砲械表

送修机関	令修机関	令文字号	令到日期			请修砲械件名称	数量	備考
			年	月	日			
陸軍第二十七師	委員長行营	行参械字第1563号	24	9	6	修克式沪造七五山砲	3门	
〃	〃	〃	〃	〃	〃	修六年式七五山砲	1门	
砲兵第六團	兵工署	兵械二四保第4674号	〃	10	15	修配野砲另件及弹藥車	514	
〃	〃	修字第21号	〃	11	3	修三八式七五野砲	1门	
〃	〃	〃	〃	〃	〃	修克式卅九倍野砲	3门	
〃	〃	〃	〃	〃	〃	修克式卅倍野砲	1门	
陸軍第三師	〃	修字第36号	25	1	22	修山砲	1门	
第五十一軍	〃	加字第76号	〃	2	4	配製十年式山砲表尺	1付	催送砲裝配
砲兵第六團	〃	修字第76号	〃	5	22	修配三八式野砲另件	133件	催送樣品
砲兵第八旅	〃	修字第81号	〃	6	19	修一四式弹藥車	23辆	令修38辆已送来15辆
〃	〃	〃	〃	〃	〃	修一四式品車	6辆	
砲兵第七旅	〃	修字第九号	24	8	30	修一四式77野砲	41门	令修42门已送来1门
肇縣兵工厰	〃	政丙字第1854号	23	11	27	修克式75野砲	1门	
陸軍第廿一師	〃	監丁字第1016号	〃	6	28	修沪造75山砲	1门	
陸軍第卅三師	砲兵技術研究處	砲字第三号	25	12	14	十年式山砲	8门	
砲兵第七團	兵工署	政二四丙字第96号	24	1	16	修29倍75野砲	6门	令修16门已修竣10门領去

已由漢廠修竣十一月廿七

軍政部兵工署
砲兵技術研究處
駐漢辦事處

砲術字第120號代文附件
原文字號 漢技兵字第9號
歸檔 26年1月29日
卷號 2—0—1(1)

代

043

兵工署炮兵技术研究处驻汉办事处为派江元方押运改造步兵炮赴京试验致炮兵技术研究处的呈（一九三七年五月二十九日）

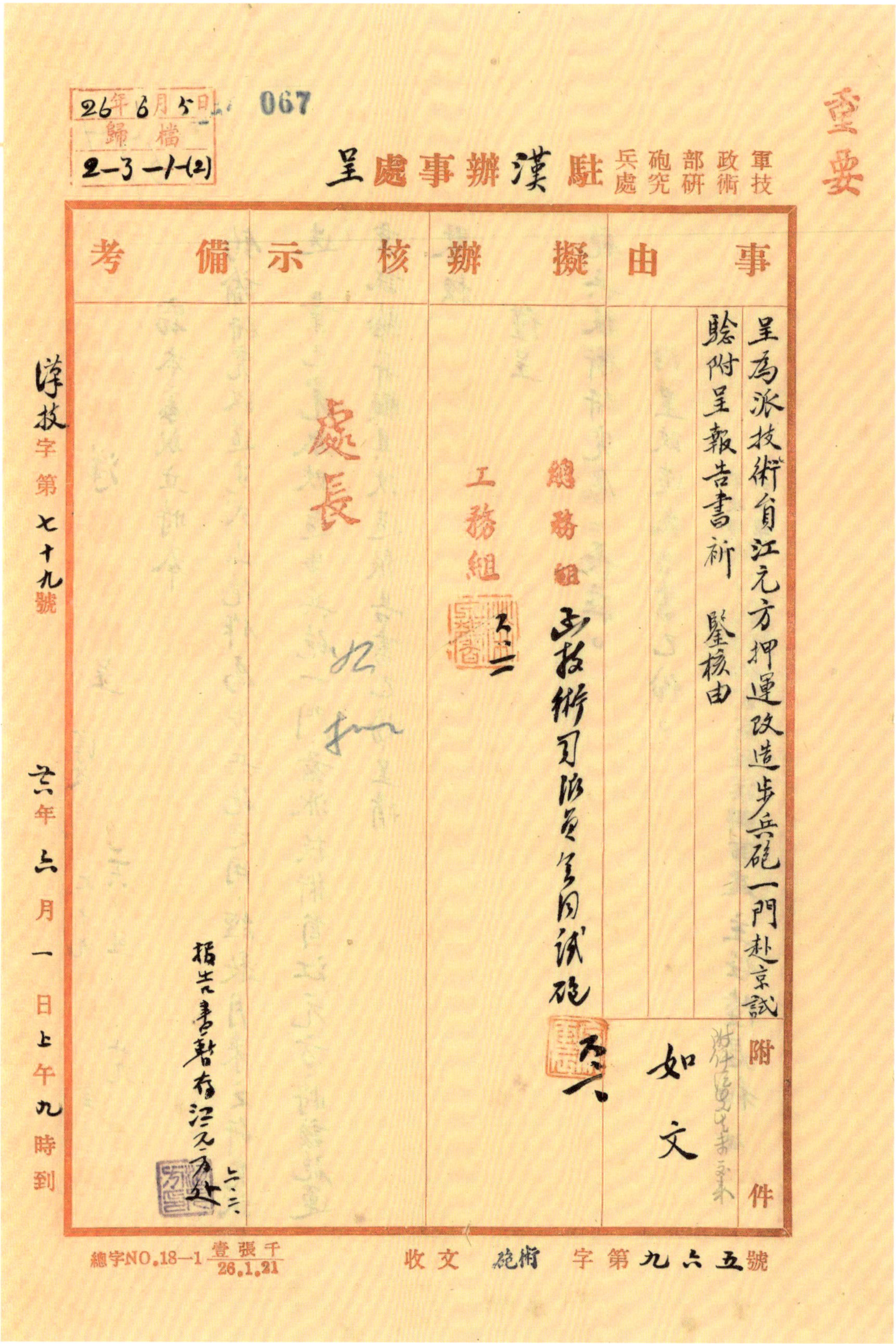
重要

26年6月5日 歸檔 2-3-1-(2) 067

軍政部砲兵技術研究處駐漢辦事處呈

事由	附件	擬辦	核示	備考
呈為派技術員江元方押運改造步兵砲一門赴京試驗附呈報告書祈鑒核由	如文	總務組 函技術司派員會同試砲 六、一 工務組 六、一	處長 如擬	報告書暫存江元方處 六、二

漢技字第七十九號

廿六年六月一日上午九時到

總字NO.18—1 壹張千 26.1.21

收文 砲術 字第九六五號

67

軍政部砲兵技術研究處駐漢辦事處呈

漢技字第七十九號第　全　頁

二六年五月廿九日發

竊本處成立時奉

鈞諭研究改造克式山砲作為步兵砲之用，經數月來之研究試造，業已完成改造步兵砲一門，茲派技術員江元方將該砲運京試驗，并擬具改造報告書乙份，呈請

鑒核。

謹呈

砲兵技術研究處處長莊。

附呈改造報告書乙份。

軍政部兵工署砲兵技術研究處駐漢辦事處

主任陸君和

兵工署炮兵技术研究处为派哈德曼赴驻汉办事处全权筹备野炮与榴弹炮试造事致哈德曼的训令（一九三七年六月三日）

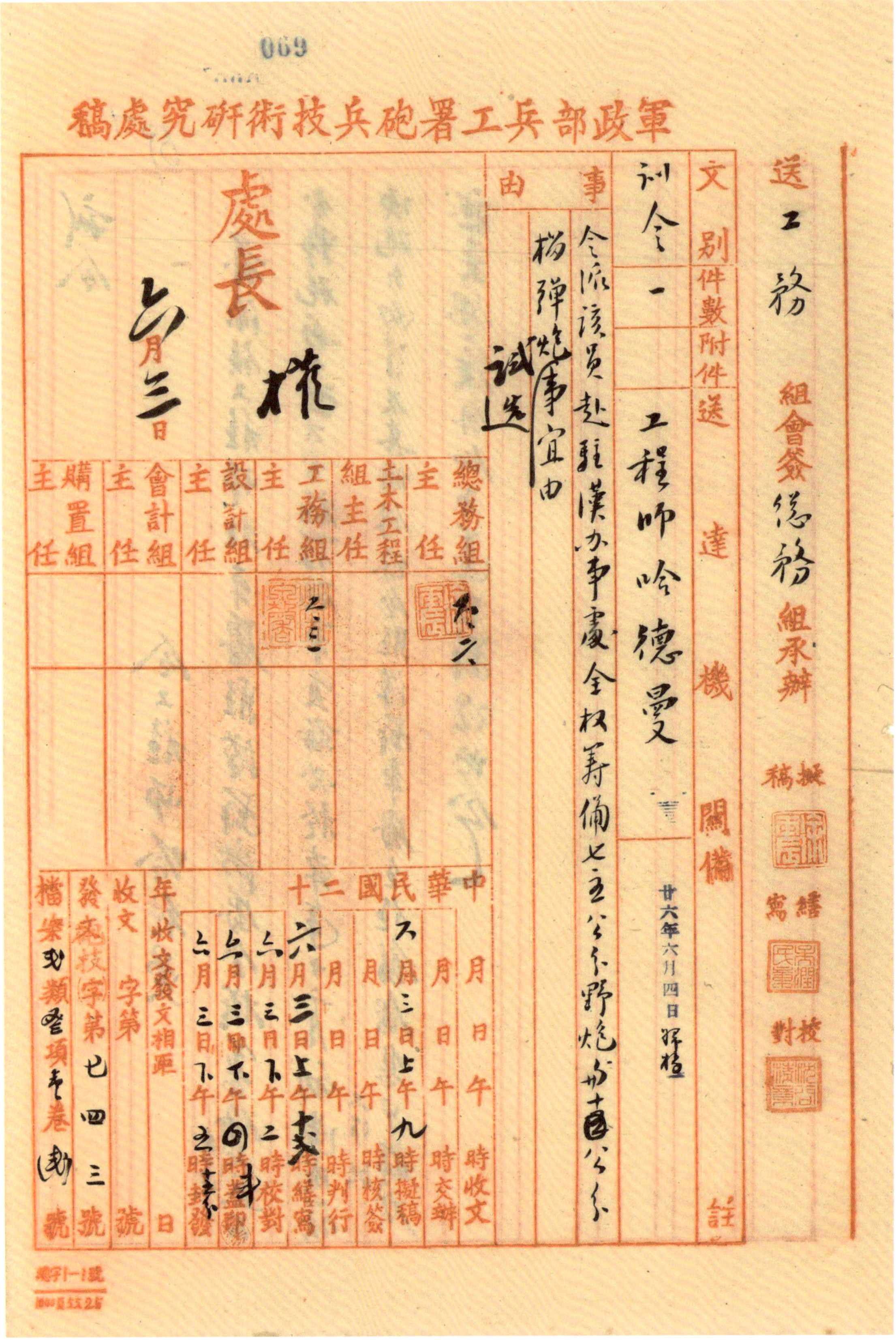
069

軍政部兵工署砲兵技術研究處稿

送工務組會簽　總務組承辦

擬稿　繕寫　校對

文別：訓令

件數附件：一

送達機關：工程師哈德曼

事由：令派該員赴駐漢辦事處全權籌備七五公分野炮與十五公分榴彈炮試造事宜由

備註：廿六年六月四日

處長：樵　六月三日

總務組主任　土木工程組主任　工務組主任　設計組主任　會計組主任　購置組主任

中華民國二十六年
收文　月　日　午　時
交辦　月　日　午　時
擬稿　六月三日上午九時
核簽　月　日　午　時
判行　月　日　午　時
繕寫　六月三日上午十時
校對　六月三日下午二時
蓋印　六月三日下午四時
封發　六月三日下午五時

年收文發文相距　日

收文　字第　號

發文技字第七四三號

檔案類　項　卷　號

訓令

令工程師哈德曼

前派該工程師往本廠駐滬辦事處全權籌備製造七、五公分野砲與十五公分榴彈砲事宜務必於本年十二月初造成該項砲各兩尊及其附件除令駐滬辦事處主任飭屬集中工作能力該員須格外仰即遵照辦理此令

69

兵工署炮兵技术研究处为派哈德曼全权筹备野炮与榴弹炮试造命饬属听受调度致驻汉办事处的训令（一九三七年六月三日）

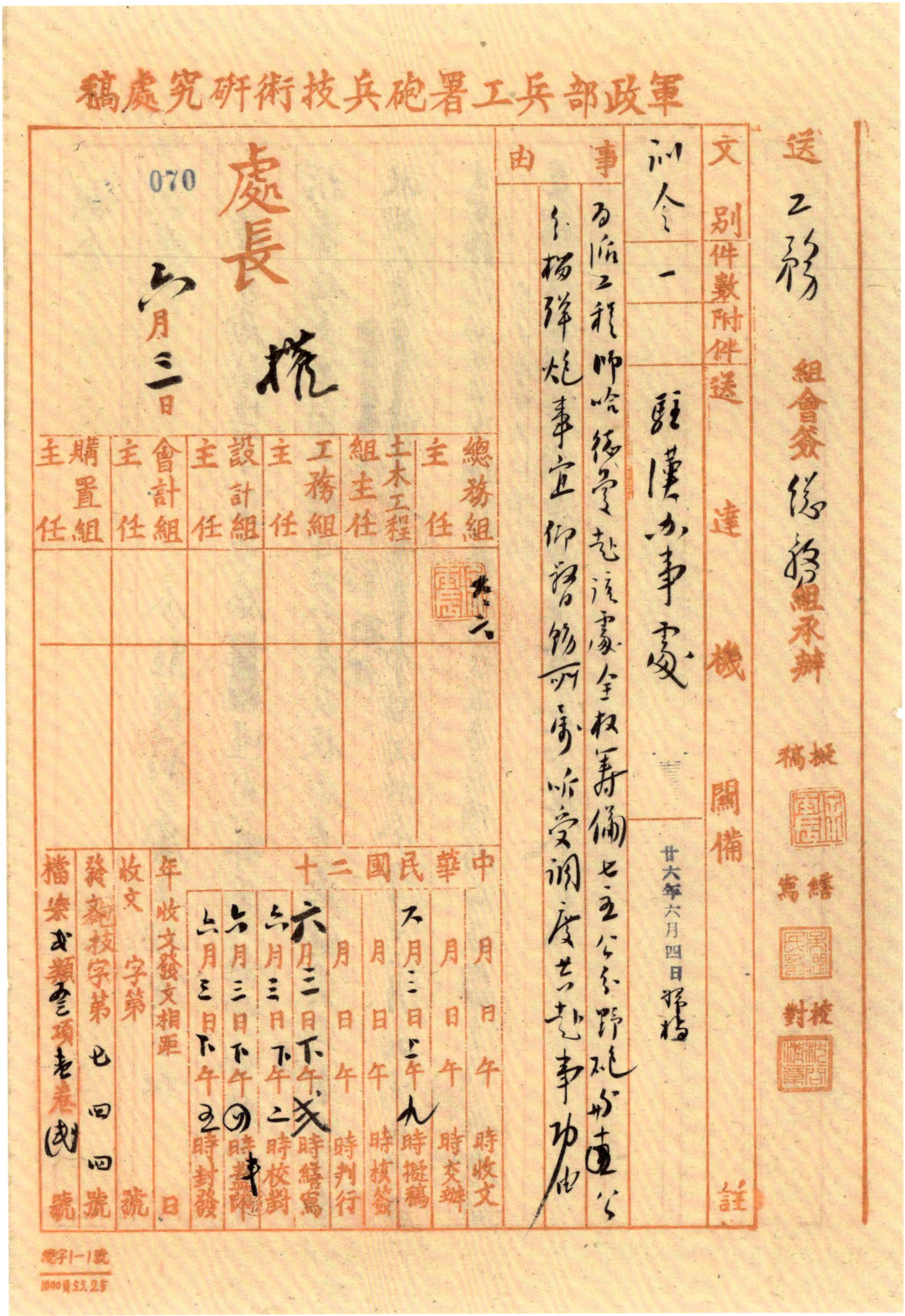

訓令

令駐漢陽了廠主任陸君和

查本廠試造車宜亟應[redacted]進行茲派工程師哈林曼全權籌備並率同工程師裴夏及技術員蓋繼貞到漢督率該廠技術人員[illegible]趕速擇[redacted]辦務必於今年十二月初完成七五公分野砲兩十公分榴彈砲各二門及各該附件仰該廠主任精研飭屬集中精力共赴事功受僱度毋得延循是為至要切切此令

兵工署炮兵技术研究处驻汉办事处关于报送修械统计表致兵工署炮兵技术研究处的呈（一九三七年六月二十四日）

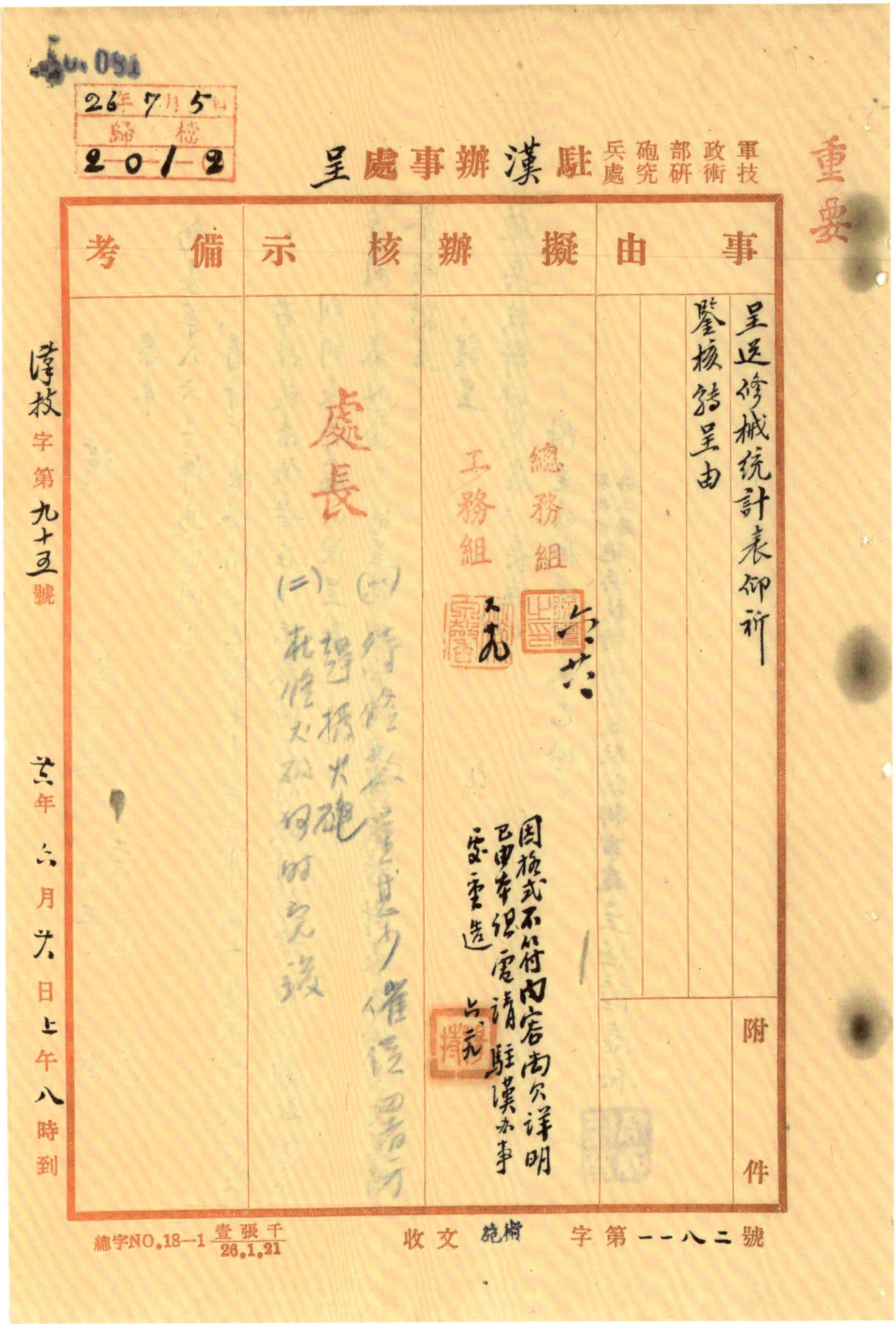

Su.081

26年7月5日 歸檔 2012

重要

軍政部砲兵技術研究處駐漢辦事處呈

事由	附件	擬辦	核示	備考
呈送修械統計表仰祈鑒核轉呈由		總務組 六六 工務組 元 因格式不符內容尚欠詳明 已由本組電請駐漢辦事處另重造 六元	處長 (一)修繕數量甚少 催促…… (二)趕撥火砲……究竟	

漢技字第九十五號

廿六年六月廿六日上午八時到

總字NO.18—1 壹張千 26.1.21

收文 砲術 字第一一八二號

91-1

軍政部砲兵技術研究處駐漢辦事處呈

漢技字第九十五號第全頁

二六年六月廿四日發

案奉

鈞處第八六五號馬電開：「着將該處承修各砲械至本年六月底止，應依修竣已繳者、修竣未繳者、在修未竣者，及存廠待修者，將種類數量分別列表寄處，以便呈署」等因，奉此，除已電呈外，理合造具修械統計表乙份，具文呈請

鑒核轉呈。

謹呈

砲兵技術研究處處長莊。

附呈修械統計表乙份。

軍政部兵工署砲兵技術研究處駐漢辦事處主任陸君和

052

砲兵技術研究處駐漢辦事處
修械統計表

名稱	單位	竣工修量			在修數量	到廠待修數量	備考
		已繳	存庫	共計			
克式山砲	門	5	45	50	20	57(待修并改造)	存庫者待改造
十年式山砲	〃	17	5	22	19	0	
克式廿九倍野砲	〃	1	2	3	7	0	以下修竣存庫各砲均待射擊試驗，
克式卅倍野砲	〃	9	2	11	4	0	修竣各野砲，除一四式外，均各附前車一乘，
三一式野砲	〃	4	0	4	6	0	
三八式野砲	〃	0	1	1	0	0	
一四式七七野砲	〃	4	0	4	6	4	
斯高達式七五野砲	〃	0	0	0	3	0	
一三式野砲	〃	0	4	4	4	0	
漢造三七平射砲	〃	3	3	6	0	2	
二公分高射砲	〃	0	3	3	8	0	
十五公分迫擊砲	〃	0	6	6	4	0	
克式廿九倍野砲彈藥車	輛	0	0	0	22(在製)	0	前車一乘後車一乘合計為一輛
一四式野砲彈藥車	〃	15	0	15	0	0	
三八式〃〃〃	〃	0	0	0	3	0	
三一式野砲前車	乘	0	0	0	0	4(製造)	
三八式野砲彈藥前車	〃	0	0	0	0	12(〃)	
〃〃〃〃後車	〃	0	0	0	0	14(〃)	
三八式鉄炉車	輛	0	0	0	0	2(〃)	此兩種車無樣品
〃〃瞭望車	〃	0	0	0	0	2(〃)	
野砲彈前車	〃	0	0	0	0	19(〃)	式樣未指明且無樣品
克式廿九倍車輪	個	0	0	0	46(改造)	0	
十年式山砲零件	件	0	0	0	4296(製)	0	
三一式及克式各砲零件	〃	258	0	258	0	0	
克式野砲馬轅桿	付	0	0	0	18(製)	0	
三八式野砲零件	件	0	0	0	2479(〃)	0	
克式山砲復進簧	付	10	0	10	2(〃)	0	

摘要：

1. 修竣之砲，114门，彈藥車15輛，零件258件，彈簧[illegible]付
2. 在修之砲，81门，彈藥車3輛，在製彈藥車22輛，車輪46个，零件6775件，馬轅桿18付，彈簧2付，
3. 待修之砲，6门，前後車30乘，彈藥車等23輛，待修并改造57门，

軍政部兵工署
砲兵技術研究處
駐漢辦事處

砲術字第1182號收文附件
廠字號 漢技字第95號
歸檔 26年7月5日
卷號 2-0-1-(2)

兵工署炮兵技术研究处驻汉办事处一九三六年十一月一日至一九三七年六月底承修各部队机关炮械数量表
（一九三七年七月）

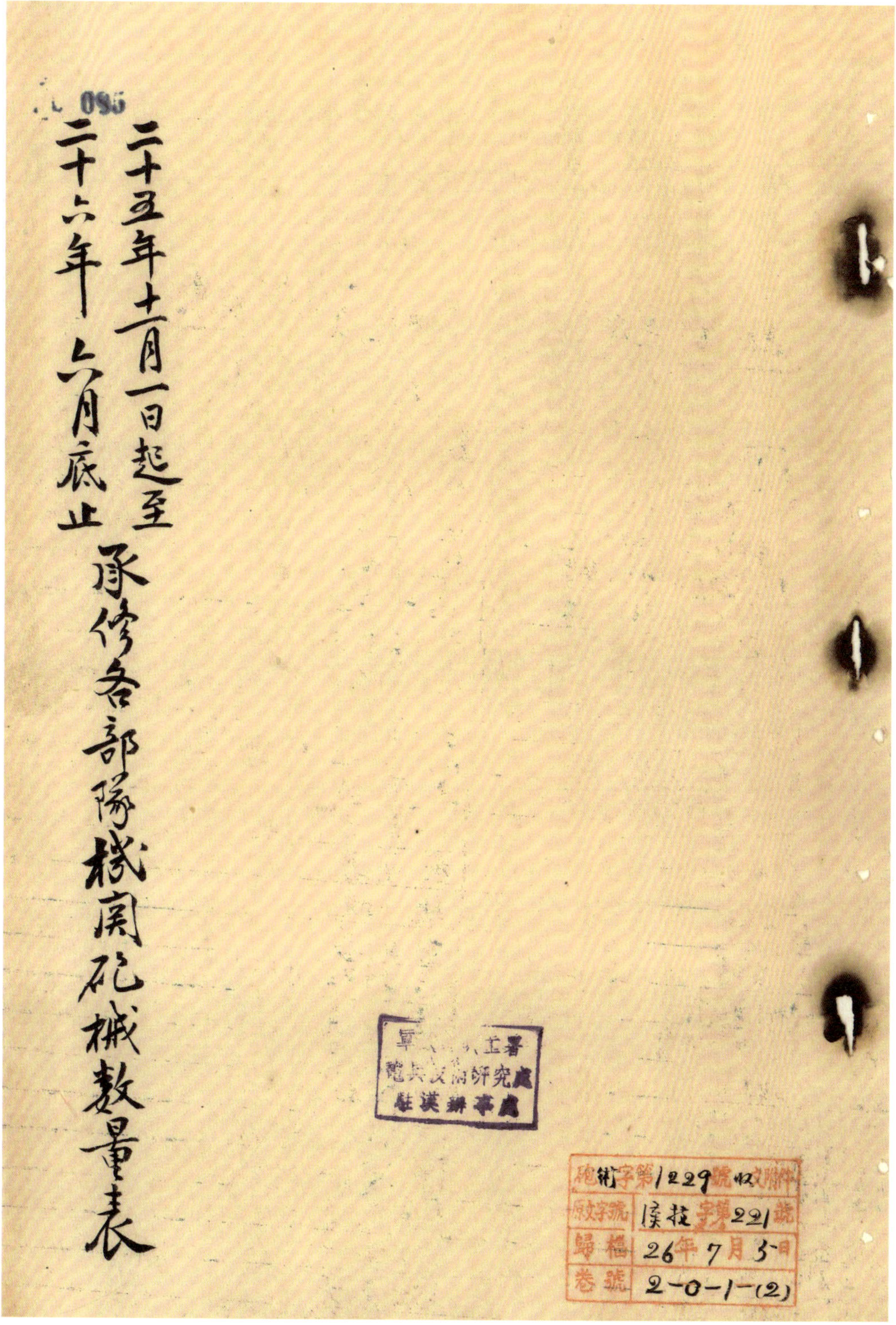
085
二十五年十一月一日起至
二十六年六月底止
承修各部隊機關砲械數量表

軍政部兵工署
砲兵技術研究處
駐漢辦事處

砲術字第1229號收文附件	
原文字號	漢技字第221號
歸檔	26年7月5日
卷號	2-0-1-(2)

兵工署技術研究處駐漢辦事處自二十五年十一月一日起迄廿六年六月底止承修各部隊機關礮械數量表

送修部隊或機關	品名	數量	送修日期	飭修命令字號及年月日	已修竣發還或修竣發交庫存日期及數	待修數	備攷
金陵軍械庫	十年式七五山礮	四門	二五、九、四	署令修八七 二五、七、一八	四門 二六、一、二〇		撥交九十八師領用
礮兵第四團	配製火礮零件	三一件		署令加一五五 二五、七、一四			在製
礮兵第六營	斯高德式野礮	六門		署令修九五 二五、八、一二			二五、十、一五收到三門在修
〃	三一式七五野野	十門		〃			二六、四、十七收到六門在修
兵工署	克式七五山礮七九	門	二五、十、七	署令修一〇九 二五、一〇、二〇	一門 二六、五、二九 二二		奉令改爲步兵砲
礮兵第四團	配製三八式野砲零件	六七八件		署令監丙四八二 二六、八、十六			在製
第二十一師	滬造七五山砲	一門		署令監丁一〇一六 二六、六、二八			據該師來函不修了
金陵軍械庫	克式七五卅九倍野砲	一門	二五、五、九	署令造丁五六〇 二五、四、二一			因砲身炸壞奉令砲閂、表尺、砲架交廠利用不另作價
第十一師	克式七五山砲	四門	二六、四、十二	總司令行營參四〇 二六、四、十二	四門		處令砲字七號飭改爲步兵砲
洛陽軍械庫	克式七五三十九倍野砲	二門	二五、十、卅	署令修一二一 二五、十一、十一	二門		待試
金陵軍械庫	漢造三七平射礮	六門	二五、十一、七	署令修一一四 二五、十一、三一	三門 二六、五、二九 三門		

96-1

第八十九師	六年式山砲零件	一〇八件		處令砲一 三五、十一、六			在裝
第二十九軍	沪造山砲復退簧	十付		處令砲二 三五、十一、三	十付	三五、十二、八	
第三十三師	十年式山砲	八門	三六、三、八	處令砲三 三六、十一、四			在修
砲六旅十二團	克式野砲	六門		署令修一二三 三五、十一、五			據該團來函已換領新砲不修了
礮兵第六旅	配發五倍野砲車輪	十八付		處令砲四 三五、十一、十九			在裝
〃	又 輹桿二六根			〃			〃
軍械司	二公分奧力康砲	八門	三四、五、一	署令械保二〇八 三四、四、二一			收九門筋配成八門餘一門存廠備用均在修中
兵工署	十二公分要塞砲	二門	三六、十二、五	署令製沪二〇七 三六、十二、四			因缺少重要另件且銹過重礙於修理尚未動工
金陵軍械庫	十年式75山砲	二門	三六、十一、二五	署令監丙三三八 三六、十二、二五	二門	三六、二、九	
〃	一三式75山砲	二門	〃	〃	二門	〃	
〃	六年式75山砲	一門	三六、一、五	署令監丙二三四〇 三六、一、六	一門	〃	
軍械司	〃	一門	三六、二、三	署令監丁二三三 三六、二、八	一門	〃	
砲六團一營	修配三八式野砲另件	一二九件		署令監甲三三三 三六、二、二五	四五八件	三六、三、十	在裝

砲兵訓練處砲兵營	配製各式山砲另件	一百六件		南昌行營戰8063 二三、五、七、				該處早已拆清此項另件作否曾請示、未奉核示
金陵軍械庫	三八式七五野砲	八門	二三、六、五、	署令監字八二四 二三、五、二五、			四門	修竣四門待試驗餘在修中
〃	三八式七五野砲	一門	〃	〃			一門	修竣待試
第二師	配製六年式山砲另件	九四件		署令政丙二二七 二四、五、二〇、				在製
砲兵第七團	二十九年式七五野砲	十六門		署令政丙九六 二五、一、十九、	十門	二四、九、五 五門 二五、七、十二、五門		二四、二、十二收五門 二四、十二、六收五門
〃	車輪	十個		〃				在製
武昌軍械庫	克式七五山砲	七門	二四、六、五	署令政丙二三七〇 二四、五、二〇、			六門	收六門餘一門不堪修理本批處令砲六號飭改造步兵砲
砲兵訓練處（九二師 軍訓部）	滬造七五山砲	五門	二四、十一、三、	署令修三〇 二四、十二、十二、	五門	二五、一、卅一 二門 ✓ 二五、三、二六、三門 ✓		
砲兵訓練處	配製六年式山砲尺表	九副		委員長行營參補四一六 二四、五、二、				請示砲否未奉核示、
〃	又 擔棍	十八根						〃〃
金陵軍械庫	二公分歐力根砲	三門	二四、六、二四、	署令監丙二七六二 二四、六、十六、			三門	修竣待試
牛行軍械庫	滬造七五山砲	十二門	二四、十、二四	署令修5号 二四、七、二九、			十二門	處令砲六號飭造改步兵砲、
第二十七師	克式滬造山砲	三門		委員長行營參補五六三、 二四、九、六、				尚未送來

第二十七師	六年式七五山礮	一門		參謀長行營行參械二五三 二四、九、六、			尚未運來
礮兵第六團	修配野砲另件及彈藥車	五四件		署令字械係字四六七四号			〃〃
〃	三八式七五野砲	一門		署令修字二一 二四、十一、三、			〃〃
〃	克式卅倍野砲	三門		〃			〃〃
〃	克式三十倍野砲	一門		〃			〃〃
〃	表尺	十付		〃			〃〃
第十三軍四師	十年式七五山礮	八門	二六、三、五、	署令修三一 二四、十二、十六、	八門	二五、七、十三、四門 二六、三、五、四門	
第三師	山礮	一門		署令修三三六 二五、一、二三、			尚未運來
礮兵第四團	配製三八式野砲彈藥前車	四輛		署令加七二 二五、一、二九、			在製
〃	又彈藥後車	六輛		〃			〃
第五十一軍	配製十年式山砲表尺	一付		署令加七六 二五、三、四、			〃
第二師	配製十年式山砲另件	六六件		署令修四二 二五、二、七、			〃
第一師	配製一三式山砲另件	五三件		署令修五七 二五、三、一、			〃

088

炮兵第六旅	虜敵二十九倍野砲彈藥車	三輛		署令加字一百四 二五、四、七、			在製
炮兵第五營	克式三十倍野礮	十二門	二六、十、二十六、	署令修七一、二五、四、廿九、	十門	二六、一、五、四門；二五、十、卅、四門；二五、十二、三十、二門	又修竣二門待試
第二師	配裝十三年式山砲表尺八一付			署令修七三、二五、五、十一、			在製
〃	又 接桿	三付		〃			〃
炮兵第六團	修配三八式野砲另件一三三件			署令修七六、二五、五、三、			尚未送來
炮兵第八旅	一四式七七野砲	三門	二五、八、十、	署令修七七、二五、五、六、	三門	二六、五、十二、	
炮兵第三營	晉造七五山砲	三門	二五、六、十、	署令修七八、二五、六、七、	三門	二六、十二、二、	
剿匪軍第一路總司令部	克式七五野礮	四門	二五、七、廿六、	署令修七九、二五、六、七、	四門	二六、六、五、	廿六倍者一門，三十倍者三門
炮兵第八旅	一四式彈藥車	三八輛		署令修八一、二五、六、十九、	十五輛	二六、六、十六、	二五、八、十六、撥十五輛、
〃	一四式品車	六輛		〃			尚未送來
武昌軍械庫	三一式七五野砲	四門	二五、七、九、	署令修八三、二五、六、廿、	四門	二六、四、九、	奉令發與砲兵第六營
第三路總指揮	配製山野砲另件一七三件			署令修四九、二五、三、九、			除車輛外餘在製
金陵軍械庫	克式七五山砲	一門	二五、七、四、	退修令 二五、六、十三、			在修

98-1

第九十八師	十年式山砲	十二門		署令修八二 二五、六、元、			五门		二五、一〇、八、撥到五門
砲兵第七旅	一四式七七野砲	四二門		署令修九 四八、三、	十一門	三五、三、十六 三六、五、三一、一門			四〇、一〇、九、撥到十門，又三五、八、十六、撥一門 三六、五、三〇、收六門，三六、六、二三、收四門
武昌軍械庫	漢造格魯森山砲	十六門	二十、十二、	署令監乙字 三九、二三號 二六、二、三、					式樣太舊已請作廢
華縣兵工廠	克式七五野砲	一門		署令收字八五四 三三、十、七、					尚未運來
江寧要塞	砲製山野砲另件	三六件		署令代一〇七 三五、七、六、	二五八件	三六、四、十九、			
砲兵第一營	十年式七五山砲	十二門		處令砲五號 三六、二、八、					三六、三、四、撥到六門在修
武昌軍械庫	克式卅倍野砲	四門	三六、二、八、	處令砲九號 二六、三、二六、					在修
〃	克式廿九倍野砲	三門	〃	〃					〃
〃	十年式山砲	五門	〃	〃					〃
〃	十年式山砲彈藥箱	三一個	〃						不能修理
〃	克式山砲彈藥箱	四三個	〃						〃
軍械司	改造步兵砲	十八門	即在行庫12門 武昌庫6門	處令砲六 三六、二、八、					待改造
〃	〃	四門	即在一廠內	處令砲七 三六、二、八、					〃

第八十九師	配製十年式山砲零件八百項	計二八〇四件		處令砲字八 二六、二、二五、				在製
金陵軍械庫	三八式七五野砲	一門	二六、二、二四、					
〃	漢造三七平射砲	二門	〃					
〃	克式七五野砲	四門	〃					在修
第三十一師	配製克式山砲撑板	二付		處令砲技字三六三号 二六、三、十九、				在製
武昌軍械庫	克式七五山砲	十八門	二六、三、二三、					待改造
金陵 武昌軍械庫	三八式七五野砲	四門		處令砲字十、 二六、三、二七、				尚未送來
〃	六年式七五山砲	二門		〃				〃
〃	一三式七五山砲	五門		〃				〃
南昌軍械庫	克式山砲改造步兵砲	一門	二六、四、卅、	處令砲字十五、 二六、四、十六、				
第八十五師	義式六五山砲	八門		處令砲字十二、 二六、五、六、				尚未送來
第十五路軍	配製滬造山砲後進彈器	二付		處令砲十三、 二六、五、元、				在製
重迫砲第二營	十五公分迫擊砲	十二門					六門	二六、六、一收六門，又二六、六、二三收五門 五門在修

99-1

合計					
砲械種類	命令數	送到數	修配發還數	修竣存廠數	
修理或改造火砲	四一四門	三二九門	七二門	七〇門	内有二十八門係漢陽兵工廠修竣發還
修理或製造車輛	七六輛	十五輛	十五輛		
配製零件	九八五件		七二六件		内有四五八件係漢陽兵工廠修配發還

兵工署炮兵技术研究处为请将南昌枪弹厂机器拆运到株洲安装利用致俞大维的电（一九三八年二月一日）

軍政部兵工署砲兵技術研究處稿

文別	事由	處長 樣
件數	為奉	二月一日
附件

有 無緩電

漢口 署長

為奉諭擴充槍彈廠事擬先將南昌槍彈廠機器拆運來株以期迅速回可否請 電示由

工務組承辦 溢揚 組會簽

稿擬 繕 善刊榮寫印

校 許榮刻 成印

抄 份送 組

總務組主任			
土木工程組主任			
工務組主任	唐委員		
會計組主任			
購置組主任	成		

中華民國二十七年

元月卅日下午 擬稿	
月日午時 核簽	
月日午時 判行	
二月一日上午十一時 繕寫	
二月一日上午十一時半 校對	
二月一日上午十二時 用印	
二月二日上午時 歸卷	
收文發文相距日	
收文砲技園字第號	
發文砲技園字第三七二號	
檔案式類壹項叁卷四號	

槍字1.1號
2500頁1.10.26

012

12-1

漢口 西小路五十號 署長俞 捷密 在漢季諭 陳由

擴充槍彈廠事，迭據分道，即二五技術人員詳加商討，由

成 查 原廠機 舊 機械動率低弱處 加以由翠運

株途中頗多損壞，整理尚需時日，查南昌贛省府

停辦之槍彈廠機器尚完整可用，將來亦可利用，擬先將該廠機器請

撥 擬予該局本會接收，拆運來株，亦藉此安裝利用，藉資補充，如蒙核准，請

奉示電已宣示，未據(31.16)

洽省政府 本會派員 前往領運 並核明

〈01.12〉

兵工署炮兵技术研究处关于赴欧续造新炮原定赵达改派王泽隆并修改经费概算致兵工署的呈（一九三八年二月三日）

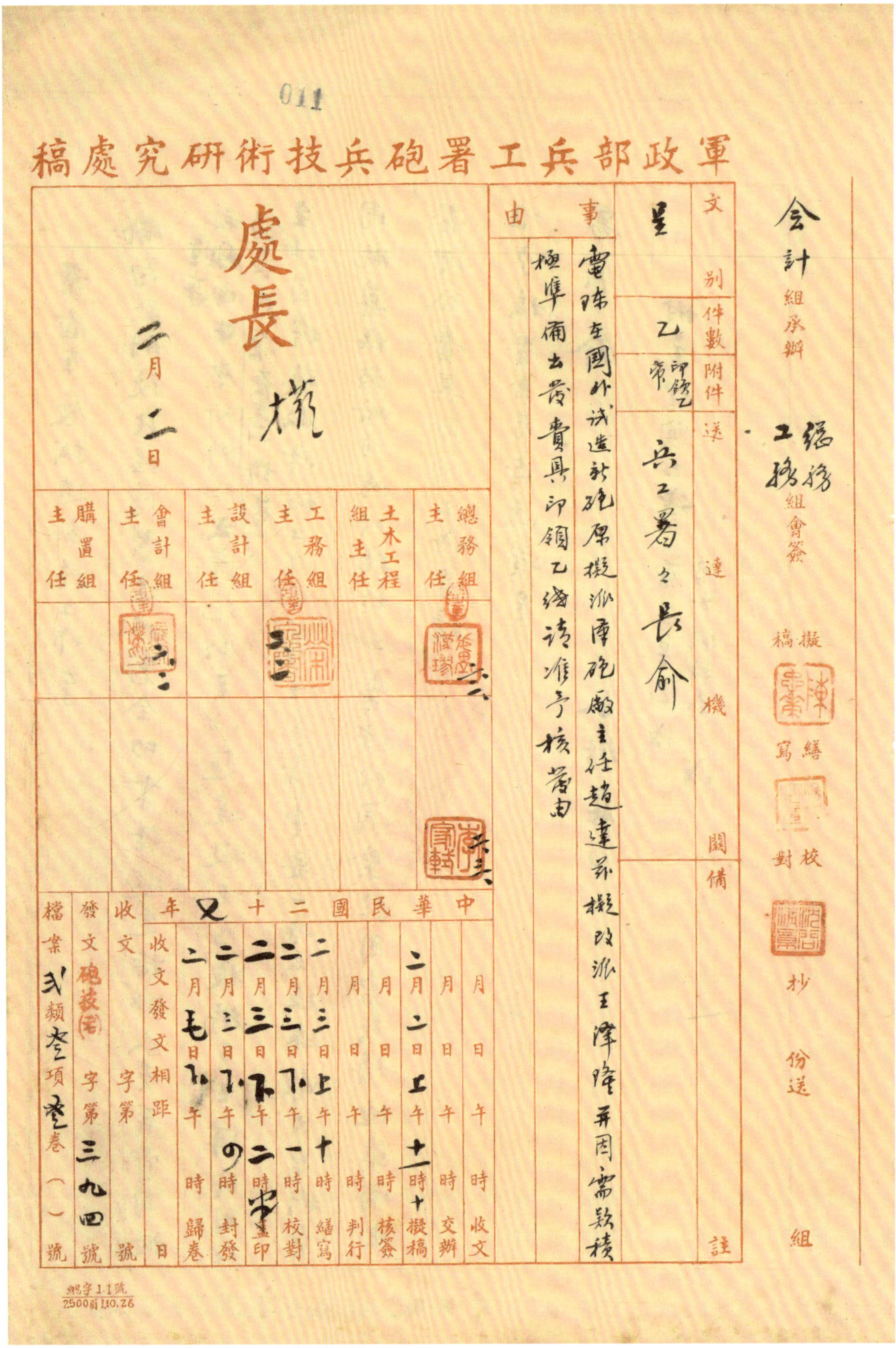

011

軍政部兵工署砲兵技術研究處稿

處長
二月二日

文別：呈

件數：乙

附件：印領乙紙

送達機關：兵工署署長俞

事由：電陳在國外試造新砲原擬派摩砲廠主任趙達茲擬改派王澤隆并因需款積極準備出發費與印領乙紙請准予核發由

會計組承辦

總務組、工務組會簽

總務組主任、土木工程組主任、工務組主任、設計組主任、會計組主任、購置組主任

中華民國二十七年

擬稿：二月二日上午十一時

繕寫：二月三日上午十時

校對：二月三日下午一時

蓋印：二月三日下午二時半

封發：二月三日下午四時

歸卷：二月七日下午

發文：砲技(署)字第三九四號

檔案：弍類叁項叁卷(一)號

總字1.1號

117

案查本處試造新砲工作事

諭向歐洲設法繼續製造以竟全功業經擬定指派人員並費用概

算呈奉

鈞長核准在案惟查原所擬派王澤砲廠主任趙達擬更為技術員王澤隆因該

主任負擔砲廠修械工作之責任甚為重要一時不便遠離又原擬費

用概算總數略有增改經於（02.10）

電陳明備案茲因需款積極準備出

發理合賚具印領乙紙呈請

准予核發至為德便謹呈

署長俞

全銜莊〇

附呈印領乙紙 原簽呈乙紙 修正概算表乙紙

013

修正新砲國外繼續試造費概算表

第一款 設計新砲國外繼續試造費國幣三三九，八一七元

第一項	械彈費	二四〇，〇〇〇.〇〇
第一目	七五公分野砲一門試造費	九〇，〇〇〇.〇〇
第一節	馬挽砲架	七五，〇〇〇.〇〇
又二又	車用牽引砲架	一五，〇〇〇.〇〇
第二目	十公分砲試造費	九〇，〇〇〇.〇〇
第一節	馬挽砲架	七五，〇〇〇.〇〇
又二又	牽引砲架	一五，〇〇〇.〇〇
第三目	七五榴彈及破甲彈試造費	二四，〇〇〇.〇〇
第一節	又	二四，〇〇〇.〇〇

14

15+

第四目 十公分榴彈及破甲彈試造費	三六,〇〇〇.〇〇	
第一節 又	三六,〇〇〇.〇〇	
第二項 薪金旅費	九九,八一七.〇〇	
第一目 薪金	三二,七八四.〇〇	
第一節 奧籍工程師薪金	三二,七八四.〇〇	
第二目 旅費	六七,〇三三.〇〇	
第一節 治裝費	四,六〇〇.〇〇	主管一員同少將計國幣一一〇〇元，同中校以下技術員五人每人七〇〇元計三五〇〇元，合計如上數
第二節 川資	一二,〇七五.〇〇	主管員同少將往返美金八五〇元，同中校以下技術員五人往返美金每人五二〇元計美金二六〇〇元，合計三四五〇元以三元五角折合國幣計如上數
第三節 月費	四一,一一八.〇〇	主管一員同少將每月美金二〇四元一年計二四四八元，同中校以下技術員五人每月每人一五五元一年計美金九三〇〇元，合計美金一一七四八元以三元五角折合國幣如上數
第四節 交際費	九,二四〇.〇〇	主管一員同少將每月美金七〇元一年計八四〇元，同中校以下技術員五人每月每人美金三〇元一年計一八〇〇元，合計美金二六四〇元以三元五角折合國幣如上數

軍政部兵工署砲兵技術研究處

014

說明

查試造工作不能集中一處往來督造旅費伙飯及雇按甲種軍事考察人員待遇辦理又所有美金均按三元五角折合國幣悉以概算編列以備[illegible]已於〈02.10〉電文詳明備案

職 范〇呈

16

俞大维为告知江西省主席熊式辉允拨赣省子弹厂机器并希派员赴江西洽运致庄权的电（一九三八年二月十七日）

漢口署長俞來電

莊處長捷密贛省子彈機已准熊主席刪（十五）係經機電允撥用希派員赴贛謁見洽運可也大維篠（十七）造漢

兵工署炮兵技术研究处关于派熊明善、张志祥前往江西省政府洽领子弹厂机器并洽招该厂工人至株洲工作致两名技术员的训令（一九三八年二月十九日）

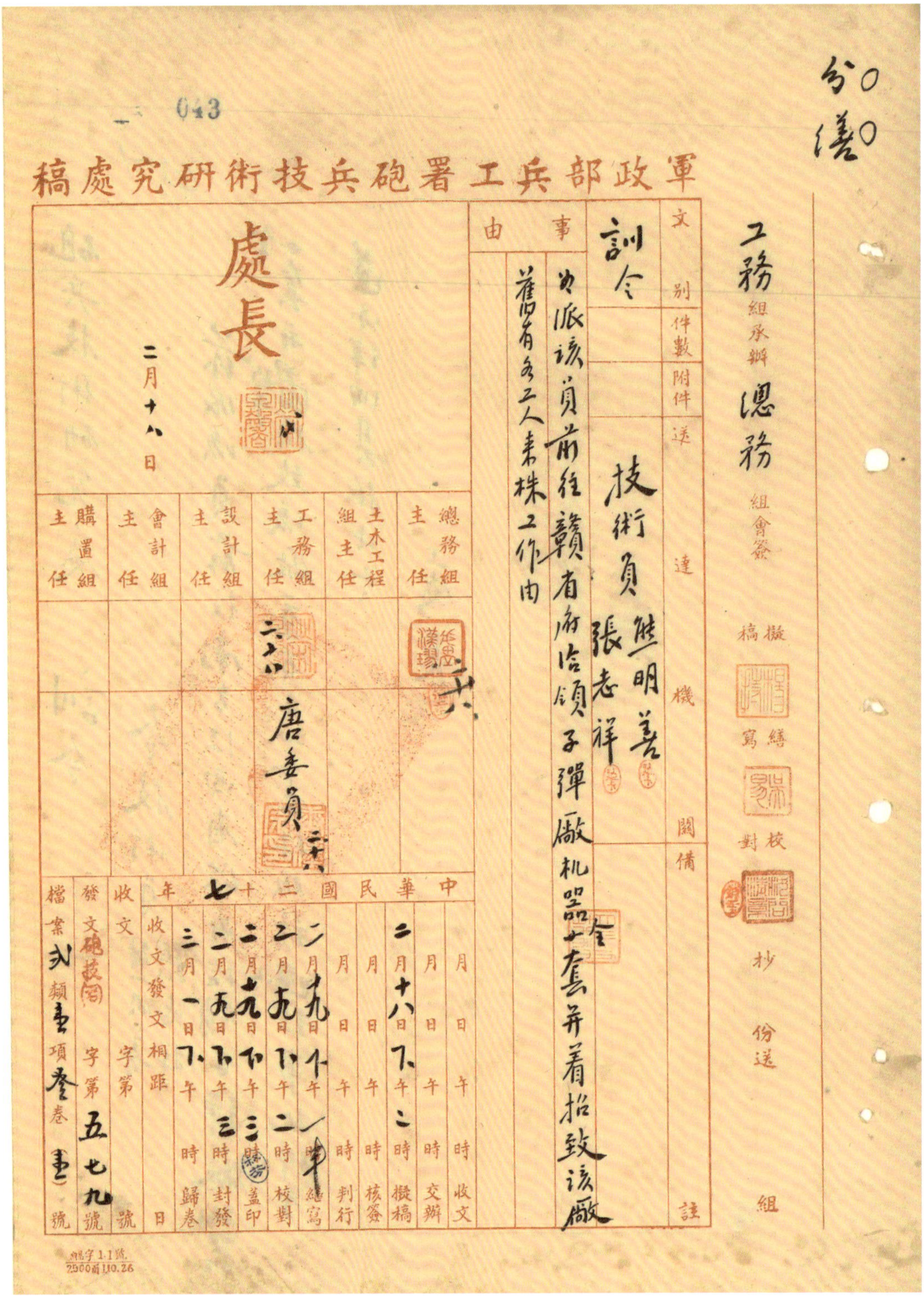
043
分〇
繕〇
軍政部兵工署砲兵技術研究處稿
文別 訓令
件數
附件
送達機關 技術員熊明善 張志祥
事由 為派該員前往贛省府洽領子彈廠機器一套并着招致該廠舊有各工人來株工作由
處長
二月十八日
工務組承辦
總務組會簽
擬稿
繕寫
校對
抄送
份
組
備註
總務組主任
土木工程組主任
工務組主任
設計組主任
會計組主任
購置組主任
唐委員
中華民國二十七年
收文 月 日 午 時
交辦 月 日 午 時
擬稿 二月十八日下午二時
核簽 月 日 午 時
判行 月 日 午 時
繕寫 二月十九日下午
校對 二月十九日下午二時
蓋印 二月十九日下午三時
封發 二月十九日下午三時
歸卷 三月一日下午 時
收文發文相距 日
收文 字第 號
發文 砲技(旨)字第五七九號
檔案 弍類 壹項 叁卷 壹號

43-1

砲兵技術研究處訓令

令技術員熊明善、張志祥

茲派該員前往南昌江西省政府洽領子彈廠機器全廿套，并酌予圖招致該廠舊有各工人來株服務，迅赴事機，仰卽遵辦，詳細具報。此令。

處長

俞大维为已电驻奥公使馆代收赴欧试炮材料致庄权的代电（一九三八年三月二十一日）

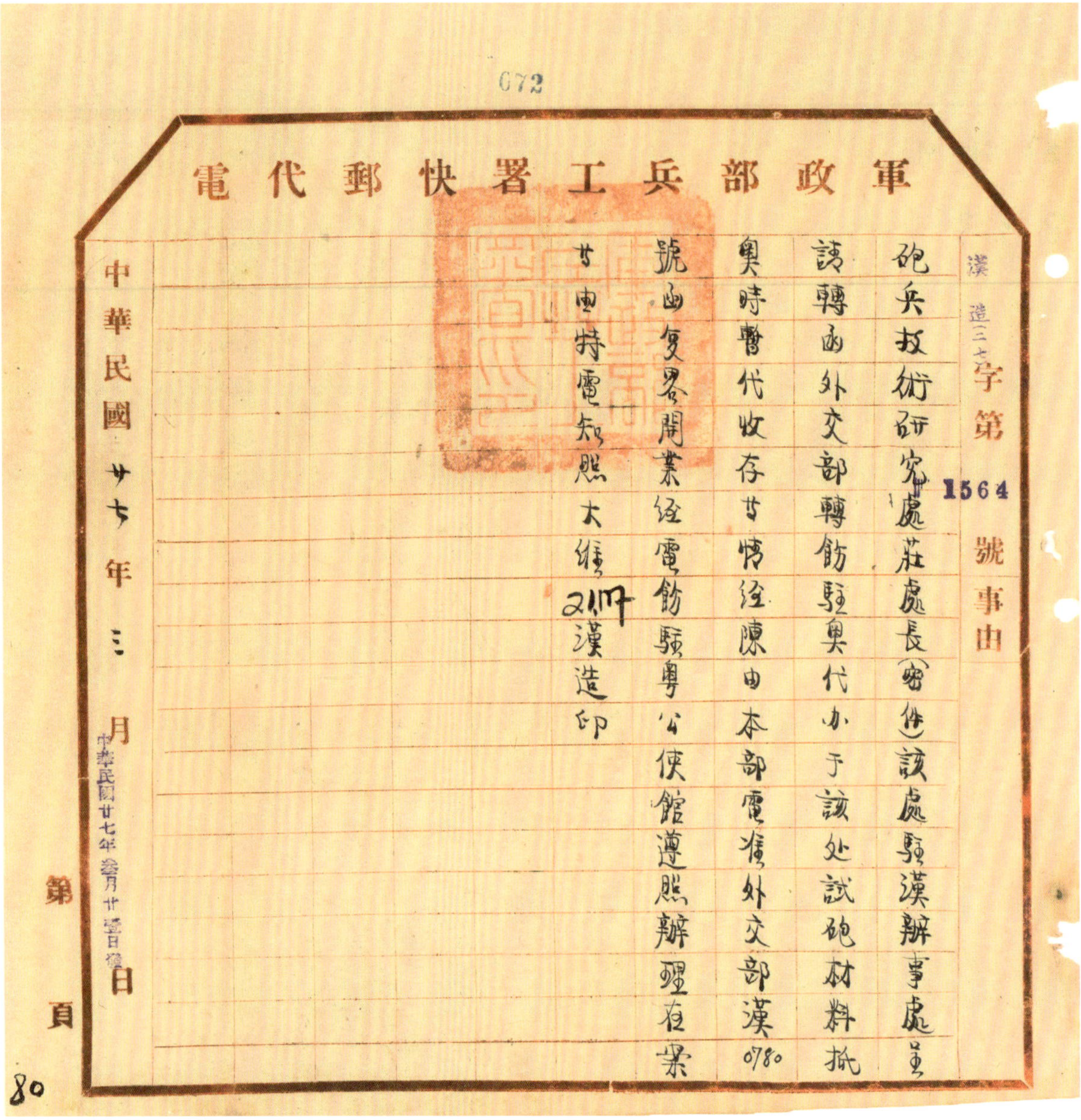

072

軍政部兵工署快郵代電

漢造（二七）字第1564號 事由

砲兵技術研究處莊處長（密件）該處駐漢辦事處呈請轉函外交部轉飭駐奥代办于該处試砲材料抵奥時暫代收存等情經陳由本部電准外交部漢0780號函復略開業經電飭駐奥公使館遵照辦理在案等由特電知照大維21/III漢造印

中華民國廿七年三月　日

中華民國廿七年叁月廿壹日發

第　頁

80

082

27年4月4日
歸檔
233-()

重要

軍政部兵工署砲兵技術研究處文件摘由紙

文別	電報
附件	
來文機關或姓名	處長莊
自何處寄發	香港
事由	虔復照尊意办理代造事已得德政府允許擬篠出國動力机商酌中由
摘由者	吳易
擬辦	總務組 四、二　工務組 四、二　購置組 四、二
批示	處長 周 四、三

總字2號

中華民國二七年四月二日下午五時收文砲術字第一一〇四號

庄权为代造炮事已获德国政府允许已定出国日期致兵工署炮兵技术研究处的电（一九三八年四月二日）

083

香港處長來電

捷密禁主任(0117)電悉希照尊意辦理代造事已得德政府允許擬篠(十七日)出國動力機商的中權(0211)

88

兵工署炮兵技术研究处为第一临时枪弹厂自一九三八年五月一日起正式开始工作致兵工署的呈（一九三八年五月一日）

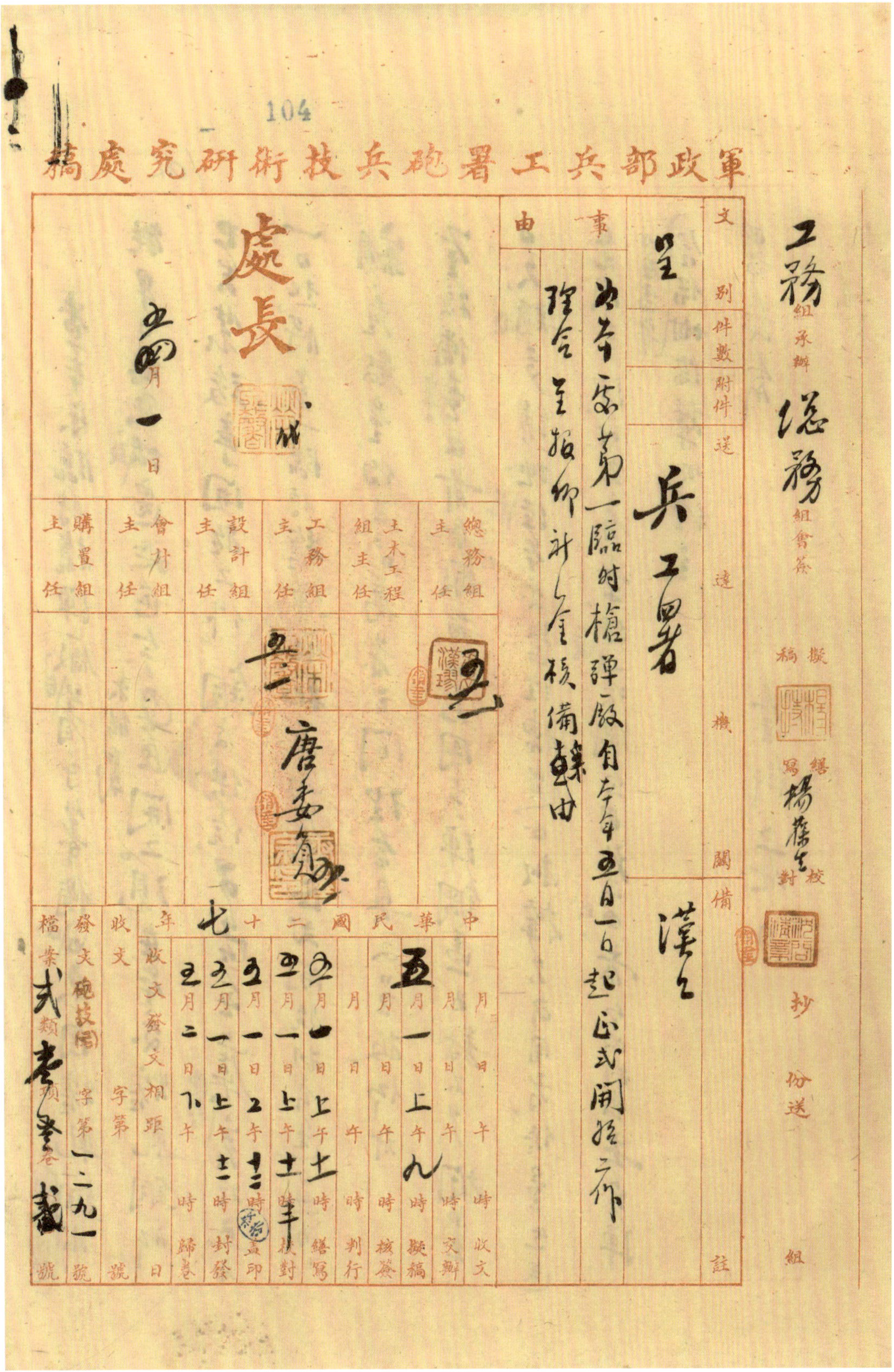

104

軍政部兵工署砲兵技術研究處稿

文別：呈

送達機關：兵工署

事由：為本處第一臨時槍彈廠自本年五月一日起正式開始工作理合呈報仰祈鑒核備案由

備註：漢

工務組承辦

總務組會簽

擬稿

繕寫 楊森生

校對

抄 份送 組

處長

五月一日

總務組主任 土木工程組主任 工務組主任 設計組主任 會計組主任 購置組主任

五一

唐安

中華民國二十七年

收文 月 日 午 時

交辦 月 日 午 時

擬稿 五月一日上午九時

核簽 月 日 午 時

判行 月 日 午 時

繕寫 五月一日上午十一時

校對 五月一日上午十一時

蓋印 五月一日下午二時

封發 五月一日上午十二時

歸卷 五月二日下午 時

收文發文相距 日

收文 字第 號

發文 砲技(司)字第一二九一號

檔案 式類 卷 號

查本處臨時槍彈廠自着手籌備以來，因熔軋銅殼設備問題，雖早日購來，致遷延迄今，未能開工。現在本處熔軋銅所已告裝竣，並開始工作。銅皮供給，可告無虞，爰於五月一日起，將第一臨時槍彈廠機器全部正式開始製造，每日額產數量約在三四萬發之間。理合具文呈報，仰祈鑒核備案。又前兵廠留存七九圓步彈鋼殼，為數不少，擬查其中一部銹蝕，經本處整理揀選，如擬擇尤可用者，儘量先造尖圓步彈，以免廢棄。該項鋼殼用罄後，當即改製尖步彈，以應需要。合併陳明。謹呈

署長俞

全銜 王〇

兵工署关于派童登策驻厂验收枪弹并颁发枪弹暂行验收条例给兵工署炮兵技术研究处的指令（一九三八年五月十六日）

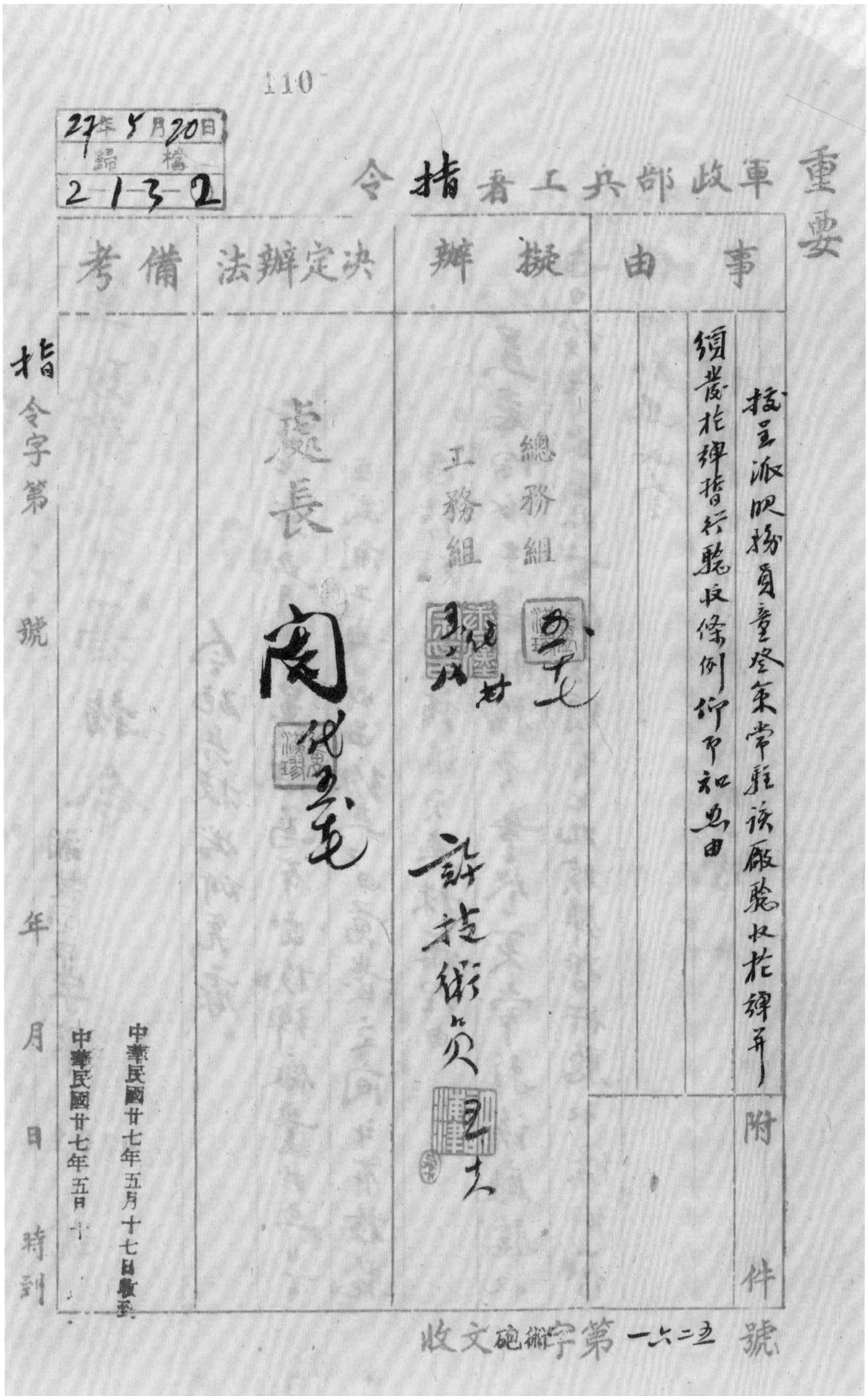
110

27年5月20日 歸檔 2-1-3-2

重要

軍政部兵工署指令

事由：據呈派服務員童登策常駐該廠驗收槍彈并頒發槍彈暫行驗收條例仰即知照由

附件

擬辦：總務組 工務組 處長

決定辦法

備考

指令字第　號　年　月　日　特到

中華民國廿七年五月十七日收到

中華民國廿七年五月十

收文砲術字第一六二五號

軍政部兵工署指令

湘技(七)甲字第0791號

令砲兵技術研究處

二十七年五月四日呈一件為本處檢彈廠業於五月一日正式開工每日成品約五三四萬發之間并有檢驗手續理合呈請派員來株辦理由

呈悉。除派本署服務員章登策常駐該廠驗收每日檢彈出品外，茲隨令頒發七九檢彈暫行驗收條例一份，併仰知照。此令。

附七九檢彈暫行驗收條例一份

111

中華民國二十七年五月十六日

前大隊

各兵工厰七九槍彈暫行驗收条例 二十五年九月一日

一、各厰七九槍彈由署派駐各該厰驗收員負責驗收之，凡不准或未經驗收之槍彈出品不得運出厰外

二、各厰七九槍彈以每日爲一批，每批檢驗結果由各該驗收員填具檢驗表三份，表上書明驗收與否字樣并由驗收員負責盖章，該項檢驗表每星期訂成一冊，共計三冊，陸續寄技術司第一科以便分别存轉備查，冊面須書明各該厰七九槍彈檢驗表下註某年某月某日至某日字樣并由厰方盖具關防（見所附格式）

三、凡業經驗收之槍彈，其木箱前面封條及內層鉛皮箱上均盖有紅色驗收圖章以資識别

四、署方遇有疑問或必要時得抽驗成品以定驗收之合格與否

五、各厰七九槍彈有圓彈尖彈兩種，其暫行驗收規格同

六、七九槍彈之驗收暫先以試射爲標準，其暫行驗收規格分機彈步彈及A字槍彈三種（見暫行驗收規格）

七、試射如有疑問時由各驗收員用署發留近馬克沁標準槍試射決定之

各兵工廠七九槍彈暫行驗收規格

二十五年九月一日

槍彈種類	疵病	銅殼頸大不易拉出	銅殼中斷	火帽擊穿	銅殼腹裂	銅殼裂口	火帽脫落或活動	不發火	遲發火	漏烟
機槍彈	不得超過	0%	0%	1.6%	0.1%	1.6%	0%	0%	0.8%	6%
	試射數	250	250	250	1,000	250	250	250	250	250
步槍彈	不得超過	0.1%	0.1%	2.4%	0.2%	4%	0.4%	0.4%	1.6%	8%
	試射數	1,000	1,000	250	1,000	250	250	250	250	250
A字槍彈	不得超過	0.4%	0.3%	6%	0.8%	10%	1.2%	1.2%	3.2%	16%
	試射數	1,000	1,000	250	250	250	250	250	250	250

槍彈檢驗表裝訂格式

簿面大小 295×370 m/m

某兵工廠七九槍彈檢驗表

兵工廠關防位置

自某年某月某日起
某月某日止

裝訂處

附註 檢驗表仍用白色道林紙，書面則一律用黄色書皮紙裝訂之

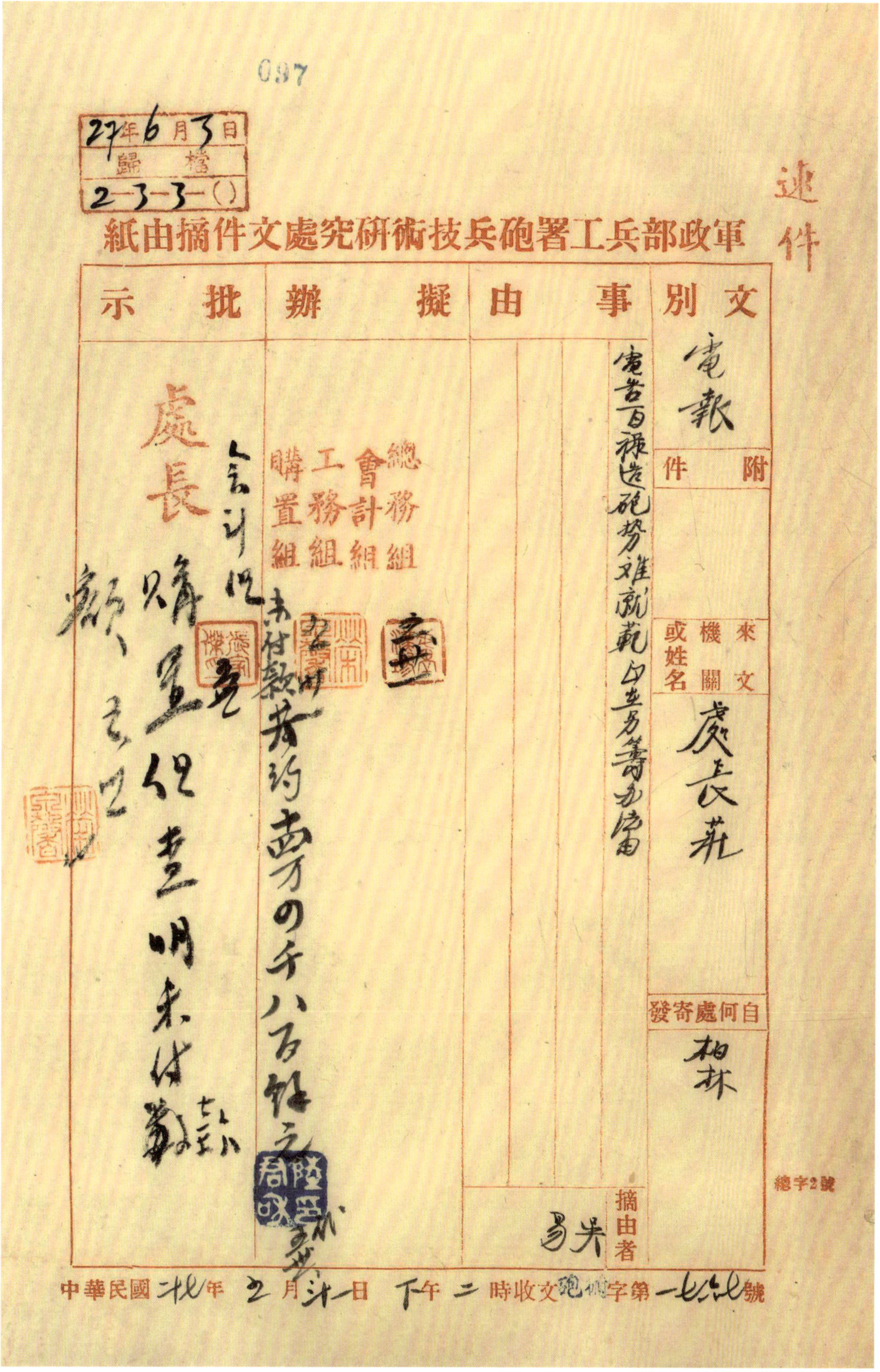
097

27年6月3日
歸檔
2-3-3-( )

速件

軍政部兵工署砲兵技術研究處文件摘由紙

文別	事由	擬辦	批示
電報	電告百祿造砲勢難就範乞立另籌辦法	總務組 會計組 工務組 購置組 未付款共約十萬〇千八百餘元	處長 會計組將已付未付款查明
附件			
來文機關或姓名：處長莊			
自何處發寄：柏林			

總字2號

摘由者 吳

中華民國二七年六月一日下午二時收文砲研字第一七八號

庄权关于无法在奥地利百禄钢铁厂造炮必须另筹办法致兵工署炮兵技术研究处的电（一九三八年五月三十日）

柏林處長莊来電

024 百祿造砲勢難就範已在另籌辦法該廠以前未交材料此間仍須接收備用俟交涉办理就緒該項餘款即須付給

請即準備 權 三十

兵工署炮兵技术研究处与匈牙利国立钢铁机器厂订立试造新炮合同（一九三八年六月九日）

137

（譯文）

立合同人 中華民國國民政府軍政部兵工署砲兵技術研究處處長莊權（以下簡稱甲方）

匈牙利王國國立鋼鉄機器廠（以下簡稱乙方）

訂立合同如左

本合同内容：甲方應供給該砲成品及半成品之零件，以完成七五公分試造野砲兩尊，十公分試造榴彈砲兩尊，每種具不同之砲架各壹，該砲彈药製造範圍，俟至適當時期另行規定。

乙方應將製造上及技術上所有經驗，儘量貢獻於甲方。

訂約人双方同意於下列細則

（一）甲方應於簽訂合同後將應需材料運至Diosgyör-Vasgyár，Ujgyár，工廠運費由甲方自理。

（二）運到之材料，應先由双方組織之委員會將各件材料，及其製作情形詳細登記，該委員會之組成，另詳第十四条。

（三）関於製造上必需之圖樣，應由甲方與第一条所述之材料同時供給乙方，該項圖樣，應屬能曬印之底圖。

（四）乙方接收圖樣，應分別製給收據，分類妥為保存，當作密件處理之，俟製造完畢後，連同所製藍圖，悉數完整交還甲方，取回收據。

135

2.

138

138

(五)乙方絶對無權根據該項畫樣仿製上列兩種火砲。

(六)乙方於收到材料及畫樣後，應立即開工製造，並盡心迅速完成之。

(七)製造程序，採用下列方法：每零件或多數相同之零件，應立工作單一紙，填註每道工作所費之時間，由第十二条所列之委員會隨時考核之。此項工作單為日後雙方計值之憑证。

(八)關於試造上應用之特種刀具及工具，其製造費用由甲方擔負，並為甲方所有，俟製造完畢，由甲方出立收據，以便接收。

(九)該項火砲製造完成後，乙方應擔任射擊及運動性等試驗之工作，其詳細辦法，日後按照需要情形，雙方會同規定之。

關於試驗所需費用之計算，與第十一条所訂辦法相同。

(十)因實施第九條所載試驗而需用之彈藥，在可能範圍內，利用乙方現有之彈藥，以資減輕費用，其詳細辦法，俟日後會同另行規定之。

(十一)計算費用之方法如下：

(a)材料費以及裝箱之材料費，悉憑所附憑單計值。

(b)所有實際付出之工資，及裝箱打包等工資，均以工作單為計算之根據。

(c)運輸費用以運輸單為憑。

136

3

139

(d) 總攤費應照(b)項所付工資四倍計算之。

(e) 盈利按照乙方營業規定為(a)(b)(c)(d)四項總值之15%。

(f) 營業稅按照法定稅率為(a)(b)(c)(d)(e)五項總值之3%。

(十二) 訂約人双方同意，每月所有費用，均於次月一至十日之期內，由委員會按照第十一条之規定審定之。此項賬目應分門別類結算清楚，於第三个月十日前付清。例如乙方正月份所代作之工作，應于二月一日至十日之期內結算清楚，于三月十日前付清全數。

(十三) 第十二条所規定，均以匈幣Pengo計之，然後折算英鎊，其行市則按照匈牙利國家銀行當時所定者折算之。

(十四) 為使擔任各項技術責任起見，如設計上效能，製造上之考核，及第十二条所訂之工作審查，甲方派遣一委員會至Diogyöri-Vasgyar工廠內，費用由甲方自理。

該項委員會，應與廠方為試造而特別指定之人員，共同合作，俾本合同內所訂各条件，得以確實實現。該委員會一部份為華員，一部份為服務於中國政府之外籍人員。

甲方對于該委員會內非華籍人員，應負全責，擔保其忠實，不得

137

138-1

行使間諜行為、

根據乙方上級机關之決議及命令、該項委員會之外籍人員至多限于二人、其一為火砲之設計者、另一則為技術管理人員、乙方撥給與他室隔離之办公室一間、以資辦理技術及管理事項、該項人員之進出工廠、祇限於實施本合同有關之工作部份、

(十五)乙方擔任該項四尊火砲之製造、並知對其經常製作有礙、但因雙方現有之美滿商務關係、仍極願接受該項定單、惟該項在乙方試造之火砲、如中國方面在國外大批製造時、甲方應担保乙方有承造優先權、

(十六)如有爭執、由匈亞利王家法院全權判定之、

(十七)本合同自匈亞利王國實業部批准之日起有效、

(十八)本合同共發六份、四份由甲方、兩份由乙方收執、

匈亞利王國國立鋼鉄機器廠廠長 毛 慈 簽字 一九三八 六月九日

中華民國國民政府軍政部兵工署砲兵技術研究處處長 莊 權

138

庄权关于与匈牙利国立钢铁机器厂订立试造新炮合同及留驻该厂人员初步工作经过致兵工署的报告（一九三八年八月一日）

（抄本）

170

報告 民國二十七年八月一日

(一)為與匈亞利國立鋼鐵機器廠(Kön. Ung. Staatliche Eisen-, Stahl- u. Maschinen fabriken)訂定試造新砲合同懇准備案

(二)本處留駐匈廠人員工作初步經過

(一)為與匈亞利國立鋼鐵機器廠訂定試造新砲合同懇准備案事：查本處試造新砲前因抗戰影響奉 令運歐繼續試造在案當與奧國百祿鋼廠接洽不意材料啟運後奧忽發生政變歸併德國 職 到歐時中德外交益轉緊張軍火有停止運華之令試造更無用談國際情勢既變化叵測為慎重起見不得不放棄原定計畫而與其他各國廠家接洽但工作均極擁擠蓋歐陸大小各國鑒於國際形勢之險兀急於軍火補充尤以火砲為甚故對於外來委造都遭拒絕或任意遷延最後與匈亞利國立鋼鐵機器廠接洽適值該廠有擴充砲廠計畫而預定之工作正在確定之中得此機會與以磋商即獲該廠同意遂於六月九日雙方簽訂合同曾於同月十日電告在案祇以該合同須待該國政府批准後方能發生效力 職乃乘此時間與百祿交涉材料交貨事宜並處理本處前運

171

存維也納之材料及半成品肆拾柒箱續運匈廠請求匈關免税及人員進廠手續等事項至七月十四方各就緒適該國政府批准之令亦到乃於七月十五日正式入廠開始工作茲將該合同一份送呈

鑒察懇准備案并將合同内容主要各點分別註釋如左

(a)機關名稱：查本處名稱字句冗長對外不易了解故從權在合同内用株洲兵工廠名義而譯文則仍用砲兵技術研究處權宜之處特為陳明

(b)人員入廠工作問題：此事為該合同中最困難之一點因該國軍部對於外人入廠一節限制甚嚴故合同所載祇准二人但工作繁複決非二人所能勝任工廠方面亦深能了解此種情形該總廠長力保設法我方人員全體入廠雙方同意遂與簽字現我方全體人員已於十五日入廠此點為合同與事實不同之處

(c)造價問題：本處所有各砲件施工程度至為參差不同其中已備材料而未施工者有之完全製成者有之半成品亦有之他如工具樣板之添製刀架之定造情形極為繁難此種工作實際狀況該廠自難清楚再新砲設計内容該廠在短時間内亦不能

172

詳細認識若令其事先估計造價耗時既須二三月仍與結果不符無益事實故雙方同意以成本計算法為造價之根據即每件工作附以工單註明應做之工作而此工單即為計值之憑証外加該廠各種照例攤費及營業稅(詳合同)而造價亦可由此結算此實為最簡要極公允之辦法一切可憑事實辦理合同一經簽訂即可着手工作可免時間上之損失此為與一般合同性質特殊之處砲彈製造問題正與該廠商洽簡捷省費辦法尚未開始製造

(二)本處留駐匈廠人員工作初步經過：現吾方組織一委員會主持一切內分 火砲設計 材料分發與登記 委製單分發與登記 工具設計及檢驗 砲件製作登記與檢驗 圖樣保管與分發 射擊試驗等部份工作極為緊張

工作開始之初工廠方面周折甚多此亦難免之事自應持以毅力克此艱難理合將經過情形及工作狀況呈報備案謹呈

署長俞

砲兵技術研究處處長 莊權謹呈

蒋璜关于董家塅被敌机轰炸详情致炮兵技术研究处驻渝办事处的笺函（一九三八年八月二十五日）

107

字第　號第　頁

泉公代處長勛鑒：自
公等啟程西行，十時董家塅即遭敵機空襲。當時職與事務員
袁理堂適與錦民紹左白閔錦〃公所發給二次徵用民地代價，候
輪於茅屋街。當出發時，路過新亭大倉庫環頭鐵路兩側，銅管
銅棍及零星机件狼藉遍地，重車煙火上冒，觸目驚心，實切歎為危
根。茅屋街轉來至而敵機突自九口塘來，先九架成品字形
過玄潭里上空，機鎗掃射，繼自五里墩來九架，亦成品字式，沿
鐵路綫飛入廠內即投彈，彈〃大小極複雜，事後查點約五十餘

軍政部砲兵技術研究處用箋

枚燒夷弹失力頗强自唐家灣起至大黄坪对河山坡上弹甚密（一一二廠墻及所堆磚瓦（瓦上適中一弹墻外亦有一弹磚瓦損失頗多）一〇六廠柱等均被炸另新亭大樓之東側亦波及查第大黄坪附近投弹達九枚沿飛航綫僅大黄坪之樹旁得免餘僅太平田鉄路旁之鉄板庫之北杉板數堆以及新亭大倉庫偏東一幢經極力搶救得免焚燬新亭大倉後有洋松一堆已著火頗烈（烈日之下火力尤甚）經灌救至近晚火力始熄此次死難者有工目周玉山工人楊忠心李培元王正坤四名重傷

109

字第 號第 頁

者有唐金龍及賀廷才二替工一名截至昨晨止該替工周傷重斃命浙贛路上饒廠先發現死職員一工人五昨日又從死灰中發現屍体五具該廠共死十人學兵死一傷三此次炸彈目標準向炸力甚猛遠勝於去年之敵机與炸彈炸彈着地時路邊鋼管與斷軌飛舞空際達半公里外鄉民初以為從飛机上擲下被打傷者亦頗有人大黄坪傢具等被毀不少幸庫房適炸彈未遭焚燬卷宗等損失尚不大水平儀外木盒已打毀內部尚完好山洞倉庫前木板（原工務組留下）數堆未

軍政部砲兵技術研究處用箋

字第　號第　頁

波及鐵綫尽燬倉庫墻炸壞頗多浙贛路上饒廠客車一輛
鐵蓬車三輛并毀廿三日上午敵机又來三次先九架繼九架
後三架田心毁又遭炸二日間該處共被炸達三次廿五日上午敵
机又至本處上空偵察一週計四架幸未投彈本處損
失尚在清理中死者已埋葬木魚嘴傷者尚在醫治此次救
失得力者有本處警衛士兵及農伕又運輸隊工人二名及勤
務數名業賞洋廿五元藉資鼓勵此次轟炸浙贛路上饒
廠机件等太不設法隱蔽亦負一部份責任向本處原有勤務

軍政部砲兵技術研究處用箋

111

閱

頗多因在遣散之列

公等去後均星散（留守勤務劉鴻章亦擅離職守至下午四時餘

始見返，應記大過一次，以 備案）各宿舍各辦公處所既收拾

無人反需派人照顧，以免公物外溢，此知忙上忙也。現被遣散

勤務請發儲金已在整發中，懇

轉知出納股（各勤務儲金已由出納股列單存留守處）將該項儲

金撥下是感。為此簽請

鈞鑒

職 蔣□謹呈 八、卅、五下午

軍政部砲兵技術研究處

字第　號第　頁

兵工署炮兵技术研究处为报告董家塅被炸情形及处理办法致兵工署呈及要求报告被炸情况给蒋璜的指令（一九三八年九月十六日）

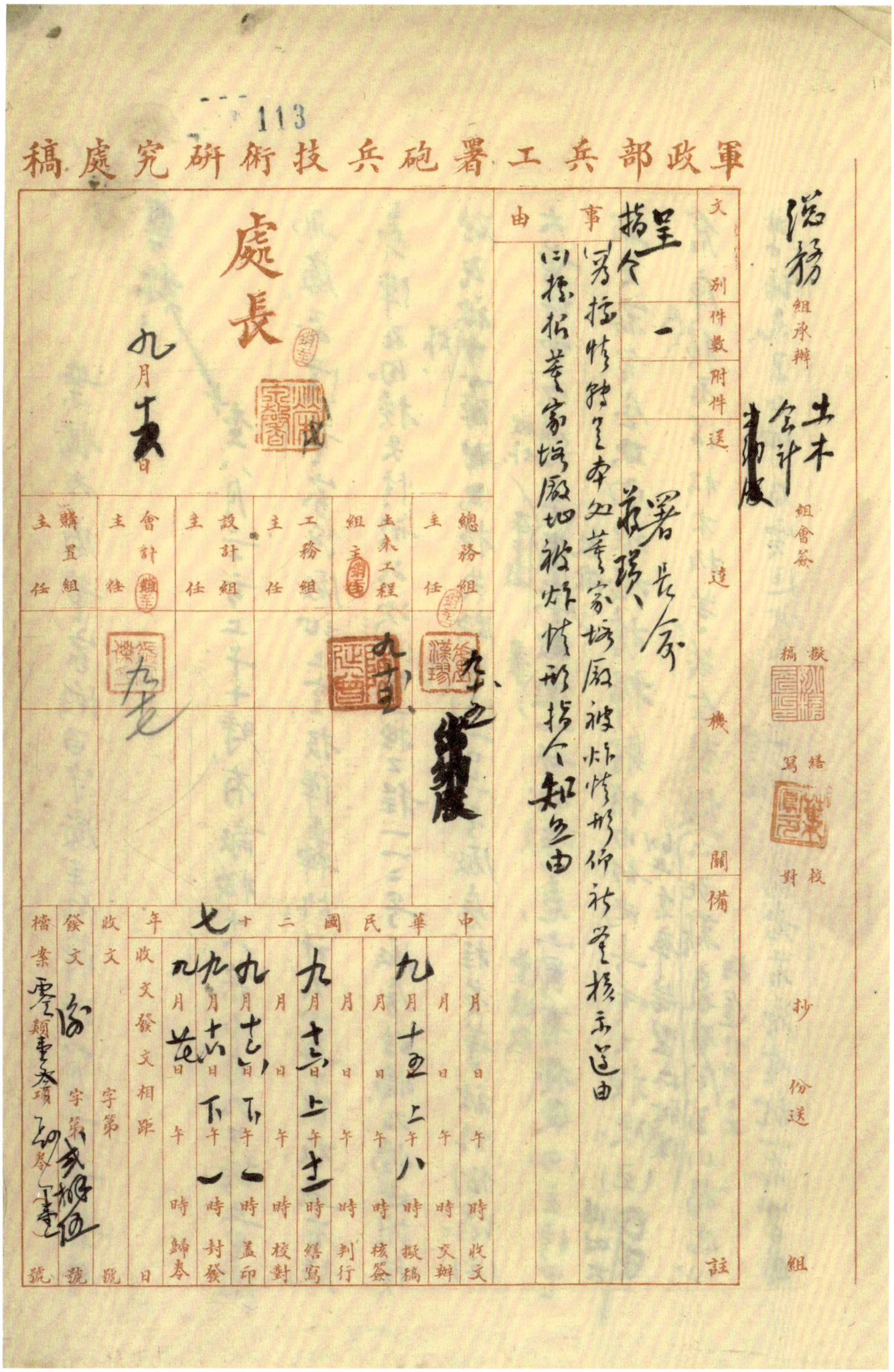
113

軍政部兵工署砲兵技術研究處稿

處長

文別：呈 指令

件數：一

送達機關：署長俞 蔣璜

事由：為報告本處董家塅廠被炸情形仰祈鑒核示遵由
以據報董家塅廠地被炸情形指令知照由

總務組主任　土木工程組主任　工務組主任　設計組主任　會計主任　購置組主任

中華民國二十七年

收文　月　日　時
文辦　九月十五日上午八時
擬稿
核簽
判行
繕寫　九月十六日上午十一時
校對
蓋印　九月十六日下午一時
封發　九月十六日下午一時
歸卷

113-1

案據本廠董家塅留守處主任蔣璜八月二十五日報告

略稱：

查八月二十三日上午十時，有敵機十八架，分自九口塘、五里墩

兩處飛達董家塅廠址上空，投彈轟炸，計大小五十餘枚，並有燒

夷彈在內。損失情形如次：(一)第一批工程一一二號廠房磚牆及牆邊堆積

磚瓦被炸，損失頗鉅。(二)一〇六號廠房柱基等被炸倒塌。(三)

大黃坪辦公室傢具被炸，零星散毀一部份，略有損失。(四)玄湾里

職員宿舍屋頂面被機槍掃射，惟內部尚無重大損失。(五)601號倉庫牆壁微損

倉庫及積存洋松、木板等，幾全焚燬。(六)死難員工有周玉山、楊忠心、

李培先、王玉坤及賈廷才等五名，重傷者有唐金龍一名。

114

（七）黄家垱支路一部份被炸毁坏。以上为本厂损失情形之大概。又浙赣路上饶机厂被炸毁客车一辆、铁篷车三辆，并毙职工十一人，学兵队学员亦死伤三。此次厂址被炸，上饶机厂所积机件太不设法隐蔽，应负一部份相当责任。至本厂对轰炸时抢救出力之公役、警卫、惠太工人等，已分别酌给奖金，并将死伤者分别埋葬医治，理合报请鉴核等情。据此，除饬该厂妥为办理善后，并将被炸损失之物材料详查数量补报核转暨死难工人另文呈请抚恤外，谨将被炸大概情形先行呈报，仰祈鉴核示遵！谨呈

署长俞

全衔处长庄○

114-1

處銜指令

令董家溪留守處主任萧前瑸

二十七年八月二十五日報告乙件附圖乙帋儲證乙份信乙頁，爲報告董家溪被炸死傷工人及被燬庫房經過情形並請發給遣散、勤務儲金由。

報告悉。已據情轉呈兵工署核示矣。仰將此次被炸損失公物材料數量再作有系統之詳細報告，並詳具圖說，以憑轉呈。並將所有被炸[illegible]善後事宜並仰妥爲辦理。至遣散公役儲金可先行墊發，[illegible]候擬呈。此令。

處長莊

荣泉馨关于炮弹厂筹备情况及预计出品时期致兵工署的报告（一九三八年九月二十六日）

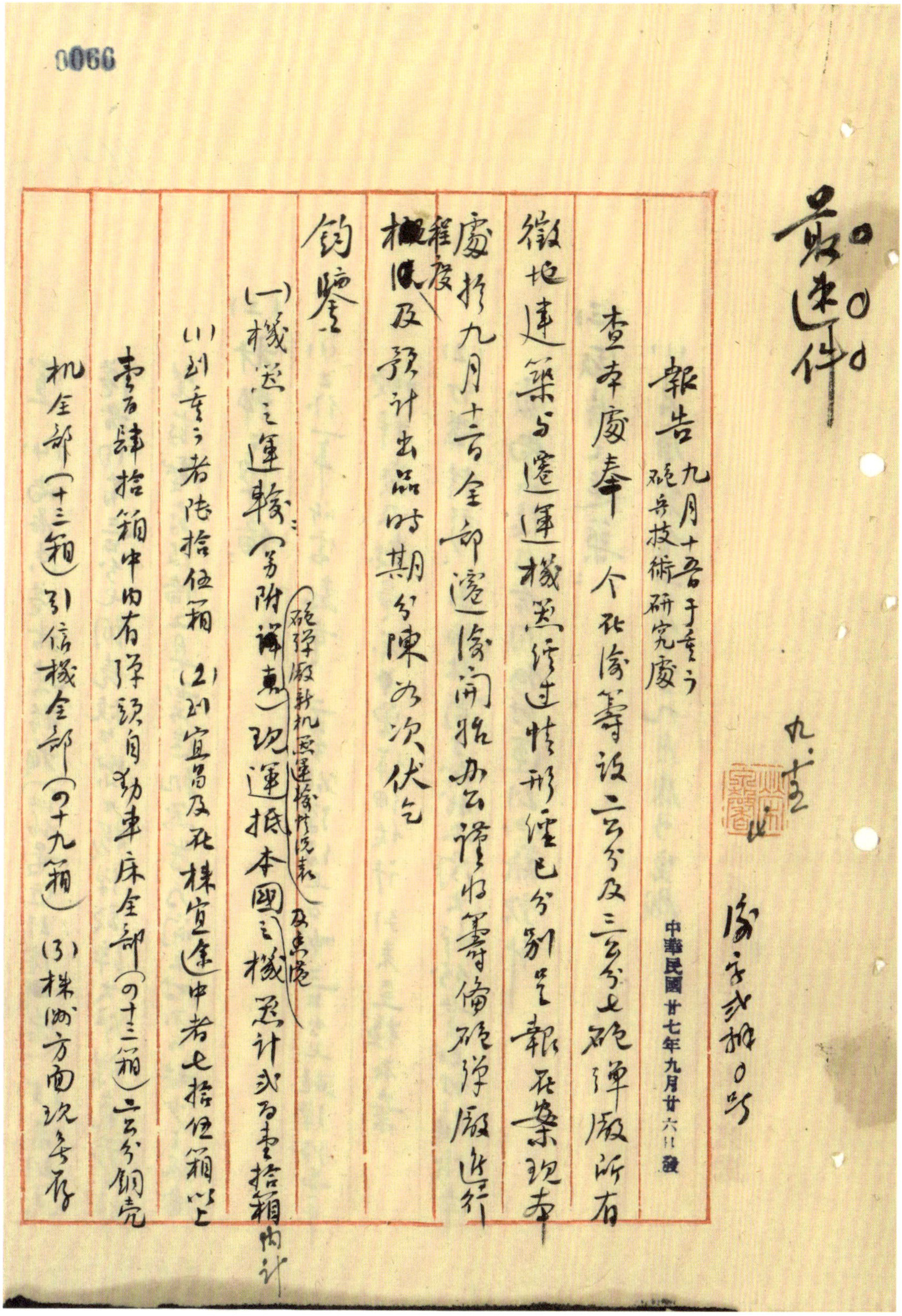
0066

最速件

報告　九月十二日于重慶　砲兵技術研究處

查本處奉令在渝籌設二公分及三公分七砲彈廠，所有徵地建築與遷運機器經過情形，經已分別呈報在案。現本處於九月十三日全部遷渝，關於籌備砲彈廠進行程度、概況及預計出品時期，分陳如次，伏乞

鈞鑒：

（一）機器之運輸：（另附詳表）（砲彈廠新機器運輸情況表及照片）現運抵本國之機器計弍百壹拾箱，內計：

（1）到重慶者陸拾伍箱；（2）到宜昌及在株宜途中者七拾伍箱，以上

壹百肆拾箱中內有彈頭自動車床全部（四十三箱）、二公分銅殼

機全部（十三箱）、引信機全部（四十九箱）；（3）株洲方面現尚存

九．廿

渝字弍拾〇號

中華民國廿七年九月廿六日發

66-1

置　(4)尚存在港者柒拾箱（此係最近到港者）　(5)未到港者內有三公分七鋼殼烤架、機牌頭淬火爐煤氣發生爐裝藥壓藥設備工具製造机器等為開工時不可缺少之設備

(二)材料之準備：

(1)工作一年所需數量：二公分砲彈約七百噸　三公分七砲彈約壹千噸　種類及數量業另詳細估計列表呈核在案

(2)訂購情形：由柏林商專處代辦關大部份業已訂購惟本處尚未接得合同何時運到亦難預計

(三)廠房之建築：

(1)倉庫宿舍辦公室等九月底可完成

軍政部兵工署砲兵技術研究處

（2）主要工作厰房十一月底可以完成，各部即可開始安裝機器

（四）工徒之指導與訓練：

（1）十月中開始指導普通技工，授以專門機器之使用法及全體之工作法，以備短試造時期

（2）十月中指導藝徒，授以專門手藝，俾能使用指定之機器或專門指定之工作，訓練時期俾量縮短，以補救偏需

技工指導之困難，訓練時期均暫定三个月

（五）出品時期之預計：

（1）機料應限期運到之限度：最低限度現存宜昌、香港兩處之機器必須於十一月底以前運到重慶，各種材料及未到港

67-1

三、机器应该年内运渝

(2)安装机器及训练工徒时期：本年十二月及明年一、二月三个月为安装机器及训练工徒时期

(3)一部份开工：明年三月内开始试造

(4)出品时期：制造高射炮弹式二公分及三公分七炮弹明年四月份出规定产量六分之一，五月份四分之一，六月份二分之一，七月份照规定产量出齐

(六)请求事项：

(1)在欧未运机料，恳电商专处从速催运

(2)存港宜昌两地机料，恳电令运输机关切实协助起运

軍政部兵工署砲兵技術研究處

俾能規定期內出除

上列六項謹呈

署長俞

附呈表乙帋

職榮泉○

二公分砲彈廠新機器運輸情況表

合同號數	廠名	品名	部數	存港箱數	存宜箱數	到渝箱數
826	Sylbe & Pondorf	自動木車床	1		1	
827	Pittler	自動車床	42		21	22
830	Georg Reicherter	硬度試驗機	1	681	1	
838	Poltē	二生的鋼殼機	13		1	12
849	Hahn + Kolb	Index自動車床	15	1	11	7
861	Wafios	做彈簧機	1			1
866	Fritz Werner	三七銅殼機	21	17		
867	Rheinmetall Borsig	彈頭試驗機	2	1	2	
868	Cordes + Sluiter	工具磨床	2			2
870	Harlēx	彈頭磨床	2			5
871	Hahn + Kolb	Index附件			附合同#849內	
883	Albert Obermoser	馬達			附合同#861內	
884	Hahn + Kolb	鑽床銑床等	19	3	11	
900	Siemens	馬達			附合同#849內	
905	Müller + Montag	彈帶車床	7			
988	Harlēx	壓彈帶機	1		1	
989	Siemens	馬達	7		附合同#905內	
1159	Poltē	二生的緊口机	1	1		
1217	Kilian	壓藥片机	1		1	
1218	Schuler	偏心及手搬壓機	26	9		
1228	Paul Blell	十五噸壓機	2			
1232	Krupp Grusonwerk	粗磨細磨	2			2
1233	Hahn + Kolb	彈簧試驗机	1		1	
1239	〃 〃 〃	四桿鑽床	1		1	
1240	〃 〃 〃	量台等	1		1	
1246	Boley + Leinen	小車床	3		3	
1254	Robert Todt	小鑽床	15	3	1	14
1282	Poltē	二生的沖鋒附件	1			
1284	Nitsche + Günther	螺絲鑽床	5		5	
1288	Niles Werke	壓機等	11	2	2	
1290	Paul Blell	十二噸壓機	1			
1291	Siemens	馬達	1		附合同#1304內	
1304	Boley	小車床	1			

0069

合同號數	廠名	品名	部數	存港箱數	存宜箱數	到渝箱數
1316	Kuhlmann	精細天秤	1		1	
1335	Polte	三七緊口燒口機	2			
1349	Niles Werke	Fadenapparat	1	1		
1359	Siemens	Zündprüfmaschine	2		1	
1361	Hahn & Kolb	車床輥字機	3	3		
1365	A. E. G.	馬達	5		附合同#1284內	
1369	Hahn & Kolb	工具磨床	2		2	
1370	〃 〃 〃	雷管試驗機	1	1		
1372	Polte	三七燒口附件			附合同#1335內	
1384	Max Friedrich	研磨	2	2		
1395	Johann Krall	離心力試驗机	5		5	
1405	Hechtenberg	壓炸藥柱設備	全套			
1418	A. E. G.	馬達	8		附合同#1218內	
1420	Siemens	〃 〃	16	3		
1422	Jasse	拌和桶	4		2	
1465	Burberg	雷管裝藥設備	全套			
1467	Hahn + Kolb	淬火回火爐	4			
1455	Hahn + Kolb	量具工具等		[illegible]		
1539	Bergmann	裝藥器		14		
1578	von Halgis	秤		3		
1526	Nobelkrut Bofors	彈簧壓机		1		
1627	Sonnenberg Rotterdam	車床	3	3		
1674	Schaublin, Villeneuve	〃 〃	1	2		
總計				70	75	65

附註：此外製造工具機器等因未接商專處通知尚未列入本表

陈喜棠为将试造新炮蓝图交匈牙利厂代寄回国并附呈新炮设计经过报告致兵工署炮兵技术研究处的笺函（一九三九年九月十四日）

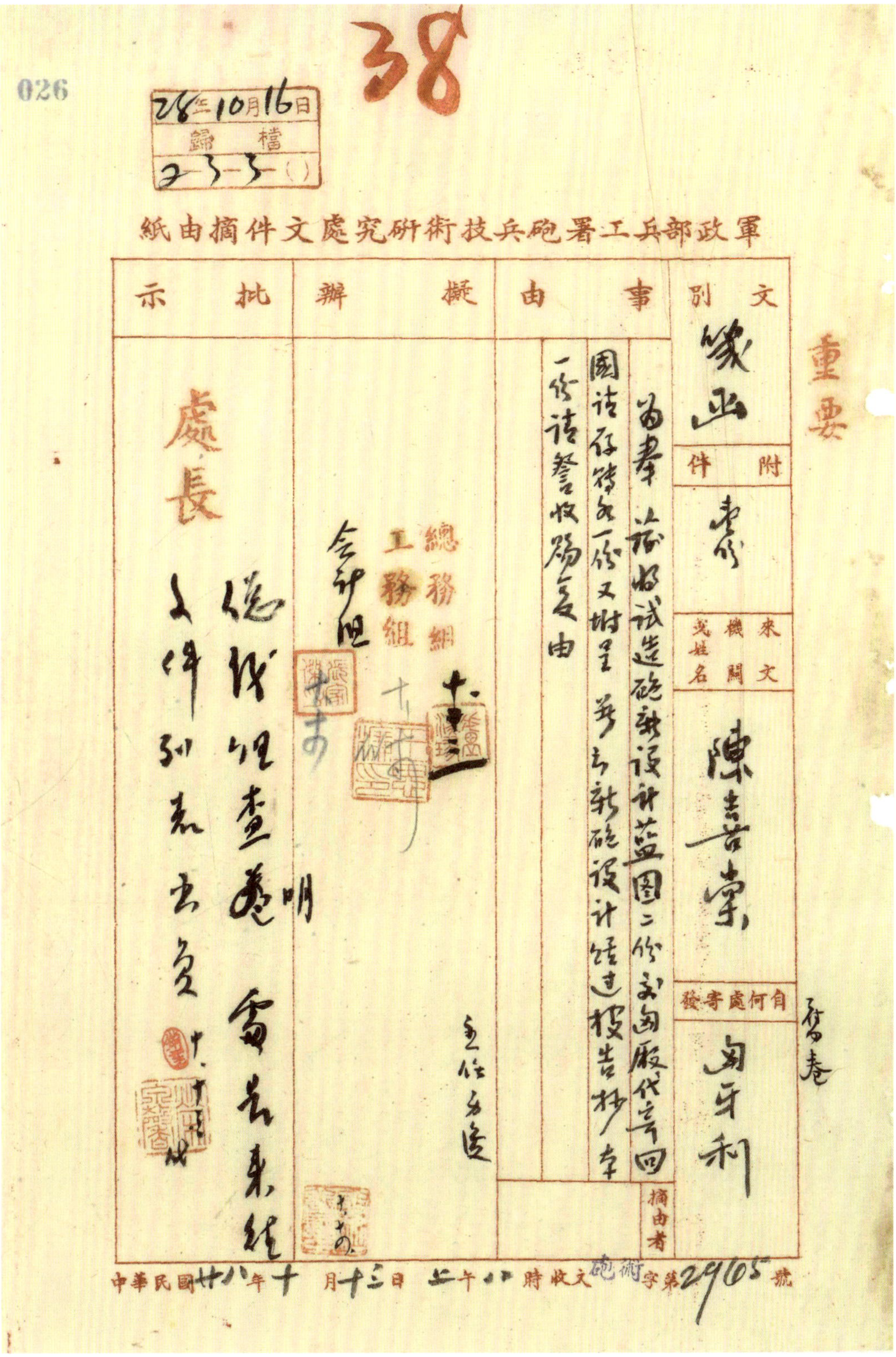
026

38

28年10月16日 歸檔 2-3-5-( )

軍政部兵工署砲兵技術研究處文件摘由紙

文別	事由	擬辦	批示
箋函	為奉諭將試造砲新設計藍圖二份交匈廠代寄回國請存轉並附呈試造新砲設計經過報告抄本一份請鑒收為荷由	總務組 工務組 會計組	處長
來文機關或姓名：陳喜棠			
自何處寄發：匈牙利			

重要

中華民國廿八年十月十三日上午八時收文砲術字第2965號

027

砲技(匈)字第一六九號

策代處長鈞鑒：歐戰已爆發，奉 處座諭將試造砲新設計藍圖二份連同零件表先行寄回國內，於本月七日交匈廠代寄，一份請轉呈 兵工署，一份留處保存。據匈廠云，寄出手續甚為麻煩，因須經匈軍部詳細檢查始能放行，如我國有使館駐匈，則此事好辦多多矣。一俟運出日期及運單收到後，當即寄處，俾可憑單提貨。匈國守中立，國內情形暫頗安定，廠方工作仍照常。現與廠方正在交涉者：(一)試造新砲究竟何日可以趕完；(二)完成之砲及其砲彈是否與匈國中立條例有妨碍，軍部是否能允隨時運出。因此兩問題牽涉範圍甚大，廠方須先徵得軍部同意始能答復，我方工作繼續與否全視答復情形為定。茲附上呈寄 署方之新砲設計經過報告抄本一份，請

詧收，留備參考。收到後乞 賜一覆。以前所寄各信均無復信，是否收到，此間無從查悉也。專肅敬請

鈞安

職陳喜棠謹上 廿八.九.十四.

40

028

十公分榴彈砲及七，五公分野砲設計經過報告

駐在地點：　匈亞利兵工廠 MAVAG

日　　期：　民國廿八年八月廿八日

謹按前經哈德曼設計之十公分榴彈砲及七，五公分野砲經試造後不堪應用應另覓設計途徑從事改良以完成目的其詳情前經呈報在案

本屆設計以兩砲砲架通用為原則因同一砲架軍隊使用與工廠製造均感方便砲架則採取機械化式使能耐受高速度之行駛并先行從榴彈砲着手此蓋因技術上各種關系有不得不然者此項工作於本年二月間開始至七月初完成計共五閱月所有砲管部份搖架部份砲架部份均參照最近一般新砲條件慎審研究而確定者此次完成榴彈砲圖計件號（Position）736．件數2111．業已發交匈廠製造表尺原圖尚可使用未加更動此外關於：

1. 材料方面　竭力節用高貴材料
2. 製造方面　依照德國工業規格（DIN）．均註明製造公差使易配合
3. 成品零件　依照德國工業規格所訂之尺寸成品可以隨時配購

以上數點皆為原設計所未顧及現在新圖均已糾正俾符合一般製造條件

榴彈砲之砲彈亦均修改共計圖樣十張引信部份係採用匈軍部式故無圖僅知其重量重心與外形特附申明

七，五公分野砲之砲管圖樣須完全修改使其配合新砲架又原設計砲彈太重彈道欠佳改為七公斤故砲彈圖樣亦須修改該項全部工作日內即完成圖樣另行寄呈 關於兩砲主要技術數字另表附呈

砲術（丙）2965 晦交研仲

41

試造新砲彈道諸元表一

029

諸　元	榴彈砲	野砲
口徑	100 mm	75 mm
彈重	16 kg	7 kg
彈長	4,92 Kal	5 Kal
炸藥量	1,63 kg	0,67 kg
砲身全長	25 Kal	42,5 Kal 連砲口駐退機
抜綫部長度	1955 mm	2292 mm
藥室容積	2,0 dm^3	2,27 dm^3
來復線纏度	25 Kal	22 Kal
最大初速	480	700
最大膛壓	2500 at	2650 at.
最大射程	約 12000 m	約 14000 m
放列全重	約 1750 kg	約 1750 kg
砲口活力	188 mt	175 mt

42

試造新砲砲架諸元表二

030

表尺式樣	指針式	
駐退復進機式樣	變後座駐退機空气復進機	
後退長度	1400–800 mm	
最大駐退液壓力	320 at	
駐退活塞有效面積	42,4 cm^2	
後退體重量	500 kg	
復進機空气壓力	初 40 at 終 66 at	
駐退液量	7 dm^3	
復進液量	16 dm^3	
復進機空气容積	7 dm^3	
開腿閉腿高低射界	$-7° \sim +45°$	
開腿方向射界	55°	
閉腿方向射界	6°	
砲架式樣	開腿式摩托化	
最高行駛速度	40 公里/小時	
震高限度	80 mm	
兩輪高低差限度	±55° (或 ±77 m/m)	
閉腿時全長	5144 mm	5830 mm (連砲口駐退機 野砲)
開腿時寬度(駐鋤距離)	3300 mm	
駐鋤壓力(閉腿)	75 kg	55 kg (野砲)
橡皮輪箍外徑	900 mm	
橡皮輪箍寬	30 mm	
火線高	1033 mm	
瞄準線高	1528 mm	
防楯上緣高	1700 mm	
轍距	1600 mm	

43

031

兹因欧局紧张战事有随时爆发之虞为谨慎起见特将该项蓝图一份及零件表寄呈

钧署谨恳审查　示遵另一份系交砲技处分别保存以策安全谨呈

兵工署长　俞

砲兵技術研究處處長
莊　權

附呈：图样两份本拟早日自行寄出嗣因我国无驻匈使馆缺乏中匈正常外交关系必须经过匈军部及财部等机关检查始允放行并以最近揭开之欧战手续更为繁复因请厂方代为负责办理运出手续如经办妥当另电呈至于图底在紧急期中幸已设法送存瑞士中国公使拟藉外交路径寄回国内业与驻瑞使馆接洽中

繕正 三、九

查本廠工務方面二十八年度設施及工作情形分述如左

（一）遷移概況 本廠自廿七年七月起由湖南株洲遷渝全部機料（包括移交廿五工廠之槍彈廠機料）三千餘噸經由長江西運~~[illegible]~~均安全到達至廿八年十月底先輪由宜昌轉運最後一批器材抵渝遷移任務遂告結束

（二）建設概況 本廠之主要工作機及材料大部分購自國外原由香港經粵漢鐵路轉入自廣州淪陷改道海防昆明內運自廿八年二月起本廠材料庫及廠房先後建築完成（建築情形另表報告）當即開始安裝機器同時分別試車結果均尚圓滿製造機槍

10

0014

計分機工、木工、工具、水電四所，各負專責。截至廿八年底，大部份機器裝竣。該年一月，復派員仰光、海防、昆明，將廿廠之大部份材料及一小部份之機器運到，即可正式開工。所有本廠已安裝及未到機器之名稱、數量，另詳附表（附表）。

（三）製造能力　依據本年新機器配置，每日共八小時計算，製品為蘇羅通式二公分砲彈三千發及同式三七公分砲彈……除另列二十八年度出品數量報告表外，由呈核，至原動力方面，本廠現有150匹馬力煤氣機兩部，40匹馬力柴油機一部，約計二九年四月裝置完畢，並成本較高，自給電力，即可無須依賴重慶電力公司供給動力。

（四）目前工作　本廠之主要出品為製造蘇羅通式二公分及三七公分砲彈，但以華籍材料尚未到齊，故廿八年度內未能

关于出品作业　署令饬造林恩枪药包雷管掷榴弹等件

(四)本处军需及试造四·七五公分炮弹以应军需，送经分批造缴，同时

协助他厂代造机关枪零件及其他军品，已使本厂现有人

力机力尽量发挥而无旷废

(五)扩充实改善事项

(甲)扩充实工具所之设备

查本厂自接收厂之机器划为二十五工厂，除原有大部份工具之装造

及修机随同移交该厂以致工具所之生产力不能适应目前之

需求，亟应分别添购以资充实

(乙)[illegible]

10

兵工署第十工厂为报送试制苏罗通二公分曳光榴弹经过及一九四一年度预定工作概况致兵工署的呈（一九四一年九月二十三日）

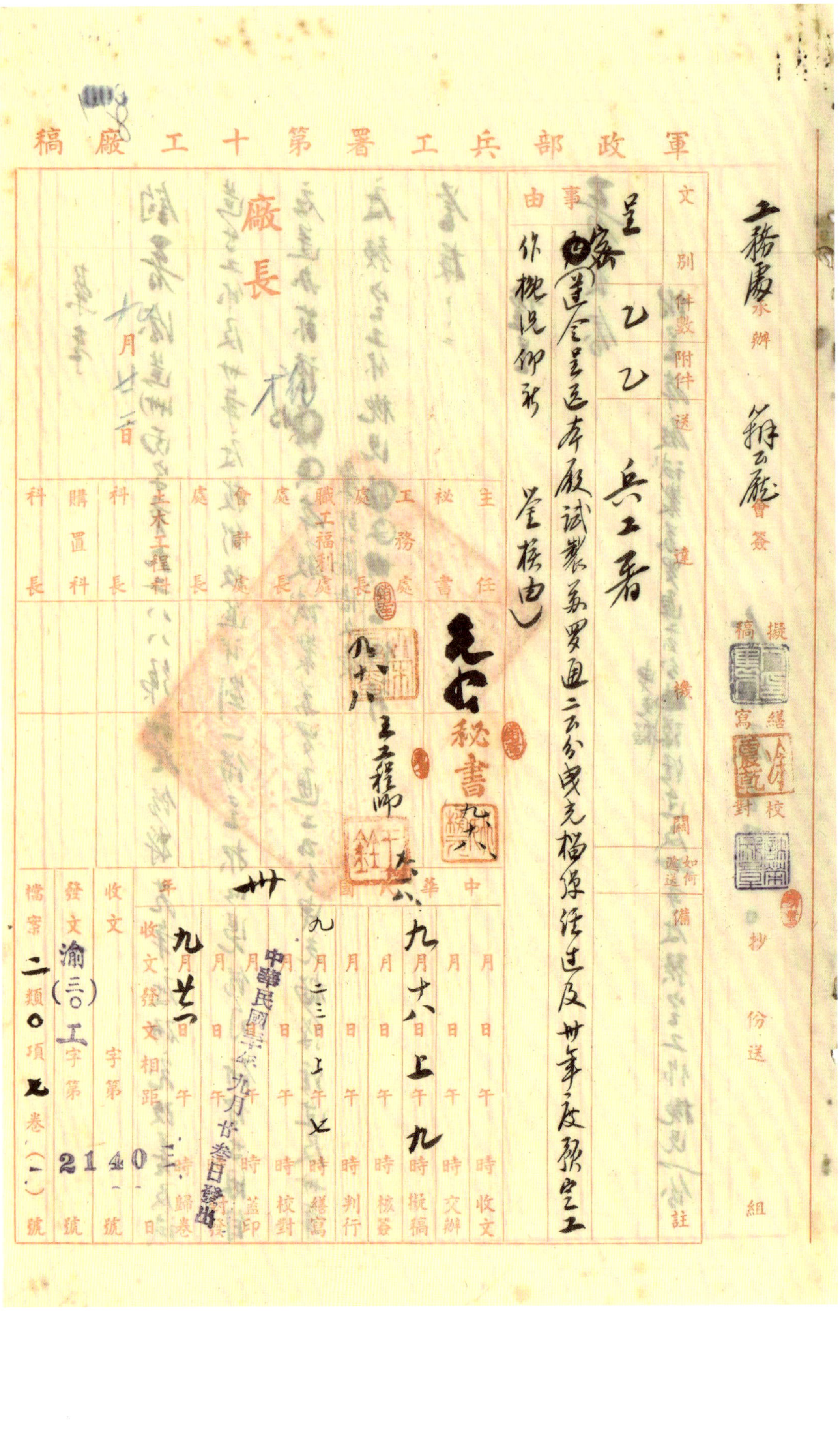
軍政部兵工署第十工廠稿

工務處 承辦

薪工廠 會簽

文別：呈

件數：乙

附件：乙

送達機關：兵工署

事由：簽呈送本廠試製蘇羅通二公分曳光榴彈經過及卅年度預定工作概況仰祈鑒核由

廠長

主任秘書　秘書處處長　工務處處長　職工福利處處長　會計處處長　土木工程科科長　購置科科長　科長

中華民國　年　月　日　收文　交辦　擬稿　核簽　判行　繕寫　校對　蓋印　封發　歸卷

收文發文相距　日

收文　字第　號

發文　渝（三〇）工字第 2140 號

備案　二類〇項七卷（一）號

擬稿　繕寫　對校　如何送達　備註　抄　份送　組

87

案奉

鈞署渝造卅丙字第九二八八號訓令飭將去年度研究改善及試造工作及卅年度技術改進計劃一併呈報以憑飭司研討等因自應遵辦茲謹將本廠試製蘇羅通二公分曳光榴彈經過及卅年度預定工作概況案列一份備文賚呈鈞核

鑒核！

謹呈

署長俞

附呈本廠試製蘇羅通二公分曳光榴彈經過及卅年度預定工作概況一份

全銜廠長莊。

004

第十厂试制苏罗通二公分曳光榴弹经过及廿年度预定工作概况

廿年十月 日

查本厂制造苏罗通二公分炮弹所有机器及设备均系新式，而此项炮弹之制造技术尤为我国前所未有，故在技术方面于制造之初概费相当研究。

此项研究计分机工与火工两方面，概述如左机工包括一切零件之制造，火工包括整个炮弹之装配及所需火帽雷管曳光管炸药等件，于火药方面各零件之制造兹分述如左：

机工方面　因所有主要机器均为自动式，对于使用以及管理均须有详密之计划与顾虑，而先从工具之供给能事先有充份之准备，不足以应付一切。至于制成之零件，则更有精密之量具不

不良以自動機器對於工具之消耗甚大，其製造能力亦非尋常機器可比，製成零件之速度與品質驚人，即所謂大量產品製造是也。如製成品若無檢查之量具時，則較正則一有差誤，[illegible]廢品數量增高，影响出品非淺，尤值此物力拮据、締造匪易之際，[illegible]製造上自不可稍有疏忽。故本廠在試造之初，即以全力趕製工具及樣板，自卅八年開始，至本年六月大部完成，而製造材料亦於是時陸續到齊，遂於本年六月起開始試造[illegible]之，即於是時開始慎密之研究，製成零件合格品約佔百份之九十六強，機工方面可稱順利進行。

至於火工方面，在機製零件齊全後，亦即立時着手查募[illegible]式曳光榴彈構造之複雜與火工工作之繁雜，在一新式砲彈中可稱首

一本厂出品方面工作之困难点不在火帽雷管炸药等之制造而在曳光管一项盖以我国兵工技术人员对于曳光之制造历史尚浅而各种曳光药形态因使用之不同其制造手续亦各异炮弹之曳光与枪弹之曳光及信号弹之曳光其工作手续与曳光药之配合均不能以此例彼而曳光药在此种炮弹中之功用有二（一）为窥视弹道（二）为藉曳光药之燃烧传火与起爆管使炮弹在空中自行爆炸是以曳光药在此种炮弹中实占重要位置本厂研究此种曳光药始于廿八年九月惟当时该项二公分炮未到各项零件亦未全不能举行射击试验仅作静止试验与研究经二月之久所制之曳光药在静止燃烧所得之时间与发光之强度颇类义大利出品

者

57

不相上下，至此異常發生，並於先年九月廣東零件試製所全二公分火砲領到，開始與先射裏試驗後所得結果殊為失望，如式拾顆砲彈中不發火者佔百分之七十，蓋因砲彈飛行速度甚大，致使先藥不燃，或稍燃即滅，以致不能達到上述之目的。茲經繼續研究試驗至十一月初，不發火者已降至百分之廿左右，是月底始告成功。射裏結果不發火及短燃燒者只佔百分之一、二，在空中曳光時間平均達五、五秒以上，最長與最短時間之差不過〇・三秒。

此外，較次之困難問題，即為砲彈之早炸。在先年十月底初次於全備彈射裏試驗時，以平射法射裏之結果，七十發中有四發在距砲口約一二百米達處即引爆炸，查此種砲彈可能發生早

每經繼續研究至

炸之原因约有数种（一）雷管不良（二）炸药不良（三）引信不良（四）发射药火焰经底螺之丝由雷管之外以达起爆管而燃着延期药（五）曳光药燃烧太快（六）曳光药在燃烧过程中发生爆炸以上各种可能之原因经分别予以研究及试验确定（一）（二）两原因不能成立盖有（一）（二）两原因时则发生膛炸而不发生在离炮口一二百米达时之早炸（五）（六）两种原因经每次试验并未发现有此二种病故决定研究（三）（四）两种原因以特制之炮弹分别试验引信之性能与发火之确实，经每次试验结果均无不良现象经此试验后乃知是以发生此种弊病者必为上述第（四）项原因，遂于装配工作上加以改良再经试验而早炸之弊即不复见此种试验历时二月余始

告濟乃于卅年二月起正式製造出品此外本廠試造第罗通二公分曳光榴弹以至成功之[illegible]畧也

卅年度起除原有出品照常進行外擬試造第罗通三七公分平射炮弹現正趕製樣板不久即可完成預計本年十月份開始試造於試造情形容後續陳

此外本廠奉令製造歐力根二公分炮弹亦正積極計劃中樣板及工具即將完成本年十月份開始製造榴弹一種所有引信部份為製造便利計擬採用第罗通式二公分榴弹引信[illegible]試道詳情亦待續陳

以上兩種炮弹擬俟試造告一段落後另文具報茲不贅述

兵工署第十工厂为遵令列报与出品有关而尚未解决之技术问题致兵工署的呈（一九四三年四月十三日）

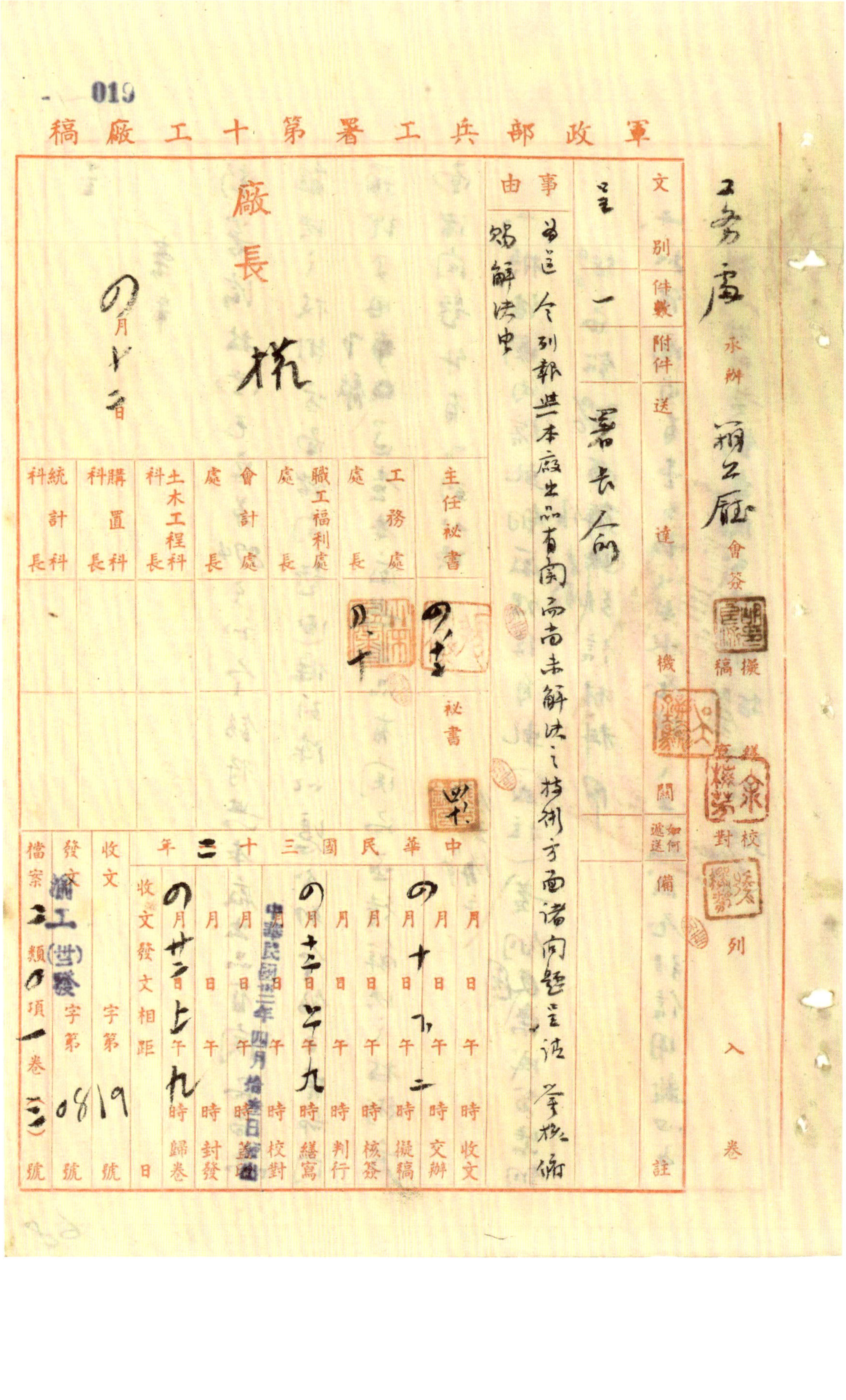
019

軍政部兵工署第十工廠稿

文別	件數	附件	送達機關
呈	一		署長俞

事由：為遵令列報與本廠出品有關而尚未解決之技術方面諸問題呈請鑒核俯賜解決由

工務處 承辦

廠長 杭 四月十三日

主任秘書	工務處處長	職工福利處處長	會計處處長	土木工程科科長	購置科科長	統計科科長
四 十三						

中華民國三十二年

收文	交辦	擬稿	核簽	判行	繕寫	校對	蓋印	封發	歸卷	收文發文相距
月 日 午 時	四月十日下午二時	月 日 午 時	月 日 午 時	月 日 午 時	四月十三日上午九時	月 日 午 時	中華民國卅二年四月 日	月 日 午 時	四月廿一日上午九時	日

收文 字第 號

發文 渝工（卅二）發字第0819號

檔案 二類0項一卷（三）號

呈

案奉

鈞署渝技(營)乙字第894號訓令飭將與本廠出品有關而尚未解決之技術方面諸問題逐條列陳以憑分別令飭主管部門辦理等因奉此遵查本廠與出品有關而亟待解決之技術方面諸問題計有下列八項

一、擬請國內熔軋銅廠設法自軋(或拉)黄銅圓條成分紫銅58%白鉛32%兩作本廠引信材料用

二、擬請國內有壹百噸以上水壓機之工廠試壓引信用離心子料(棒形黄銅條成分紫銅58%白鉛32%)

三、拟请国内熔轧铜厂研究制造弹簧铜皮（即燐铜皮）

四、拟请钧署指定一厂专门制造螺丝公及螺丝钢板

外表须磨制并保持准确尺寸以供本厂应用

五、拟请炼钢厂轧制1/2 3/16厚之铁皮

六、拟请炼钢厂制造尺寸准确之圆皮及条（即弹壳十道尺寸准确）俾适合

七、拟请熔轧铜厂研究轧制三十丝白铅皮（锌皮）以备子弹装

弹自动车用途

箱用

八、拟请国内化学工厂研究提制钠（Na）以作本厂破甲

弹用氯化铅原料

69

20-1

20

奉令前因理合具文呈復仰祈

鑒核俯賜解決實為公便 謹呈

署長俞

（全銜）廠長莊○

20

（二）迁移

兵工署关于立即将炮厂新机器移往湖南辰溪等事致兵工署炮兵技术研究处的代电（一九三八年一月八日）

快郵代電

漢(報)第157號第　等計　字

砲兵技術研究處莊處長鑒(一)該處砲廠新機器着即移往湖南辰谿(二)廣東第二兵工廠砲廠機器及工作人員現已令其遷至湖南辰谿與該處砲廠新機合併仰遵照接收(三)該處試造新砲應即停止未完成部分可向外洋訂製(四)此後漢砲廠專修大砲

大維 08.10 造漢印

民國二十七年一月　日　字

中華民國廿七年壹月八日發

汉阳兵工厂与常德新武陵船行订立由常德至辰溪运货合同（一九三八年一月十九日）

015

抄録合同

立合同人 漢陽兵工廠（以下简称甲方）

常德新武陵船行（以下简称乙方）

1、條甲方所有運辰谿物料委托乙方承運一切條款規定如下

2、條甲乙双方議定自常德至辰谿南莊坪碼头交貨，現時情况之下每噸議訂運費國幣拾五元正。

3、條甲方委托乙方運辰谿之物料自常德裝運，每隻船以六成計算，裝儎不得超過，至少每二拾名須用縴夫一名，過灘時加倍，以甕子洞、青浪灘、横石、九磯四處爲標準，其餘各灘加半

4、條甲方交乙方代運之物料一切箱件均有號碼重量載明由自常德交運至辰谿南莊坪碼頭照數交貨如有短少差誤時則應由乙方担負賠償責任

5、條自常德交運由甲方先付七成運費其餘三成於辰谿南莊坪交貨照數交清款由乙方指派之負責人經手具領甲方不認其他人領取但在辰谿領款人由乙方出具負責

6、條甲方委託乙方運送之物料萬一中途發生意確非人力所能抵抗之事實經本廠沿河派駐兵及地方政府証明者應由乙方及船戶負責打撈駁儎但甲方之料

016

運員兵同時負責辦理助搬起之費用由甲乙雙方平均分担負

7、係甲方於物料未抵常德一星期前通知乙方準備船隻指運乙方負責於物料由常德過船後五日內全体聯絡開行不得遲誤

8、係如甲方所託運啟駁之物料在啟駁中途遭受天災事變或係船戶之荷載力不足裝載過重及上灘失纜擱淺之情弊一切損失應由乙方担負完全責任（但遇損係船戶所致甲方并允協助乙方追辦

9、係本合同暫以一千公噸為限雙方認為相安以後續

16-1

續訂運

10、條本合同共繕二份甲乙雙方各執一份為憑

11、條本合同自雙方簽訂之日起發生効力

簽訂合同人 漢陽兵工廠代表

常德新武陵織行劉飛清記

民國二十七年一月十九日訂

马运复关于在株洲、长沙、常德与各方接洽经过情况致炮兵技术研究处的签呈（一九三八年二月八日）

012

27年2月16日
歸檔
2050

軍政部兵工署砲兵技術研究處文件摘由紙

重要

文别	事由	擬辦	批示
簽呈	為呈報在株州長沙常德接洽經過情形由	總務組 工務組 購置組 二.十二 二十三 存 熊技術員	處長
附件：合同抄件二份			
來文機關或姓名：馬技術員運復			
自何處寄發：常德亞洲旅館			
	摘由者：吳		

檔字2號

中華民國廿七年二月十一日下午三時收文砲術字第五〇五號

013

簽呈　二月八日

敬呈者職自奉
命往長沙日起程現將株州長沙常德接洽情形呈報
於後
1、株州晤廣東第二兵工廠保管料科科長宋世忱、該
廠機料在株州卸車上船、轉辰其最大之噸位約
五噸、但宋科長之預備最大噸位近十噸、其數量
暫不知其詳、請
處方詳詢該廠以便預備倉庫、
2、長沙晤兵工署陳組長延曾為此次辰谿之堪察

131

地址者，知之較詳，所得結果如下：

a、距辰谿四十里有大王浦、小王浦者，兩面皆山，中為平原，署方擬作廠址之用。據陳組長談，凡四面皆山、中為平原者，在現時頗不適用，因目標太大，易受炸毀；如兩面皆山、中為平原者，則地長形，目標較小，其堪大小王浦者是故也。該地有匯距沅江岸約三四里許耳。

b、修谿口距辰谿三十餘里，位於沅江之江岸，起卸便利，由此向裏前進三四里許為大小王浦，作暫時性之存備地，頗合宜。

軍政部兵工署砲兵技術研究處

014

3、李技術員張排長到常德、適舊曆年底、諸事不能進行、二月三號始克向船行、商洽訂立合同、詳情由李技術員面呈、

4、漢陽兵工廠已取連絡情形於下、

漢陽兵工廠、在辰谿、決定地點位於沅江對岸辰河入沅江之口南莊坪、該地有油廠三、漢陽兵工廠已租其二、暫為臨時存儲之用、駐常德者為該廠之庶務科科長易雯甲、辦理運輸雇船一切責任（指由常德至辰谿一段）、辰谿亦設辦事處、其主任為鄭家頤、及助理員唐月楚、現第一批機

閱 核

14-1

料約千噸，已由漢陽起運，六月二號抵岳州，探在岳州下游有二船遇險，現已撈起。聞易科長述及由漢陽至常德為順風，船行包運，拖輪在內，每噸價洋拾元；常德至辰谿，由易科長經手租船，每噸十五元。已將合同抄錄呈報，以備籍鏡。

5. 職因上河諸多不便，在在須人照料，已派勤務兵二名

壽呈

處長莊 鑒核

職 馬運復 謹呈

馬運復章

軍政部兵工署砲兵技術研究處

026

27年2月16日 歸檔 232○

重要

軍政部兵工署砲兵技術研究處文件摘由紙

文別	事由	擬辦	批示
報告	為將新砲应用機料遷辰前後之計劃草擬各項呈報由	總務組 二十四 工務組 二十五 購置組 二十五	處長 閱
附件			
來文機關或姓名：駐漢辦事處			
自何處寄發			
摘由者：吳易			

中華民國廿七年二月十四日上午十一時收文砲術字第五三七號

總字2號

兵工署炮兵技术研究处驻汉办事处关于新炮应用机料迁移辰溪前后之计划的报告（一九三八年二月十四日）

本處試造新砲應用之機件重量約計叁百噸奉命遷移湖南辰谿茲將遷移前後之計劃草擬各項呈報如下：

(一)事前準備——在未搬運前先行派劉庫貟文光至湖南辰谿調查沿途交通情形隨時報告以為運輸時之準備並派顧技術員為運輸隊正隊長金股貟機聲為副隊長工匠李運順為班長辦理運輸隊一切事宜

(二)拆卸機料——機料之應拆卸者由工作股決定後並飭設備部負責妥為辦理

(三)裝釘木箱——機料拆卸後由工作股轉飭木工部製就木箱待機料裝入後由木工部負責妥為裝固

271

（四）機料裝箱——所有應行搬運之機料由工作股及物料庫分別派員

逐件裝箱限期完竣裝箱時應將箱内一切机料名称数量

單位詳细造具清冊以便查考而利運輸同時箱外應表明

號碼實際重量体量大小以資識别

（五）搬運機件——机料裝箱完好後由本廠長工或招商包運出廠以便下

河裝船此項由運輸隊辦理之

（六）租賃木駁——運輸之木駁事前由運輸隊估計應用船隻向船舶管理

所或民營運輸公司接洽决定後與本廠有關各股庫會稿

簽立合同

（七）租賃火輪——拖運之火輪亦由運輸隊事前與租賃木駁辦法同樣辦

理之，

（八）運輸地點——現因內河水淺航運不便若不能到達湖南辰谿得就近擇地暫時安頓再行設法航達辰谿，

（九）押運人員——除派領隊長曾霖金副隊長機聲李班長霆順為押運員外並將原在新机上工作之工匠帶同出發以資保護，

（十）警衛人員——除押運員外木駁及大輪上每船派駐衛兵二名以資保衛，

（十一）衛生人員——遷移時派醫士隨同出發以便途中押運員工衛生上之指導，

（十二）軍需人員——派金殿績為軍需員辦理一切運輸時之應備軍需及支付運輸上一切之費用，

（十三）遷移預算——由會計股會同有關各部份造具預算詳細列入呈報以資

28-1

備案

[illegible]

龔萬順紙號

兵工署炮兵技术研究处关于完成炮厂机器移交琶厂后返处服务致马运的复电（一九三八年三月十四日）

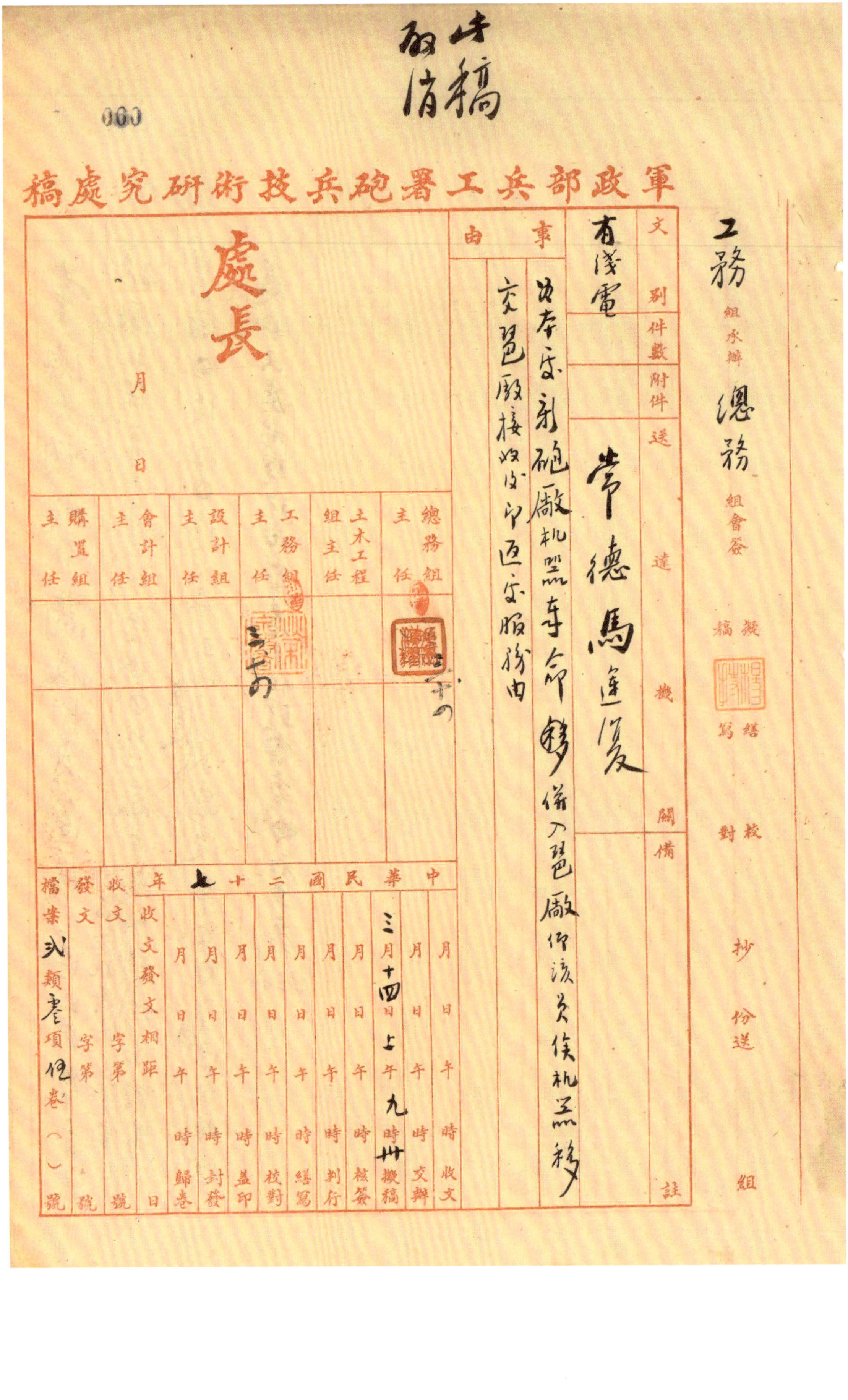
此稿取消

060

軍政部兵工署砲兵技術研究處稿

處長

月　日

總務組主任　土木工程組主任　工務組主任　設計組主任　會計組主任　購置組主任

文別：有綫電

件數　附件　送達

機關：常德馬運覆

事由：由本處新砲廠机器奉命移交琶廠接收後即返處服務由

新砲廠机器奉命移備入琶廠仰該員俟机器移

工務組承辦　總務組會簽　擬稿　繕寫　校對　抄　份送　組

中華民國二十七年

三月十四日上午九時卅擬稿

收文　月　日　午　時　交辦
擬稿
核簽
判行
繕寫
校對
蓋印
封發
歸卷

收文發文相距　日

收文　字第　號
發文　字第　號
檔案　戌類　卷項　但卷（一）號

備註

60下

常德大順船行（以特）馬技術員逃後逃密本處新

砲廠機器奉命（移）合併□琵巴廠本處所租（存放機器）房屋歸（可由）

琵巴廠繼續租用該員係新機移（在辰）交完竣事□仰即逕受服務

處（11400）又處經理現由該員代理合電仰知照為處

〈11.10〉

061

本處及常砲廠遷渝之砲廠新机器業奉命

在渝移借鋼廠佈置與該廠駐渝人員接

洽妥為盡多接收租房屋分由鋼廠續租

交代完畢後另行函知

軍政部兵工署砲兵技術研究處便箋

兵工署炮兵技术研究处为派马运复担任驻宜运输组组长致兵工署驻宜办事处的公函（一九三八年六月七日）

001

軍政部兵工署砲兵技術研究處稿

處長 六月七日

總務組會簽

擬稿

繕寫

校對

抄送 份 組

文別：公函

送達機關：兵工署駐宜辦事處

事由：為謀運渝機件便利計特復駐宜運渝組派馬運復擔任組長俾便隨時聯洽一切即乞惠予指導由

備註：文為技術處務文

總務組主任 土木工程組主任 工務組主任 設計組主任 會計組主任 購置組主任

中華民國二十七年

月日時	
六月七日上午十時	擬稿
月日午時	核簽
月日午時	判行
月日午時	繕寫
六月七日下午三時	校對
六月七日下午三時	發
六月十日上午十一時	歸卷

收文發文相距 日

收文 字第 號

發文 砲技（司）字第一七〇七號

檔案 類 項 卷（一）號

1-1

公函

逕啟者，本廠遷渝機件，第一、二兩批約四百餘噸，業已運抵徐家棚，即日裝船駛宜轉渝。所有宜渝段之運輸事務，雖奉署令由貴處代籌轉運，惟為接洽便利起見，特在宜昌成立運輸組，並派技術員馬逢瀛担任該組組長，俾便隨時向貴處聯洽一切，相應函達，即希惠賜指導並予協助為荷。此致

兵工署駐宜昌辦事處

199

敬呈者冬電敬悉錯字極多此種原因非全錯在發電之人查無線電須由宜昌先通漢口再由漢口轉株州三次之週轉究屬誰應負責難以查明職所發各電均存電稿日後可以稽查

一、宜昌二十一電台湯台長談如用密電以速人名通密發電較易更較秘密（因有某電台為日奪去）此密刊底之由來也

一、楚怡煤氣机圖樣三張由職經手借來呈上奉命而行者本處出有借據交楚怡陳校長後因本處計劃改變陳校長即屬職將借據代回處比時因

處即將借撥交購置組沈主任華耕轉交總務組收發沈同清職以計須出差以後情形如何不得而知月前過長沙面陳校長將鶩悉三張圖樣并未齊出職實難以為言人之責我故所當然然職不過負兩方經手均有交代之人究為誰應負責照收發與使用者雖辭其責也

（一）兵工署宜昌辦事處其運出之機料於七月三日止不過一萬二千餘噸而各廠則宜昌機料已到達九千餘噸但各要機料則宜已與辦事處交涉先運出

（一）鳳浦日前則宜昌因所裝各廠机料凡二千餘噸本處

軍政部兵工署砲兵技術研究處

已經陳府
費可照准
應由押運
負責理

十只大箱，置於艙底，須候各廠起卸完畢，始能起卸。

(一)宜昌兵房現今不易覓得，各學校雖放暇，已均駐有軍隊。日新里三號兵房，亦時有軍隊及傷兵時來占駐，現盡力設法在保存，同仁眷屬如來太多，是必須另租房屋。日後如何報銷，請即電示遵。

工人宜來宜昌，其膳宿應如何辦法，請電示遵。

(一)學兵隊陳隊長亨元及士兵均來，請借旅費，是否可行，請電示遵。押運士兵亦宜即來，借旅費應如何處理，亦請電示遵。

(一)備用洋千元，付給駁船費與借出之款，及日新里開銷，

已將手頭存數，宜昌已成絕栢，在此停留較久，各方借貸不少，而起卸駁費在二千，需非再增千元不能供用，請
處座核奪電匯。
（一）職自來宜每早六時即起，十時發電各方，電既發，即外出接洽，每晚起稿譯電及信札等，應對各方常至一二點鐘，精神已感不支。毛鏘家眷已住日新里三號，而人則重慶，至今未來，故先則沈員起卸時之責。
專此敬呈
業代處長賞核
職馬運復呈（馬運復章）
軍政部兵工署砲兵技術研究處
二十七年七月四日

马运复关于首批运渝机料情况并请加派人员来宜协助办理运输等致荣泉馨的呈（一九三八年七月六日）

敬呈者：职昨日航快想已赐阅，首批肆拾吨已由办事处定民权轮三三日装妥，由杨葆生及工匠朱溪舫、小工李青华押运往渝。首批到宜昌时原无运输单，极感困难，不能呈请起运，故职嘱将所有川宜机料赶造运输单，两日完成，即呈兵工署办事处。第五日始收川岳阳张剑操寄来运输单，两相比较，名称稍有不同外，尚有青铅少八条，大箱少五只，特将宜办事处所造运输单呈阅备案。

一、日新里三号办事处因晚间无电灯工作感不便，在宜新装电灯费用太昂，无法出账，可否将本处折下

已匯
任何人
借款

307

可由莊
務接洽

電灯約十盞及開関導線等另裝一小箱寄宜
使用是否可行請 處座電示
(一)職員眷屬及工友來住宿問題因學校既無空
房租借民房實不易得職現在極力設法中容再電
呈。
(二)借款與使用及駁船費日多請速匯款來宜
(三)毛務已調重慶宜昌兩人實不夠分配請處座
派人來查爲要 專此敬呈

贊代處長 莊 核

職 馬運復 呈

馬運復章

軍政部兵工署[illegible]兵技術研究處

马运复关于首批运渝机料已赴渝及押运员等情况致荣泉馨的电（一九三八年七月八日）

033

宜昌馬運復來電

榮代處長泉馨首批約〈140〉噸裝民權輪今日馳渝押運員楊蔣
生工匠李漢舫小工李青華伏勤十只大箱因各廠機料未
趕以致不能趕卸李恩慶到宜刻同徐步塵俞東政張
耀章押清浦輪拆運機料〈160〉噸職員眷屬約〈60〉人工
人眷屬約〈140〉人均設法安置候輪徑渝職運復叩齊（印）

马运复关于宜昌运输情况致荣泉馨的呈（一九三八年七月十四日）

043

1

字第　號第　頁

謹呈者：1、宜昌事務紛繁，對外各種接洽非籍武力，不為功，如押運駁船、押送拖輪、置机料地點之警衛，署辦事處指定艙位之看守，臨時特別發生之事等等，在在須籍武力，始克完成工作。職自到宜，雖常感萬分困難，幸今日以前托諸平安，渡此難關，雖個人精力疲乏萬分，尚無錯誤。所者謂平輪押運員吳鍾璣、押運學兵隊唐區隊長樹立抵宜後，悉謂平輪因載重，水流不能行、

軍政部砲兵技術研究處用箋

044

2

间戴口行数十里，现者犹平输，距宜尚有百余里。吴唐之押运员设法先行到宜，以是得知其详情。次与唐区队长告知宜昌困难情形，商得结果，先留士兵六组驻宜协助，约十余人，留陈队长焘元在宜指挥。唐队长即须往渝视察一下，次即返株。除由唐区队长报告学兵队长官外，职特呈明，处座研究示遵。

（乙）首批机料到宜，职即商署办事处从速运渝

字第　号第　页

045

3

故請殷先生將駁船覓穩妥地點候輪移渝，於七月七日，將首批四十噸交裝民權輪，八日駛渝。日後駁船開來，據單每只每日須租洋三元，以八日計算，須洋壹佰貳拾元。職以開租價太昂，不與解決。最近又來交涉，視察情形，不得不與解決，但駁行理由以噸位小而租價高，難以報銷，詳細調查，允以該公司所租用駁船每日租金以貳元計，爲開收據，以便報銷。此事原爲殷先生與民生公司姚主任

字第　號第　頁

軍政部砲兵技術研究處用箋

2

洽辦姚主任見此情形，即來辦事處與職交涉，述明種種情由，將首批四十噸扣除，每噸駁船費五角，扣除每噸八分六角外，應實付洋七十六元，職以既可減少四十四元，而姚主任與辦事處又時有接洽，故允所請，是否有當，祈電示。

(三)昨日午後一時，日飛機九架，分三隊來空投洋卅餘枚於飛機場，餘無損壞，我教練機數架，均早起飛。

047

5

不必

(四)宜昌揚沱既無充分必要、山洞本方均有電話、如裝一架、每月租洋陸元、亦殊耗為交通方便、是否可行、請電示遵、

(五)陳心元君到宜係職擬四株一次呈報詳情、請電示遵、

敬呈

榮代處長鑒核、

職 馬運浚 呈

廿七、七、十四、三

字第　號第　頁

軍政部砲兵技術研究處用箋

陈心元、马运复关于派赴宜昌及宜昌情况致荣泉馨的报告（一九三八年七月十八日）

報告

廿七、七、十八 於宜運組

一、奉 派來宜，職於八日離株，九日上午抵長沙，當日午後汽車由下攝司特派劉撝同机張炘俊接洽，謂已製造輪，候十日方能起身，故十日又在長沙等候，詎結果至十一日下午仍未起身，因事急不便久候，遂於十一晨離長，午刻抵常德，駐後由常德動身，下午八時抵公安縣城，次日晨離公安，十時抵沙市對岸，當派人過江覓僱渡船，因此地不比以前所經河道皆由公路局備有輪渡應差，詎結果只有木船無拖輪，不但渡費需卅元上下，而當日水急風大，縱肯出重價亦需候至風息浪平後方肯代渡，故決定遣汽車回長，全體人員僱划船渡江，在沙市宿一夜，十三日晨乘航政局小輪船離

123-1

沙市，當夜宿宜都，十四日午抵宜昌，即到運輸組與馬組長會晤，

一切據日來見聞情形，略陳於左：

二、現時宜昌輪船之多，皆因卸貨遲緩，不能開行，影響運輸不少。蓋以宜昌碼頭太少，所有輪貨勢必在江心起卸，又因水流太急，容易出險，機件裝到駁船以上需用拖輪拖至岸邊，再將空駁船拖至輪傍起卸。此是用較多駁船，輪流在輪傍及岸邊起卸之駁船既不敷分配，拖輪尤感缺乏，各方搶來搶去，往往一批機件卸好以後須等許多時方得來拖出，至將重船拖至岸邊以後，不覓得空船送至輪傍，即被他方搶走。因之輪上物貨不能繼續起卸，故卸貨快慢根本無法自主。

三、兵工署駐宜辦事處分配船隻全憑各方登記之先後而根據因我需機器在岳州換船時多不及編造運輸單故到宜後須候卸清點明後方能填寫運輸單再憑運輸單前往登記故往往機件到宜數日仍不得登記現在各方機件經過宜每日登記者不知凡幾雖登記以後仍不知要多等若干日方得起運故至今運出機件數尚不多除已電張劍樵轉告各部運員在岳換船時隨時將運輸單送就以便早日登記外應請再通令各部運員注意爲幸

四、分配艙位亦係以登記先後而定故請領乘船證聲請書及詳細名單亦請早日繕下俾可先期登記

124-1

五、兹于十六日由所有到宜职员王春膺、徐张晓夫人因病未能动身外，其余均分乘民来、民权两轮于十七日开渝，孙泽溢、何傑两员及高泽安、春膺于十七晚抵宜，并带来工匠九名，约下次船可去渝。

六、一切開支单据整理齐备後即開呈。

七、拖車輪停在宜都，日前派去拖輪接運，仍未拖動，現與民方商議卸出一部分批運宜昌，結果容再詳陳。

謹呈

處務組主任榮轸轉呈

署長俞

職 馬運復
陳心元 謹呈

附呈

徐蘭堯四百九十九元五角收據（匯款回条）一紙

徐步堂六百三十五元收據（匯款回条）一紙 附匯款解條一紙 抽存 七、世、

以上共三紙

軍政部兵工署砲兵技術研究處

陈心元、马运复关于工友眷属住所租赁困难及机件由民权轮装运赴渝等情况致荣泉馨的报告（一九三八年七月二十八日）

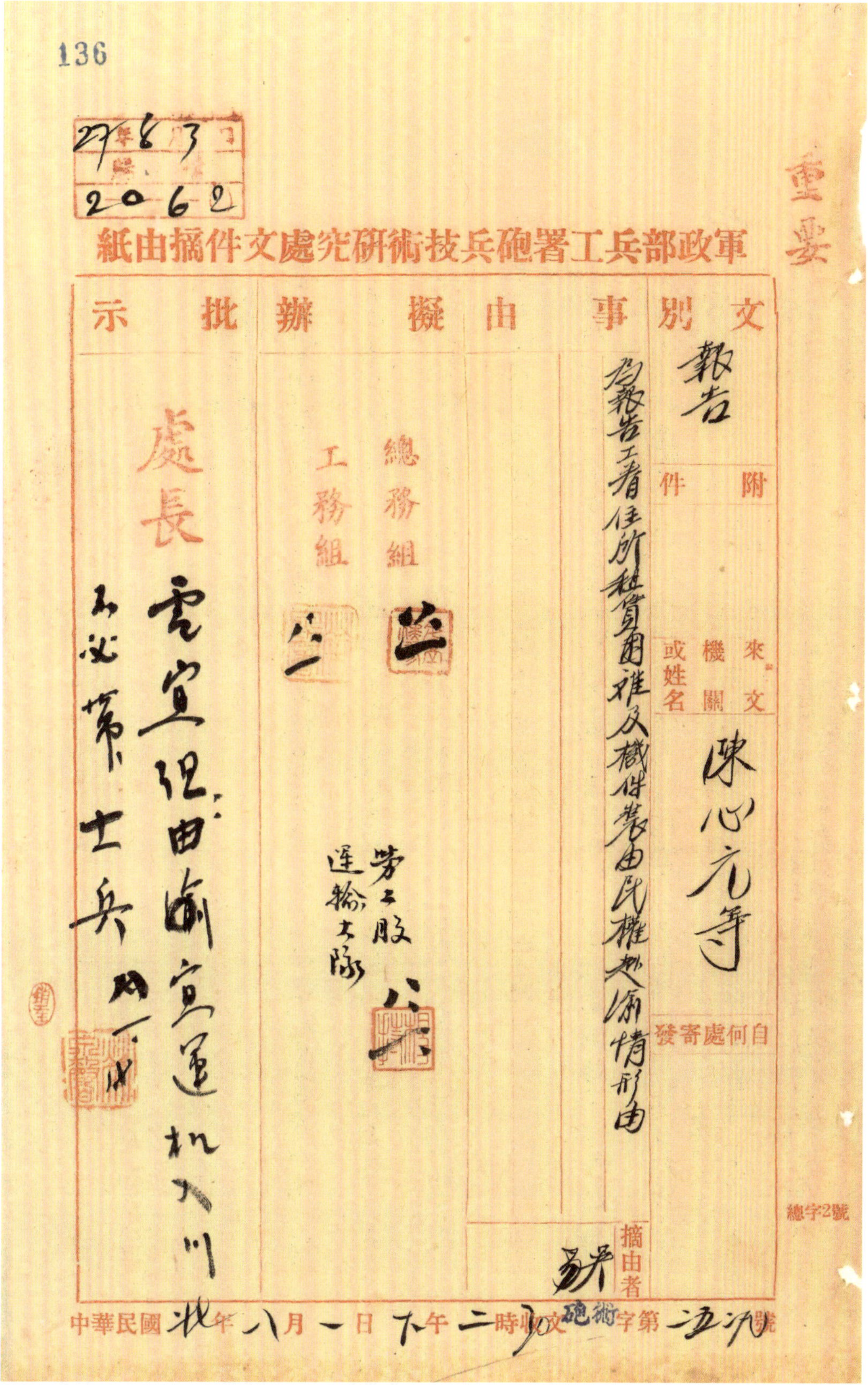
136

重要

軍政部兵工署砲兵技術研究處文件摘由紙

文別	事由	擬辦	批示
報告	為報告工眷住所租賃困難及機件裝由民權輪入渝情形由	總務組 工務組	處長
附件			
來文機關或姓名：陳心元等			
自何處寄發			
	摘由者		

中華民國廿七年八月一日下午二時收文砲術字第　號

總字2號

报告　廿七·七·廿八
　　　於宜运组

一、宥日两电均已奉悉。工眷住所不但觅租无着，而原租就老官庙河街之住房又为伤兵代揽一所，在先来时经解说得尚肯退去，嗣以日久无人来住，稍再解说亦无効，现已托人继续寻觅中。并三百五十人则宜是否不生问题，殊不敢必也，只好尽力设法。并请饬将职工眷属名单即日寄下，以便登记。

二、今午民权已开渝，装有本处机件约九十吨，兹启机件约六十吨。本拟将二公分炮弹机全部运渝，但因[illegible]以此项机件体积过大，舱内容纳不下，故改装枪弹机约六十吨，由刘方渝率学兵二名押运工人（刘方渝未带工人）工人一名（因装有徐尔斐押来机件，故调徐工人一名）押运前往。运输单一纸附呈，鉴核。此次因通宵赶装，完工后即将开航，故匆促间不及在运输单内将本处及廿五厂机件分别誊写，不过装船时已由押运员

將艙位劃分清楚將來到渝卸船方不致發生困難也

三、何傑宇領新由漢口招來工匠八名亦搭民权輪去渝

四、龍興輪曾向信宜都拖救裕平輪結果因裕平輪附近水淺龍興不敢靠近無法拖救據吳鍾璣報告因日來水勢略退該裕平輪已現傾倚之勢現由長江航業聯合辦事處商定用駁船駁運現在問題係裕平輪煤已用完須先添備煤斤等方能起卸又駁船拖輪二者亦極感缺乏仍待籌駁運此宜另籌辦也吳鍾璣只得仍返裕平輪照料机件

謹呈

代處長荣

職 陳心元

馬運復

陳心元

馬運復印

謹呈

附呈運輸單一份

日報表四紙

軍政部兵工署砲兵技術研究處

炮技處處運輸器材第四批（去渝）種類名稱表

第壹頁

器材種類及名稱	件數	裝置情形	約計重量（公噸）	約計體積（公立）	運往地點	是否急需應用	需否特種起重設備	備考
BYT 838/13 LIANG	1	箱			重慶			
P.W.A 2730	1	〃			〃			
〃 2721	1	〃			〃			
〃 2719	1	〃			〃			
〃 2729	1	〃			〃			
〃 2731	1	〃			〃			
〃 2820	1	〃			〃			
〃 2722	1	〃			〃			
BYT. 827/2 LIANG	1	〃			〃			
〃 849/1 〃	1	〃			〃			
〃 838/9 〃	1	〃			〃			
〃 838/7 〃	1	〃			〃			
合計								

（左側括注：交炮技處）

二十七年07月28日　駐宜負責人　（蓋章）　押運員　（蓋章）

砲術字第2529收　歸檔 27年8月3日　卷號 2-0-6-2

138

處運輸器材第 四 去渝 批種類名稱表

第 弍 頁

器材種類及名稱	件數	裝置情形	約計重量(公噸)	約計體積(公立)	運往地點	是否急需應用	需否特種起重設備	備考
BVT 83/4 LIANG	1	箱			重慶			
P.W.A 2819	1	〃			〃			
〃 2725	1	〃			〃			
〃 2728	1	〃			〃			
〃 2821	1	〃			〃			
〃 2724	1	〃			〃			
〃 2822	1	〃			〃			
BVT 849-6 LIANG	1	〃			〃			
〃 827-3 〃	1	〃			〃			
〃 827/1 〃	1	〃			〃			
柏油	24	筒			〃			
23公釐元鋼筋	223	扎			〃			7260 條
合計								

文砲校窗

139

二十七年 7月 28日 駐宜負責人 (蓋章) 押運員 (蓋章)

砲兵技術研究處處運輸器材第 四 批（去渝）種類名稱表

第 三 頁

器材種類及名稱	件數	裝置情形	約計重量（公噸）	約計體積（公立）	運往地點	是否急需應用	需否特種起重設備	備攷
三分光元鋼筋	~~325~~	扎			重慶			
55" 小鋼軌	90	条			〃			
75" 〃	199	条			〃			
合計			90000.8 kg					

（左注：交砲技處）

二十七年7月28日　駐宜負責人　（蓋章）　押運員　（蓋章）

140

砲兵技術研究處運輸器材第（四）批種類名稱表（去渝）

第（四）頁

器材種類及名稱	件數	裝置情形	約計重量（公噸）	約計體積（公立）	運往地點	是否急需應用	需否特種起重設備	備考
軋輥	1	個			重慶	急需	不需	沪C 23
〃	1	〃			〃	〃	〃	22
〃	1	〃			〃	〃	〃	25
〃	1	〃			〃	〃	〃	24
〃	1	〃			〃	〃	〃	16
〃	1	〃			〃	〃	〃	11
〃	1	〃			〃	〃	〃	7
〃	1	〃			〃	〃	〃	14
〃	1	〃			〃	〃	〃	10
〃	1	〃			〃	〃	〃	8
〃	1	〃			〃	〃	〃	21
〃	1	〃			〃	〃	〃	9
合計								

（以上各件）交廿五廠

二十七年7月24日　駐宜員責人　（蓋章）　押運員　（蓋章）

141

142

砲兵技術研究處運輸器材第四（去渝）批種類名稱表

第五頁

	器材種類及名稱	件數	裝置情形	約計重量（公噸）	約計體積（公立）	運往地點	是否急需應用	需否特種起重設備	備攷
文·廿五敬	軋輥	1	個			重慶	急需	不需	沪C 15
	〃	1	〃			〃	〃	〃	〃 16
	〃	1	〃			〃	〃	〃	〃 20
	〃	1	〃			〃	〃	〃	沪[illegible] 19
	〃	1	〃			〃	〃	〃	沪D 7
	〃	1	〃			〃	〃	〃	沪P 2
	〃	1	〃			〃	〃	〃	〃 3
	〃	1	〃			〃	〃	〃	沪E 1
文·砲技處	鋼絲繩等	1	箱			〃	〃	〃	
	合計	21		10000.0 kg					

二十七年7月24日　駐宜負責人　（蓋章）　押運員　（蓋章）

砲兵技術研究　處運輸器材第四　批（去渝）種類名稱表　　第六頁

交益敘

器材種類及名稱	件數	裝置情形	約計重量（公噸）	約計體積（公立）	運往地點	是否急需應用	需否特種起重設備	備攷
A27 軋輥衡重	2	非裝箱			重慶	急需	不需	
A17 部司上座	1	非裝箱			〃 〃	〃 〃	〃 〃	
A13 軸 椿	2	〃 〃 〃			〃 〃	〃 〃	〃 〃	
A45 小佩令	1	〃 〃 〃			〃 〃	〃 〃	〃 〃	
炉 門	5	〃 〃 〃			〃 〃	〃 〃	〃 〃	
方眼小炉栅	20	〃 〃 〃			〃 〃	〃 〃	〃 〃	
炉門連衡重	2	〃 〃 〃			〃 〃	〃 〃	〃 〃	又炉门一付
炉牆鉄板	6	〃 〃 〃			〃 〃	〃 〃	〃 〃	
炉角鉄板	13	〃 〃 〃			〃 〃	〃 〃	〃 〃	
鋪地鉄板	17	〃 〃 〃			〃 〃	〃 〃	〃 〃	
長螺絲桿	2	〃 〃 〃			〃 〃	〃 〃	〃 〃	
長炉板	1	〃 〃 〃			〃 〃	〃 〃	〃 〃	
合計								

二十七年七月十八日　駐宜負責人　（蓋章）　押運員　（蓋章）

砲兵技術研究處運輸器材第四批（至渝）種類名稱表　第七頁

	器材種類及名稱	件數	裝置情形	約計重量（公噸）	約計體積（公立）	運往地點	是否急需應用	需否特種起重設備	備攷
交廿五廠	大小炉門鉄板	大9 小7	非裝箱			重慶	急需	不需	
	大小皮帶輪	262.5	〃〃〃			〃〃	〃〃	〃〃	
交砲技處	B19機油	1	〃〃〃			〃〃	〃〃	〃〃	
	B20機油	1	〃〃〃			〃〃	〃〃	〃〃	
	A57〃〃	1	〃〃〃			〃〃	〃〃	〃〃	
	A51〃〃	1	〃〃〃			〃〃	〃〃	〃〃	
交廿五廠	炉栅	1	〃〃〃			〃〃	〃〃	〃〃	60件存号
	合計								

二十七年七月二十八日　駐宜負責人　（蓋章）　押運員　（蓋章）

砲兵技術研究　處運輸器材第四批種類名稱表　第3八頁

（“批”字上方旁注：走渝）

器材種類及名稱	件數	裝置情形	約計重量（公噸）	約計體積（公立）	運往地點	是否急需應用	需否特種起重設備	備考
45号绞口机	1	部			重庆	急需	不需	
46号 〃〃〃	〃	〃			〃〃	〃〃	〃〃	
47号 〃〃〃	〃	〃			〃〃	〃〃	〃〃	
2059号 5車元模机	〃	〃			〃〃	〃〃	〃〃	
洗铜壳戥铜桶	10	个			〃〃	〃〃	〃〃	
圆衡重	46	块			〃〃	〃〃	〃〃	
1099号軋铜机脚底座	3	个			〃〃	〃〃	〃〃	
十字铜/原毛胚	1	串			〃〃	〃〃	〃〃	
軸轆机脚	1	件			〃〃	〃〃	〃〃	
束铁	4	块			〃〃	〃〃	〃〃	
地轴及螺丝桿	74	扎			〃〃	〃〃	〃〃	
合計								

（左側旁注：交芸廠）

二十七年　月8日　駐宜負責人　　（蓋章）　　押運員　　（蓋章）

1545

146

砲技廠處駐宜辦事處運輸情形日報表

項別 重量（公噸） 器材類別	舊器存材	新器到材	運出器材 本日運出	運出器材 連前共計運出	現器有材	備攷
危險品						
機器	380	10		92	390	
材料	90				90	
其他						
合計	470				480	

27.7.25.

馬運復印

147

祀技 廠處駐宜辦事處運輸情形日報表

項別 重量(公噸) 器材類別	舊器存材	新器到材	運出器材 本日運出	運出器材 運共前計運出	現器有材	備攷
危險品						由民貴輪運出第三批
機器	390			82	390	
材料	90		9	~~81~~	81	
其他						
合計	480		9	82	471	

馬運逭印

27.7.26.

148

處

項別／重量（公噸）／器材類別	舊器存材	新器到材	運出器材 本日運出	運出器材 連前共計運出	現器有材	備攷
危險品						由民權運出第四批
機器	390		120	202	270	
材料	81		30	39	51	
其他						
合計	471		150	241	321	

27.7.28.

砲材字第2529號代附件
原文字號　字第　號
歸檔　27　8　3　日
卷號　2-0-6-2

復廠運印

149

和設處 駐宜辦事處運輸情形日報表

項別 重量(公噸) 器材類別	舊器存材	新器到材	運出器材 本日運出	運出器材 共計運出前	現器有材	備攷
危險品						
機器	422		42	82	380	
材料	90				90	
其他						
合計	512				470	

馬運處印

27.7.24

陈心元、马运复关于宜昌运输情况致荣泉馨的报告（一九三八年八月四日）

056

報告

廿七、八、四
於宜運組

一、本處奉派劉方溶離株時除學兵隊士兵外並無押運工人，故沿途裝船卸船皆由該士兵幫同照料，又因每批機件往往中途分為數批，故其他押運員所帶押運工人亦感不敷分配，故此次劉方溶押運仍由原來士兵隨同照料，此外凡有押運工人者，皆不再派士兵入川。

二、劉方溶帶來所謂起重設備除神仙葫蘆兩只外只繩索數根，而已於中至安換車時恐係在其他押運員機件中。頃童役新來組報到，伏龍輪昨晚抵宜，押來機件二百噸內有擺車一具。

三、武漢黨政機關遷渝，奉委員長令所有各輪艙位暫不准別用，故職員眷屬除搭貨艙外一時不得入川。

四、工人住所已向陝廠借得一處，可容百數十人。

分函陳松齡在宜將机件分別清楚。

56-1

即電署請撥用陝廠警衛隊至本廠机件全數離宜為止

五、裕平輪擱淺汉国江北區之後，船身破裂，長江航業聯合辦事處已派駁船前往起卸机件，吳鍾璇已帶士兵兩名前往照料。

六、最近到宜机件運輸單內有只列號碼不填名稱者，無從判分廠別，擬請飭令發運及押運人員詳細填寫。

七、瓦渣子碼頭堆存机件日多，警報時目標太大，現在設偽裝。

八、擬向署本部技術司決定還渝，署座亦將駐渝。

九、學兵隊已調回原隊，電令新派陝廠警隊是否已隨渝輪來宜，如陝警尚不能即來時，擬請向學兵隊接洽暫勿全部撤回，因此間非有兵士不易[illegible]辦通也。又向陝警只能借用一月，一月以後將如何處置，請示遵。

軍政部兵工署砲兵技術研究處

057

十、七月三十日下午五時王顯宗搭江靖輪抵宜押來機件約壹百噸內有無煙藥約十箱刻正在起卸中

十一、七月三十日下午五時李宗侃搭江華輪抵宜押來機料約二百噸該輪停本處自己起貨刻正找駁船及聊使設法起卸中

十二、八月三日下午九時王致新搭伏龍輪到宜押來機料約二百噸今晨王致新下船接洽該輪定由三北公司起卸

十三、民風輪約六日回渝本處可裝二百噸擬將無煙藥先行裝去以免警報時担心

十四、高隊長張釗操等俱已回處辦理 派員來宜俾能陳[illegible]元再去渝工作

57-1

謹呈

代部長崇

職陳心元
馮運復
謹呈

軍政部兵工署砲兵技術研究處

陈心元、马运复关于宜昌运输情况致荣泉馨的报告（一九三八年八月九日）

060

报告 廿七、八、九 於宜运组

一、民风轮八日午后四时开渝，装有本厂机件及土木材料五十吨，交五厂机件共五十吨，原拟饶由徐尔尧、唐楚臣二人押运，嗣以本厂器材装船时徐尔尧等点收不清，遂改由叶从洗押运，前往共计一百五十吨，不便再派两人押运，故改装张耀章机件，亦由张耀章一人押运。运输单廿三纸附呈 鉴核。

二、王录宗押来子弹底火、炮弹底火及无烟药等，因民风不肯附装，故仍留宜，将来须俟危险品到齐，须由专轮运输，故仍存宜。

三、嗣下运输器材暂定交接收处一份及转交各押运员者五份，均已奉悉，自当遵办，但炮弹机箱等系厂大件，限於船舱地位，不能

此本處各開可
將相

60-1

裝之雷信，故每次裝砲彈發機並皆以不肯犧牲雷信故，遂裝配

並發機件若干，除以後在不犧牲雷信範圍內當儘量撥發外，所

裝運外理合陳請 鑒核

四、各商船隻徇情者已有數隻之多，因起撥需修多將工人驗船調

辦宜昌，故此間起卸更加困難，工人僅僅數夜不得安眠，又以水退坡

高，故效率從減

五、盧漢宗昨接江順紙，宜承民生公司特別設法以接當民風去渝

據謂本處尚有未驗及拖輪未宜，承認已經接至最好，俾早日来宜，則

海祥起卸可以便當多多

六、漢口處運送会向本處未驗甚多，並向盧漢宗在漢商借故在

軍政部兵工署砲兵技術研究處

准案在離宜時囑為轉陳
鈞座請將本處木駁在解除前撥讓該會
七、今日富華輪抵宜本處獲有八十噸，經將裝查完係押來機件
一部分係
謹呈
代處長葉

職 陳心元
馬運復 謹呈

附呈 運輸單廿三紙
日報表二紙
轉發訓令收據一紙

062

今收訓由馬運復轉交

訓令乙件

張耀章

吳鍾璬

唐楚臣

徐尔堯

童致新

軍政部兵工署砲兵技術研究處便箋

收號 術字第2654號

卷編 2-06-2

榮代處長

砲技 廠處 駐宜辦事處運輸情形日報表

項別 重量（公噸） 器材類別	舊器存材	新器到材	運出器材 本日運出	運出器材 連前共計運出	現器有材	備攷
危險品						
機器	1809		200	423	809	民風運出 28.8.7.午后4時開
材料	51			39	51	
其他						
合計	1060		200	462	860	総平輸300吨交 安社内 該机件尚 宜部

063

27.8.9.

馬運通印

砲技字第2654號收文附件
歸檔 27年9月25日
卷號 2-0-6-2

砲技廠處駐宜辦事處運輸情形日報表

榮代處長

項別 / 重量（公噸） / 器材類別	舊器存材	新器到材	運出器材：本日運出	運出器材：連前共計運出	現器有材	備攷
危險品						
機器	809	200		223	1009	
材料	51			39	51	
其他						
合計	860	200		262	1060	

064

27.8.6.

陈心元、马运复关于宜昌运输情况致荣泉馨的报告（一九三八年八月十八日）

報告　廿七、八、十八
於工務組

一、民權昨日開渝，唐楚臣、徐爾尭及工人五名押去本處器材二百六十噸，計有交廿五廠者約二百噸。按照現在登記數目尚有五五六噸，陸續本輪有三百噸尚未到宜，外實際存宜者不過二百餘噸。民來三數日內開渝，刻商得金陵兵工廠同意，可將本處十三噸重之砲彈機運渝。

二、海祥輪因水位略高，已於昨午抵宜，全船皆安，定明日民風開渝，將由張嘉寶、陸樹勛等率職工眷屬共八十人入川。另外工人一百名已遷入向陝廠借得之宿舍內，安頓百餘人，現無房只得暫住船內。民本約後日開渝，本處領得貨艙票一百廿張，可再輸送一批入川。

三、吳鍾璇前日來宜報告，裕平輪上本處機件已大部卸在漢陽上，並帶

72-1

留宜時由宜組負責

宜但須負責

來該輪毀壞情形照片兩張現正催長聯辦事處趕早派駁船接

運以免被水該照片另郵寄呈 鑒核

四、上次楊司長來宜在兵工署辦事處招集會議已將會議紀錄

繕就隨前項像片寄呈 鑒核

五、匯下備用金兩仟元及徐步堂款均已取去

六、請撥旅費三百元電報係交電政新所發據云係複寫紙向係政署

名處來即出故將姓名遺去

七、陸廠已有電來允令其警隊留宜俟至機件運竣再行歸隊但該

警隊在宜期間薪費是否仍由押運員負責請 示遵

八、海祥輪帶來宜工人卌人將留宜工作工資及薪費是否仍由押運員

負責請　示遵

九、關於學兵隊請領津貼之指令及譯録學兵隊通告四部，須差費令與條例文、領差費之電報均經奉悉，并轉交

十、各押運員對於所押箱件內容多不明瞭，致在起卸時不易判分廠別。查起裝時一切裝運及編號等大半皆由陳松齡經手，若由彼在此辦理，當可事半功倍。擬請

電令渝處令陳松齡即日來宜，以辦理機件判分廠別事宜。是否有當，請

鑒核示遵

十一、雙福輪今日下午已安抵宜昌，因拖輪力小，在藕池解下機器船二隻，由王謙章率押運工人四名、警衛隊兩名駐守，明日雙福輪請

理煬炉廿日即回藉地接運十二調馬運復至廿五啟訓令已奉悉是否即往廿五啟報到請

示遵

謹呈

代電長榮

職陳心元 馬運皮 叩呈

陈心元、马运复关于宜昌运输情况致荣泉馨的报告（一九三八年九月五日）

079

報告

廿七、九、五
於宜运组

一、第九批运渝器材已於八月廿八日装民权开渝，由古世贤率工人四名
押运，叶凤元亦搭该轮西上。
二、张荣泉率工人八十名、小工三十名、王道平、姚耀初率艺徒百名搭民元入渝，
於廿九日开航。吴子曦、杨俊儒、王治华、谭介侯等亦附该轮入川，又以艺徒
上船时民生公司恐位置不敷，不肯先期卖票，故令殿先押运十三吨至
二六公分炮弹机一台箱及马达一台，相随该船同行，以便在船上照料补充事宜。
三、江安於廿九日下午抵宜，工人张成德、郑依良由汉押到机料七十吨。
四、双福轮於廿九日下午拖到木驳两只，由王敬章押运，计机件一百零四吨。
五、何杰、孙伟、潘涤、杜龄来宜办理机料到分配和及押运事宜。

79-1

孙泽蕴、陈松龄已於廿七日到宜，何傑於卅日到宜。

六、琶江借租双福轮去藕池拖机船一次，限期六天缴回，备本处去株拖运新到机船之用。

七、民本九月四日早开渝，装有本处机件三百吨，除大小钢料水管约十数吨外，大部系廿五级机料，由孙泽蕴、王骧宗率工人四名押运。但此次预备机料因水势陡涨，不能尽装，剩下两驳船未能装运，复以时间匆促，未能查对清楚，现仍由海祥轮分别押运，复清查。一俟清查就绪，即行补呈。

八、学兵队员费自该队之本部来电通知，按照规定支领员费后，该官兵等以安住困难，每三二两借款项允於均队尔守还毋侵矣、

箋

職函請示辦呈　鈞座設法體恤故此次蔡同琳到宜結算結果

除押運員已經入川無法結算外其餘各組均較應得若干費超出甚

多若均隨時要求付川費而不抵償一部但恐實際未必辦到擬令

先將應得部分向其正式收據結束報銷其餘溢支標目全部

立借據候其均隨後再向其隊部追還除詳細標目已由蔡

同琳呈報不再重複外理合將原函附呈

鑒核並請示批示祗遵

九、三日午江華輪到宜由張曉押到材料一批計重一百卅噸所有存漢火

油百餘箱本已裝入江華輪被船主發現認為危險不肯代運故

又卸出今晚由張曉接洽江安直洋行經理接運如該輪准予裝載

80-1

自不成问题如仍不肯将派双福轮去漳是否有当祈

核示祇遵

谨呈

代处长荣

附呈学兵队科宣官佐册一件

职　马运复
陈心元　谨呈

兵工署炮兵技术研究处驻汉办事处关于汉阳炮厂及本办事处迁移桃源等情况致炮兵技术研究处的呈（一九三八年九月十日）

116

27年9月27日 归档 2-3-2（）

军政部兵工署炮兵技术研究处驻汉办事处 呈

事由	拟办	核示	备考
呈为本厂及驻汉办事处迁移桃源游仙观办公汉阳砲厂全厂机料叁千余顿统已装运出境理合备文先行呈报鉴核由	总务组 九、十五 工务组 九、十五	厂长 九、十五	

附件

字第 号

廿七年九月十五日下午三时到

总字No.18-1 壹千张 26.1.21

收文 临字第84号

116-1

軍政部砲兵技術研究處駐漢辦事處呈

桃(宅)砲字第一三七號第 全 頁

二十七年九月十一日發

竊本廠及駐漢辦事處業於本月五日遷移桃源遊仙觀三氏祠辦公郵政信
箱爲第二十號電報掛號仍爲四六九三經於本月三日以桃(宅)砲字第九十九號呈呈
報在案。查此次漢陽砲廠自漢遷湘係於本年六月六日開始拆機裝運至八月十九日
已將全部廠房設備及全廠機料計共叁千餘噸統已裝運出境分批抵達常德
及東陽渡桃源各地。至在漢所存廢料一大批亦經遵令移交重慶鍊鋼廠接收
除俟全部機料到達運輸事務結束再行詳細具報外理合備文先行呈報
鑒核謹呈
代處長榮

軍政部兵工署砲兵技術研究處漢陽砲廠主任趙達

中華民國二十七年九月十日

汪承祝关于敌机轰炸株洲运料船被炸及工人死亡情况等致荣泉馨的报告（一九三八年九月十日）

125

7

報告 二十七年九月十日 於株洲

竊自八月廿二日董處被炸后敵機幾無日不至值此人心惶惶之際本處長沙卸空木駁兩只於廿六日晚由汉安輪拖抵株比即招雇臨時工人以期將存南碼頭之銅筋火磚等悉數裝船駛至安全地點暫避靜待港來器材續裝但以警報頻傳敵機時至工人多不願在車站一帶工作招雇甚感困難廿七日晚始雇得臨時工廿餘名合正式工人即於廿八日開始裝船因敵機至株恒在上午十時左右當即改定工作時間為上午五時至九時半下午一時半至七時以期安全至八月卅一日火磚已全部上船銅筋上船者亦達四分之三約卅噸之譜詎意是日上午九

125-1

時五十分忽傳空襲警報當即命令工人離開行于一畝田我
親自登船指揮船户暨一部份工人拔錨駛離碼頭詎料錨方
拔起船甫離碼頭即已鳴放緊急警報未幾而機聲軋軋已自
遠而至敵機九架甫達株市上空即行投彈待后又續來敵
機九架至南站一帶投彈內有巨彈數枚落于江中江干所
泊民船七艘（非本處）悉被炸毀本處向江海通租用之劉鴻試木駁一只
船之前部亦被毀致遭沉没我所雇之周世安船因載重較輕駛
離較遠亦幾致覆没同船七人即有四人受傷事后檢查沉船
內所載火磚約六千餘块鋼筋約三十吨左右數日來僱工打
撈已取出半数惟鋼筋被炸湾乱打撈不易雖不能如数撈起

126

當亦不致相差過巨也

一、此次被炸計死正式工人郭明聲一名，臨時工人兩名，受傷者計正式工人楊在富、陳瑞祥傷腿部，現正医治中，約尚無大碍，臨時工人及船伕傷五名，亦在医治中

（一）香港器材刻尚未來株，西南運輸處亦無電告，日前已去函查詢

（二）隻福拖木駁兩只，聞已由宜昌開出，想不日即可抵株，惟宜昌方面尚無電告

（三）本處小槽煤于八月廿四日招商局曾派員來取煤樣，但迄今尚未答覆

126-1

（五）桃砲廠派員來運鋼料白煤等件已開始搬運車輛已向調所接洽允撥車二十輛運照亦向車站司令部同時取得惟近日軍運甚忙要車頗為不易也

上述種切理合呈請

鑒核　謹呈

代處長　榮

職　沃承祝　呈

九十

軍政部兵工署砲兵技術研究處

陈心元、马运复关于宜昌运输情况致荣泉馨的报告（一九三八年九月二十三日）

092

報告　廿七、九、廿三　於宜運組

一九月十九日渝字第三〇四號代電及週報表格式一紙均已奉悉本週末当遵照填报现存宜昌机料擬估计约如下数：

本廠机料

0 1. 新机箱　三八噸
2. 煤氣机　六噸
0 3. 水管　五四噸
0 4. 鋼鉄料　二五九噸
5. 鉄軌斗車　二二噸　廿五廠
0 6. 材料箱　四〇噸
7. 鉄板等　一〇噸
8. 鋼筋　二噸
9. 楞鉄　八噸　廿五廠
10 鉄腳　三〇噸　廿五廠
共計四六九噸

文廿五廠机料

1. 檢驗机　三二〇噸
2. 紫銅　五六噸
3. 青鉛　四七噸
4. 銅塊　四四噸
5. 白鉛　二七噸
6. 碎銅及边料　八九噸
7. 銅盂及銅灰　一三噸
8. 各種鉄板　二五噸
9. 生鉄　三七噸
10. 火磚　一一噸
11. 藥水　三噸
12. 砂箱　三噸
共計六七七噸

兩項共計約一一四六噸

92-1

此项民本可将新机箱材料箱水管铁轨钢筋等运渝

二、本处三厂材料新机箱运出后只余枪弹药机器三百余吨，其余大部份材料以现在兵工署支配吨位情形揣测势非改运万县不可，兵工署办事处昨已函知本处应自行派员赴万照料一切，故此后万县接运事宜拟请派员筹备，兵工署办事处公函一件附呈鉴核

三、马雷已奉委，遵即与弹道研究所商定迳自办理

四、江海通船租每吨约须九百余元，廿一日应付款项尚欠六百余元未付，其六日又到付款日期，此外购煤订款亦急待预付，故十八日电请先拨付拾千元以资周转，不识已汇下否，拟请饬令即日电汇为幸

五、付款单据已汇交蔡月琳核算，吴报兹自十日起蔡君即患寒热，昨于廿一日

已入医院疗养，故一切单据一时未能结算清楚，出院后当即补报。

六、张晓十七日由沪来，代报告与燃料管理处接洽情形及沪上近来情势。

谨附呈，鉴核示遵。

谨呈

代处长柴

职 陈心元 马运复 呈

附呈：兵工署办事处公函一件

张晓函一件

兵工署炮兵技术研究处为派张志祥、王秩信为驻万运输员致兵工署驻宜昌办事处的公函（一九三八年九月三十日）

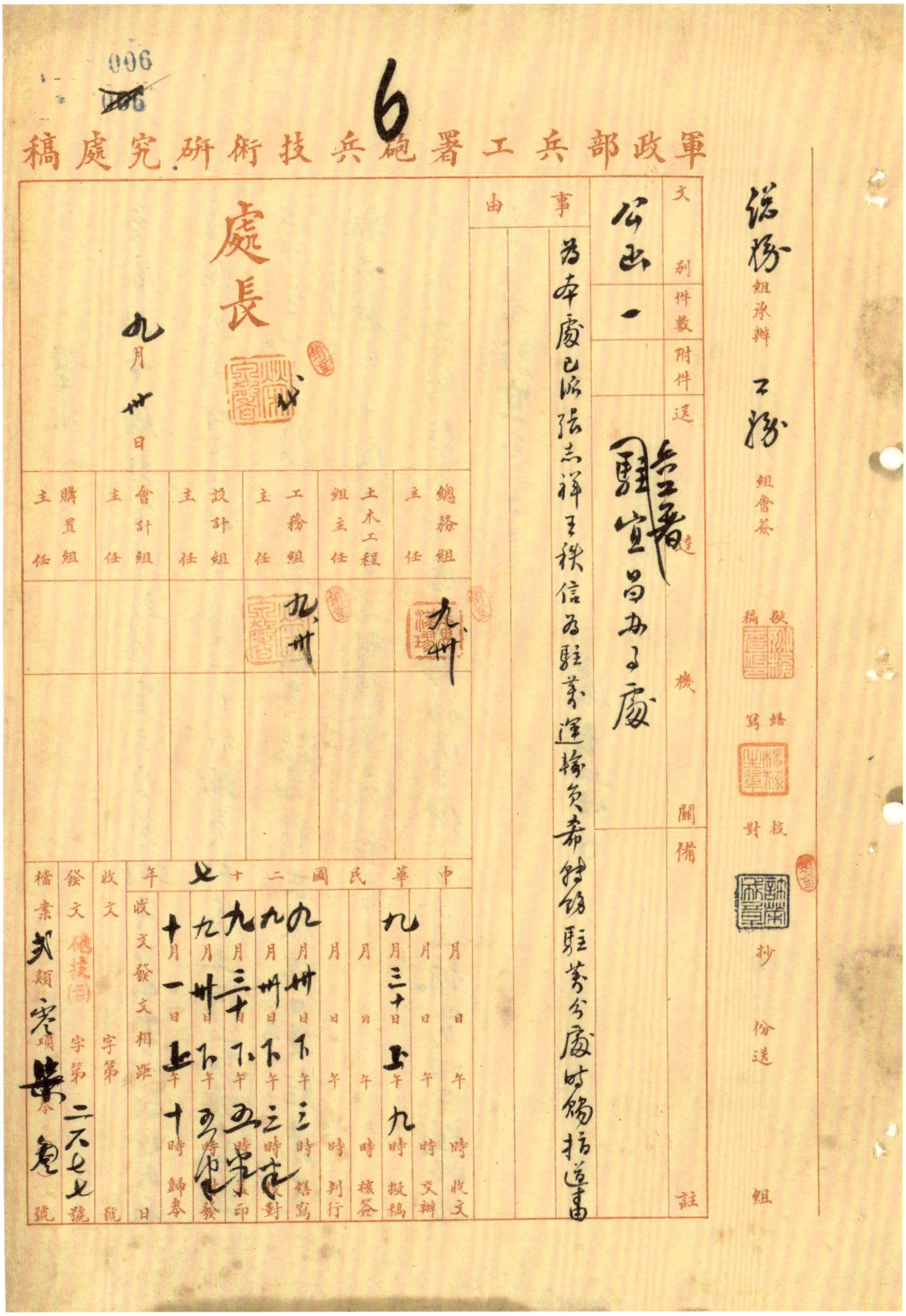
軍政部兵工署砲兵技術研究處稿

承辦組	總務
會簽組	工務
文別	公函
件數	一
送	駐宜昌辦事處
事由	為本處已派張志祥王秩信為駐萬運輸員希轉飭駐萬分處時賜指導由
處長	九月卅日
中華民國二十七年	九月三十日
發文	總技字第二六七七號

案准

貴處政本處駐宜運輸組宜（宅）字第558號公函，略以：關於各廠處運萬器材之起卸點收，應自行派員到萬照料一切；囑查照並辦理等由。准經派本廠技術員張志祥、王秩信負（責）駐萬運輸，負（專責）担任本廠運萬器材之駁運工作，務希

貴處轉飭駐萬各處所隨時協助指導，俾有遵循。實紉公誼！此致

兵工署駐宜昌辦事處

廠長莊〇

陈心元、马运复关于宜昌运输情况致荣泉馨的报告（一九三八年十月五日）

100

報告 廿七、十、五、
於宜運組

一、民生上月二十日下午於松滋下駛，當宿江口，二十一日下午二時抵藕池，因水急在藕池停泊三日，至廿五日拖一船抵郝穴，民生當日返回藕池，廿六日拖另一船到郝穴，廿七日拖一船至沙市，廿八日晨民生回郝穴將另一船亦拖至沙市，廿九日拖一船至毛家廠宿焉，三十日將該船送至枝江後，民生又返回沙市拖另一船上駛，當夜宿石套子，十月一日拖一船上湖，當夜宿毛家廠，二日拖一船至仙人橋，三日上午十一時拖一船抵宜，四日上煤下駛去枝江，接另一船，約五日可抵宜。還因下游水流急，上駛極為吃力，似此情形，則株洲機器僅由雙福拖駛，尚不知何時抵宜。昨接株洲電報，謂湘機已到五船，最重者19,38噸，最輕者亦達6,73噸，故該項機器不在洪水期內運到，便無運輸，故前電請加派民生去株協拖，是否有當，仰祈 示遵。

100-1

二、双桥三日由常德来电，谓三月午抵常德，买卷洋向株洲，计程六日可达。

三、此次本处派往民权轮一百八十吨，故筹委大件遂属先装运，以好意炮弹厂材料及第二十五厂机器，现正设法再借民元、民本两轮，以便续将余剩二分之炮弹机及廿五厂轧钢机可全部装出。

四、会计组、保管组、医药室等公文材料箱柜，多数随运，惟各组起运俱多有专人负责，并不由运输组负责，故押运输单内多未载明，故除在卸空之船内已经发现者已陆续运渝外，至压在装大机箱之舱内者，在起卸前无从查找。

五、张健尚在沅陵，等待株洲来人接收，院之卫兵搭民权来渝，廿五厂新募工人将搭民元来渝。

六、第二部周报表附呈。

鉴核。

谨呈

代处长世宗

职 马运波

陈心元 呈

附呈第二部周报表一纸

101

砲兵技術研究處 宜運組 運輸週報表

第 2 號　　　　民國27年9月25日至10月1日

運輸類別	器材種類	噸量	日期	運或出点來運地	船名	押運員	存放地点	備註
接運	機器 砲技處 京廿五廠	34 86	27,9,28	株洲	[illegible]	陳乎生	船上	
	材料 砲技處 京廿五廠	10 0	〃	〃		〃	〃	1907
	危險品 砲技處 京廿五廠	2 8	〃	〃		〃	〃	
運出	機器 砲技處 京廿五廠	20+185 107	27,9,26+27,9,29 27,9,29	重慶	民元 十、民本 民本	[illegible]	[illegible]	
	材料 砲技處 京廿五廠	38 0	27,9,29		民本	〃	〃	〃
	危險品 砲技處 京廿五廠	0 0	27,9,29		民本	〃	〃	〃
待運	機器 砲技處 京廿五廠	75 302						
	材料 砲技處 京廿五廠	345 354						1091
	危險品 砲技處 京廿五廠	2 13						[illegible]

主管員

砲字第2902號 收文 附件 人
原文字號 字第 號
歸檔 27年10月13日
卷號 20-63

兵工署炮兵技术研究处株洲第一号运输周报表（一九三八年十月一日至七日）

砲兵技術研究處株洲運輸週報表

第1號

民國27年10月1日至10月7日

運輸類別	器材種類	噸量	日期	運或出點來運地	船名車號	押運員	存放地點	備註
接運	工具樣板	50.365噸	10.1	香港	30720 32208	西南公司	株洲	
運去								
待運	工具樣板	50.365噸	10.1	重慶	周世安庹存棧		株洲	
	捲煙材17件	不詳		〃			下攝司	
	火磚,1平釘	8.000噸		〃			長沙,株洲	

主管員 [印]　　填報人 [印]

兵工署炮兵技术研究处驻宜运输组第四号运输周报表（一九三八年十月九日至十五日）

砲兵技術研究處 宜運組 運輸週報表

第 4 號　　　　民國27年10月9日至10月15日

運輸類別	器材種類	噸量	日期	運出或運來地点	船名	押運員	存放地点	備註
接運								
運出								
待運	機器 砲技處	197.5					船上	
	機器 京廿五廠	276.0						
	材料 砲技處	269.5					松南堆棧	
	材料 京廿五廠	384.0						
	危險品 砲技處	2.0					船上	
	危險品 京廿五廠	13.0						

主管員　　　　填報人

砲州字第2985號收文
廠字號
歸檔 27年10月20日
卷號 2-0-6-3

1-79

陈心元、马运复关于宜昌运输情况致荣泉馨的报告（一九三八年十月十一日）

報告　廿七、十、十一

於宜運組

一、第三號週報表呈請　鑒核

二、十月十日接派駐保務組函開「呈以海群輪機件……最少請留押運員一人在宜照料由本批仲士熹暫留宜等因」查仲士熹已於八日押運器材去渝可否俟其返渝完畢後再派其來宜辦理請　鑒核實施

三、前發新募工人已由發記營造廠持廿五張函來接洽計已到宜工人四十四名現正辦理上船手續

四、職組開支單據業經蔡同琳審核竣事計正式單據可即時報銷者二百四十四紙計國幣壹萬柒仟柒佰零三元柒角伍分正又

104-1

自積未完之單據一百六十六紙，計國幣壹仟柒佰零陸元壹角肆分正，擬上報。俟其截至十月七日止，除支淨存國幣壹佰叁拾伍元壹角壹分正。除自積未完之單據尚需留呈外，另共貳單據二百四十四紙，統由蔡同琳帶呈鑒核，已搭民元輪上早

示諭。

五、雙福九月卅日發機後，沿途有電報來，已於三日午抵常德，四日晨開行，六日申刻抵長沙，據七日午可抵株，國光八日早由宜一開船，計程昨日可到株。

謹呈

代處長 鈞鑒

職 陳正元
吳運庚 呈

附呈第三號週報表一紙

砲兵技術研究處 宜運組 運輸週報表

第 3 號　　　　民國27年10月2日至10月8日

運輸類別	器材種類		噸量	日期	運出或來運地点	船名	押運員	存放地点	備註
接運	機器	砲技處	70	27,10,3夜	株洲	國光	阮元衛	船上	130
		支廿五廠	12						
	材料	砲技處	18	27,10,5合拖來一艘					
		支廿五廠	30						
	危險品	砲技處	0						
		支廿五廠	0						
運出	機器	砲技處	7,5	27,10,8	重慶	民權	伸士堯		145
		支廿五廠	44,0				陳啟元		
	材料	砲技處	93,5						
		支廿五廠	0						
	危險品	砲技處	0						
		支廿五廠	0						
待運	機器	砲技處	137,5						1076
		支廿五廠	270,0						
	材料	砲技處	269,5						
		支廿五廠	384,0						
	危險品	砲技處	2,0						
		支廿五廠	13,0						

105　主管員　　　　填報人

汪承祝关于敌机偷袭株洲情形及转运器材情况致荣泉馨的报告（一九三八年十月十一日）

156

報告 二七年十月十一日 於株洲

竊查株洲自本月八日起除日間受空襲外又遭敵機夜襲一夜間敵機常至六七次徹夜在警報聲中敵機威脅之下株地人民幾逃避一空

本處港來工具樣板五巨箱于廿九日抵株一日晨送達南站因宜昌船隻未到空襲堪虞不敢冒然卸車株地雖有木駁一艘但以該項木箱體積重量過巨且不能下艙勢非兩船併裝不可而株地又無相當船隻可雇並株站前有三十吨吊車已駛至粵漢南段浙贛路原有二十吨吊車又遠在新喻餘吊車一輛僅可吊重六公吨而本處機箱最輕者已達六、七公吨乃經職偕譚服務員聲洋向浙贛路局線區司令部、車站司令部、江南調度所幾度接洽至四日始商妥於七日即將該吊車由新喻掛至株南站適於六日由

156-1

李辦事員子範多方覓得唐存標水駁一艘於七日起租是夜間即開始卸車裝船擬將重量較巨之四箱先行裝船泊至隱蔽地点以期減少空襲損失八日午后復租拖水駁四艘始至職私心尤慰遂極力鼓勵工人儘可能於八日夜間掃數裝船不料約晚九時許正努力工作之際突來空襲警報職當即率同留株運輸全體員工設法將已裝箱件之船駛離碼頭停泊預定隱蔽地点同時將未及裝船之箱件加以掩護後始行走避未幾敵機即至往來盤旋于株洲董家塅田心塅上空者約有一個半小時待后敵機又至忽見對江漢奸施放信號后即行在南碼頭附近江岸一帶投彈約四十枚大半落江中對岸亦落數枚本處毫無損失惟新雇民船船主唐存標在岸上不及登船乃另駕小舟擬駛赴機船停泊所在地点中途竟慘遭炸斃殊為可憫警報至次晨

軍政部兵工署砲兵技術研究處

四時三十分始解除當即繼續裝船昨午即將較重之四百箱裝妥泊至預定隱蔽地點今日午后如無警報當可全部裝妥明後日煤款到時即行駛宜當即電呈

(一)香港西南運輸公司電告：

(1)二十日送運株機器一車共二具係本處及琶江者

(2)四日送運株鋼條二車數量不詳（本處）

(3)六日送運株器材一車係本處及琶江者數量及器材名稱均不詳

(4)七日送運株貨三車係本處及琶江者數量名稱均不詳

(5)九日送運株貨一車數量名稱不詳（本處

以上共八車現均尚未抵株到後當即裝船

准

157-1

(二)宜昌輪駁於貨到后久不至又未得宜昌覆電於六日覓得載重七十吨木駁一艘每日租金五元六角於七日起租較江海通船為廉漢福輪到时該船尚周世安船已合併裝上舊火磚四千五百塊及巨箱兩件擬請

准予雇用

(三)桃源砲廠方面已協助其運出銅料白煤焦炭等約五百餘吨

(四)此次卷件到株後運輸隊工人工作異常努力漢福輪到株前後数日又值空襲頻传之際工作恒至通宵株洲被炸后解除警報時已達四时三十分經職等稍加勸諭猶能繼續工作迅速將事殊属可嘉

(五)此次運宜器材除卷末器材五巨箱下攝司卷末器材十七件外餘

軍政部兵工署砲兵技術研究處

158

有舊火磚四千五百塊銅料六吨餘洋釘七十餘桶等

右株洲二次被炸情形暨最近運輸情形理合呈請

鑒核　謹呈

代處長　榮

職　汪承祝（印）謹呈

十月十一日

陈心元、马运复关于宜昌运输情况致荣泉馨的报告（一九三八年十月二十二日）

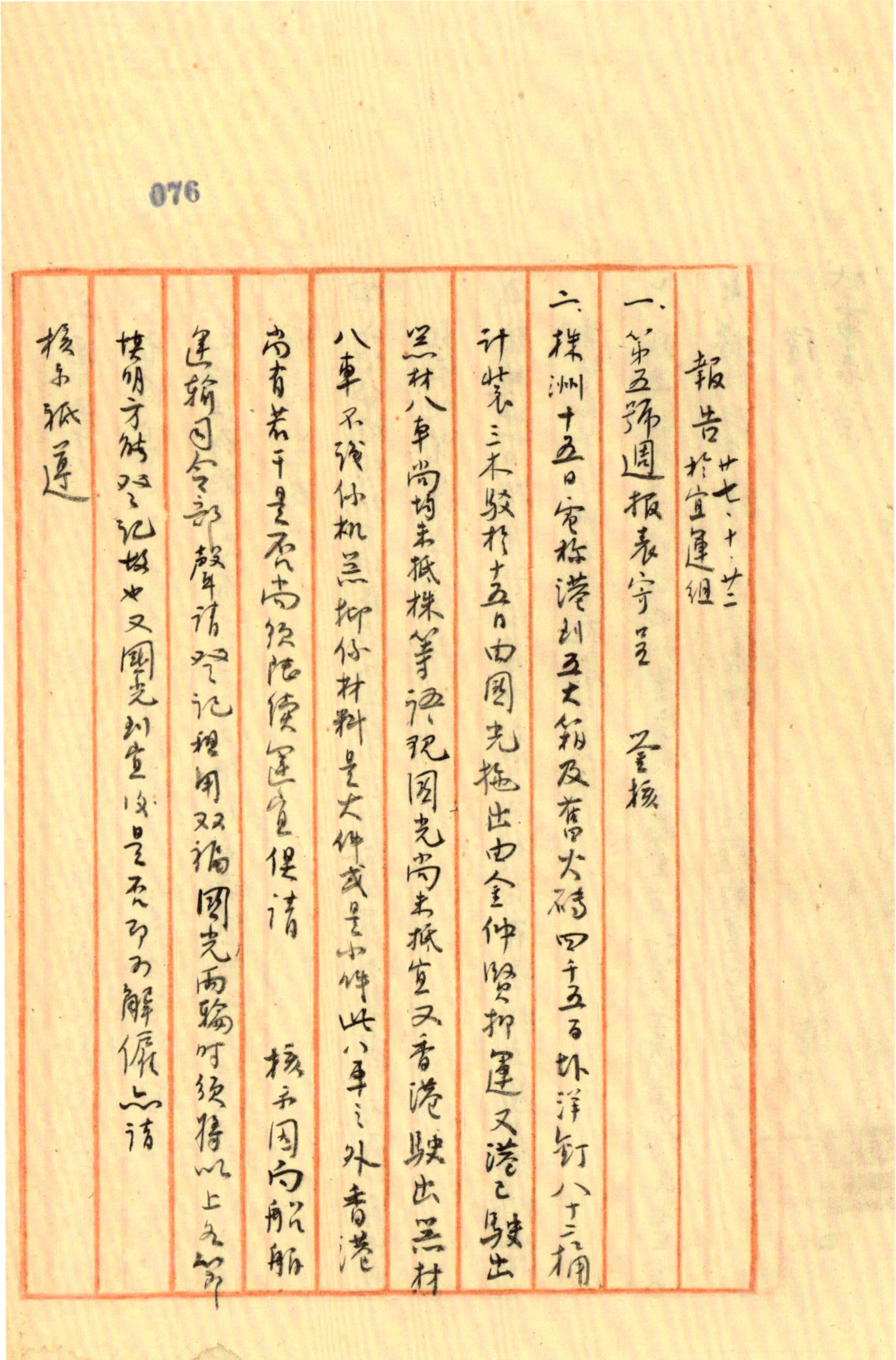
076

報告 卅七、十、廿二 於宜運組

一、第五號週報表寄呈 鑒核

二、株洲十五日電稱滬到五大箱及耐火磚四千五百件洋釘八十二桶計裝三木駁於十五日由國光拖出由金仲賢押運又港已駛出器材八車尚均未抵株等語現國光尚未抵宜又香港駛出器材八車不識係機器抑係材料是大件或是小件此八車之外香港尚有若干是否尚須陸續運宜俾請 核示 因向航船運輸司令部聲請登記租用雙福國光兩輪時須將以上各節填明方能登記也又國光到宜後是否即可解僱亦請

核示祇遵

761

三、汇下五千元，计已付出江海通二千元，又准汪承祚来电汇交长沙长津公司六万三千元，工人及医务队善后费约四万元，固定租费三万元，故现存款项尚有一十五万元，拟请再拨汇数千元备用，同时请汇总来不及也。

四、二公分炮弹机下次民本可望装出，现兵工署办事处允在一月内先代本处先运五六万颗。

五、张晓廿一日午抵宜，计由汉口至宜凡行八日，在岳州且遇轰炸险，遭竞外汽油已交炮厂运去。

六、成安韩监工已于前晚到宜，定搭民本去渝，江元方携眷搭民元去渝。

七、探闻汉口上游六十里金口地方今日封锁，船只已不能去汉。

谨呈

代处长杨

附呈第五号周报表一纸

职 陈石元
马运复 呈

砲兵技術研究處 宜運組 運輸週報表

第5號　　　　民國27年10月16日至10月22日

運輸類別	器材種類	噸量	日期	運出或運抵地點	船名	押運員	存放地點	備註
接運								
運出								
	危險品 交25廠	13.0	27,10,19	重慶	民康	張石泉		
待運	機器 砲技處	137.5					船上	
	機器 交廿五廠	270.0					招商堆棧	
	材料 砲技處	269.5					招商堆棧	
	材料 交廿五廠	384.0					招商堆棧	
	危險品 砲技處	2.0					船上	

主管員　　　　填報人（印）

砲技字第3060號收文附件	
原字號	字第　號
歸檔	27年10月28日
卷號	2-0-6-3

077

兵工署炮兵技术研究处驻宜运输组第六号运输周报表（一九三八年十月二十三日至二十九日）

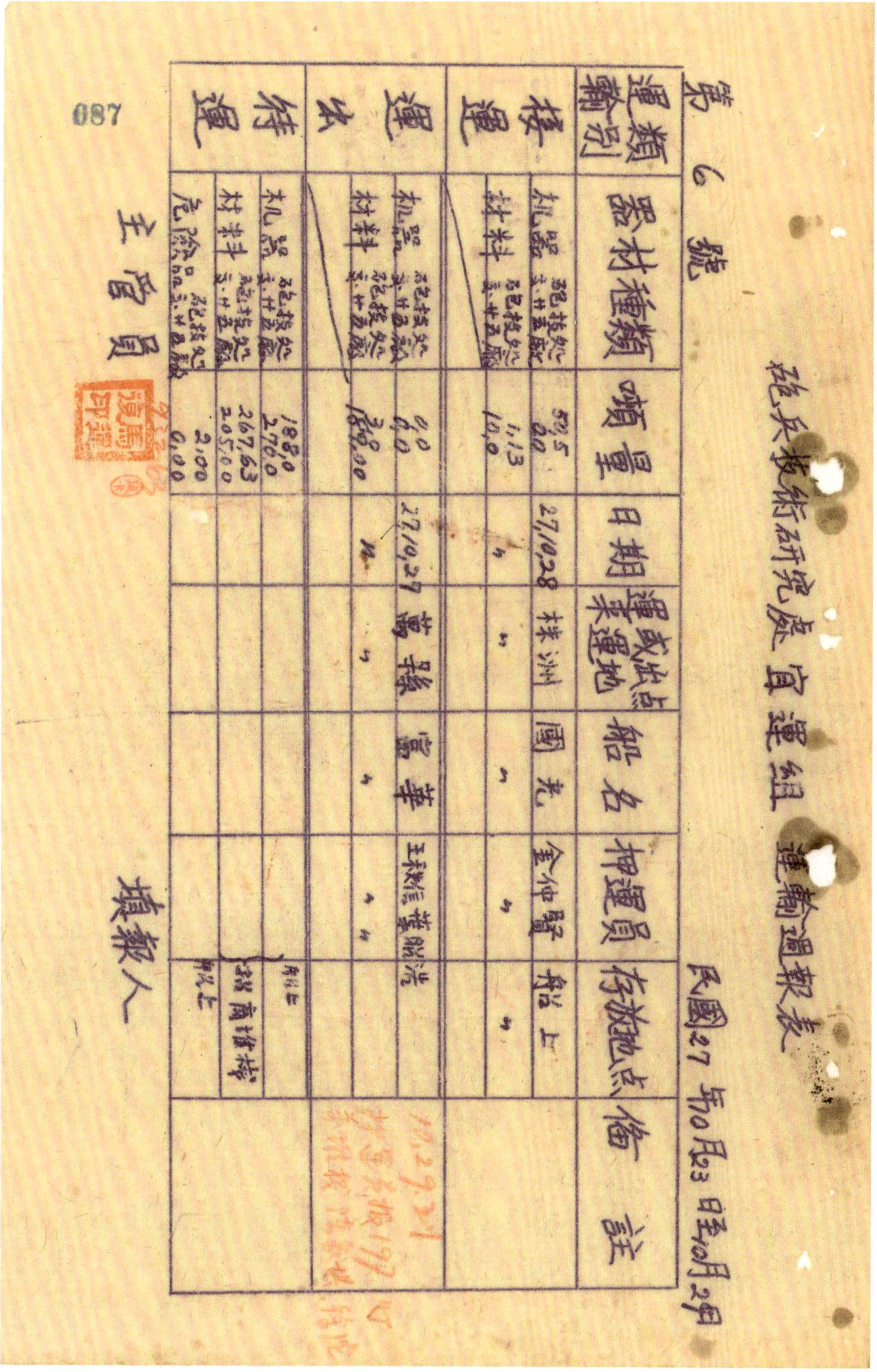

砲兵技術研究處宜運組　運輸週報表

第 6 號　　　　民國27年10月23日至10月29日

運輸類別	器材種類		噸量	日期	運出或來運地点	船名	押運員	存放地点	備註
接運	机器	砲技處	50.5	27,10,28	株洲	國光	金仲賢	船上	
		廿五廠	0.0						
	材料	砲技處	1.13	〃	〃	〃	〃	〃	
		廿五廠	10.0						
運出	机器	砲技處	0.0	27,10,27	萬縣	富華	王秋信 葉貽浩		10.29.24
		廿五廠	0.0						
	材料	砲技處	3.0	〃	〃	〃	〃 〃		
		廿五廠	184.00						
待運	机器	砲技處	188.0					船上	
		廿五廠	270.0						
	材料	砲技處	267.63					招商堆棧	
		廿五廠	205.00						
	危險品	砲技處	2.00					船上	
		廿五廠	0.00						

主管員　馮運復印　　　　填報人

087

兵工署炮兵技术研究处关于运输事复驻宜运输组的函（一九三八年十月二十六日）

27年10月28日 归档 20-6-3

079

会计组

砲技国字第二八六二号

复宜昌运输组函

案奉贵组本月廿一日函，以最近运输情形七项由。奉此，兹将拟答各点分复於下：

（一）株洲运出之港机五大箱已改用双福轮拖运，该三船所装货物除蓋大砖外，余应候速转轮运渝，因此项为砲弹厂最重要之一部份，现存宜之该大箱亦甚重要，奉示已请杨司长电宜求陈永表提前换轮装运矣。株示所称由港拨出之小车机件均系小件机箱，最重者不过一吨，共约一百吨左右。此外有大批元钢约卅吨堆放在宽，停留待运，无消息，深为焦虑。议批总重约十吨於外，株洲之国光五号拖轮宜於此批由宜回国光号不得

中华民国廿七年十月廿六日

791

處

（二）所俸係石泉已到滬并派唐林二員前往新但集男三名到宜協助運輸事宜

（三）派赴宜昌辦理會計及出納事務之傅蔚隆是否已抵宜又擬於必要時派赴萬縣設立運輸組之謝誠三及方經武二員已抵宜否

（四）滬漢匯三千元備用

等因相應轉達即煩

查照為荷此致

駐宜運輸組

本組署名啟

軍政部兵工署砲兵技術研究處

谢铖三、方经武关于抵达宜昌日期及运输情况致荣泉馨的报告（一九三八年十月二十六日）

報告第壹號　二七、十、二六　於宜昌

呈為報告事。竊職等奉派來宜工作，遵於二十四日登輪，二十六日晚抵宜，當即謁晤陳技術員心元、馮組長運復，謹將亟須呈報者款陳如下：

（一）機件運輸現因江水漸枯，民生公司輪船除民本、民元尚能直航重慶兩次外，餘者悉運至萬縣為止。本處機件已定由民本載運壹次，量約百噸；其二次與民元輪則未決定，俟後機件均需存萬轉渝。

（二）昨得兵工署駐宜辦事處通知，將二十五廠材料二百噸載富華輪運存萬縣，刻已滿裝，準明晨開行，由王秩

13-1

信葉昭浩兩君押運葉君將由萬轉渝萬縣事務由此

向哲派王君臨時辦理

（三）頃悉馮菊成童致新兩君不日即將來宜工作此間極需

要押運員能再酌派數員來宜為佳

（四）昨晚到萬曾登岸造訪清委員淮川未遇關於萬縣事

務未得晤談

（五）現暫留宜協助運輸事宜應否赴萬工作敬候賜諭

謹呈

處長榮

職 謝織三

方經武

謹呈

陈心元、马运复关于宜昌运输情况致荣泉馨的报告（一九三八年十月二十七日）

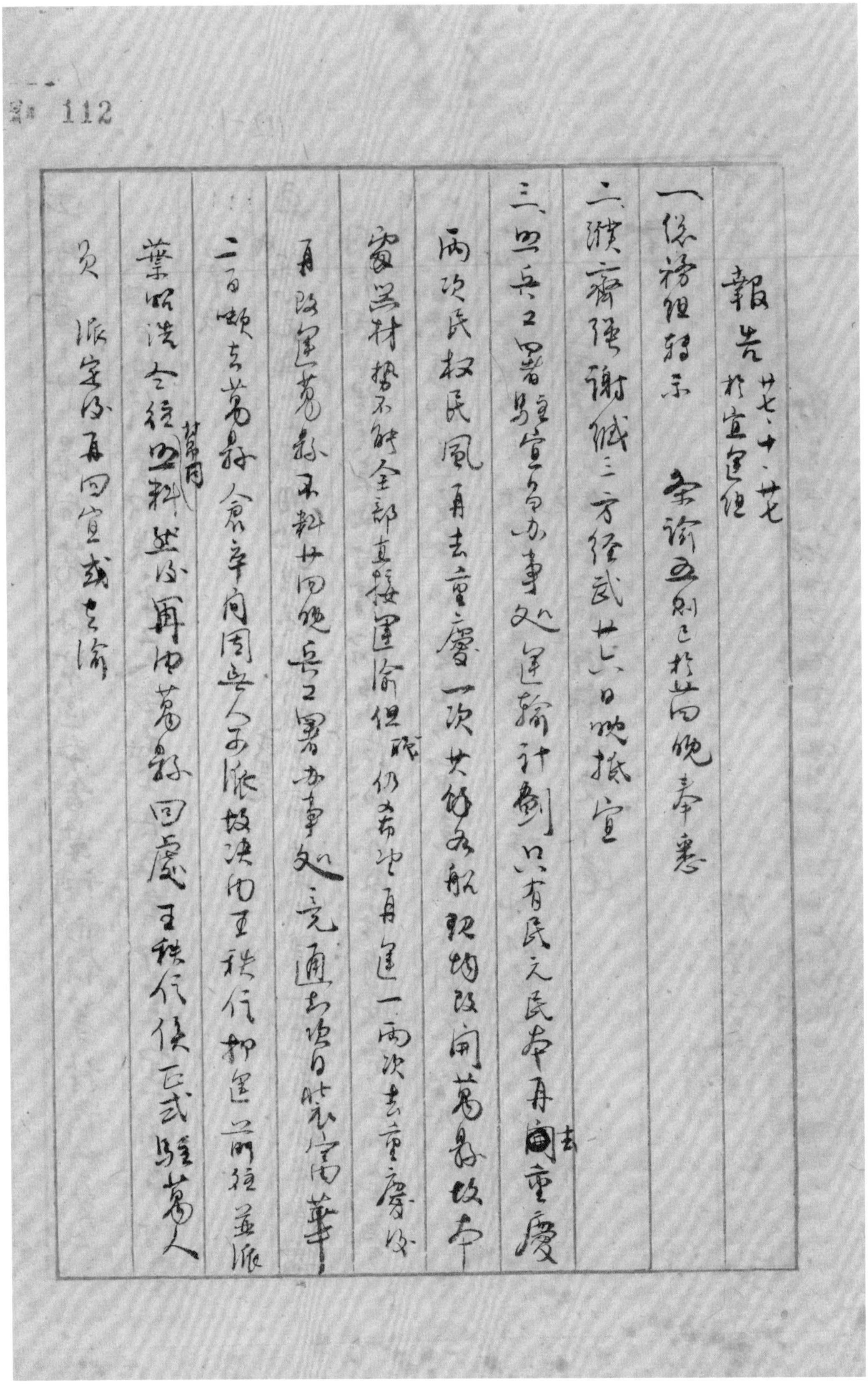
112

報告 廿七、十、廿七 於宜運組

一、係務組轉示余渝函到已於廿四晚奉悉

二、濮齋陽、謝鐵三方經武廿六日晚抵宜

三、四兵工署駐宜辦事處運輸計劃只有民元民本再開去重慶兩次民權民風再去重慶一次其餘各船則均改開萬縣故本廠器材勢不能全部直接運渝但職仍希望再運一兩次去重慶以有段運萬縣不料廿四晚兵工署辦事處竟通告於明日裝富華二百噸去萬縣倉卒間因無人可派故決由王秩行押運前往並派葉炳洪全往幫同照料並令再由萬縣回慶王秩行俟正式駐萬人員派定後再回宜或去渝

112-1

四、富華廿六晨向葛移紫運南雷紫銅、白鉛、筆材料一百九十二噸，由王稅佐、葉明浩率工人四名、士兵五名押運，運輸單附呈鑒核。

五、職陳心元及小工陳炳林搬搭民風（或民元）去渝，葉明浩亦在葛移搭該輪同行，因辦理結束及訂購船票，向係不及在月底前趕到重慶。

六、廿六日晚接押運員金仲賢由沙市來函稱，因先交机船已於廿四日安抵沙市，計程廿八日可抵宜昌，擬與到該批机箱可隨元到新机一同裝民元輪運渝，擬由張曉押運。

謹呈

代處長 毕

職陳心元
馬運度 呈

附呈十八批運葛運輸單一份計兩紙

二所呈請派撥款項不識已派出否請示遵 職又呈

兵工署炮兵技术研究处驻万运输组一至七号运输周报表（一九三八年十月二十九日至十二月十一日）

042

42

砲兵技術研究處駐萬運輸組運輸週報表

第1號　　民國27年10月29日至　月　日

運輸類別	器材種類	噸量	日期	運達地點或來運地點	船名	押運員	存放地點	備註
接運	機器 ～	～						
	材料 10廠 25廠	6T 191T	27.10.29	宜昌	富華	葉照浩 王振信	徐沱堆棧	
	危險品	～						
運出								
待運								

主管員　　　　填報人

43

043

閱

礮兵技術研究處駐萬運輸組運輸週報表

第 2 號　　　　　　　　　　　　　　　　　　　　民國 27 年 10 月 31 日至 11 月 6 日

運輸類別	器材種類	噸量	日期	運來或運出地點	船名	押運員	存放地點	備註
接運								
運出								
待運	機器	～			富華	葉明浩 王秩信	徐沱堆棧	
	材料 10廠 25廠	6T 191T	27,10,29	宜昌	↓	↓	↓	
	危險品							

主管員　　　　　　　　　　　　　　　　　　　　填報人

44

礮兵技術研究處駐萬運輸組運輸週報表

第 3 號　　　　民國 27 年 11 月 7 日至 11 月 13 日

類別 運輸	器材種類	噸量	日期	運出或 來運地点	船名	押運員	存放地点	備註
接運								
運出								
待運	機器	～						197
	材料 10廠 25廠	6T 191T	27,10,29	宜昌	富華	葉昭浩 王秩儀	徐沱堆棧	
	危險品	～						

主管員　　　　填報人 [印]

45

045

礮兵技術研究處駐萬運輸組運輸週報表

第 4 號　　　　民國 27 年 11 月 14 日至 11 月 20 日

運輸類別	器材種類	噸量	日期	運或出点 來運地	船名	押運員	存放地点	備註
接運	機器 10廠 25廠	42T 45T	27,11,20	宜昌	民元	張志祥	徐沱堆棧	1021
	材料 10廠 25廠	15T ～	〃	〃	〃	〃	〃	
	危險品							
運出								
待運	機器	～						108
	材料 10廠 25廠	6T 191T	27,10,29 登昌	宜昌	富華	葉昭浩 王秩信	徐沱堆棧	177
	危險品	～						299

主管員　　　　填報人

46

廠兵技術研究處兵器運輸組運輸週報表

第 5 號　　　　民國27年11月21日至11月27日

運輸類別	器材種類	噸量	日期	運或出点來運地	船名	押運員	存放地点	備註
接運	機器 10廠 25廠	70T 17T	27.11.21	宜昌	民權	李子範 譚之祥	陳家壩堆棧	100—
	材料 10廠 25廠	13T ～	〃	〃	〃	〃	〃	
	危險品							
運出								
待運	機器 10廠 25廠	42T 45T	27.10.29 27.11.20	宜昌	富華 民元	業昭浩 王叔信 張志祥	徐家堆棧	299 100 299—
	材料 10廠 25廠	21T 191T		〃	〃 〃	〃 〃	〃 〃	
	危險品							

主管員　　　　填報人

046

兵工技術研究處駐萬運輸組運輸週報表

第 6 號　　　　　　民國 27 年 11 月 28 日至 12 月 4 日

類別	器材種類	噸量	日期	運出或運抵地點	船名	押運員	存放地點	備考
接運								
運出	機器 10廠	20T	27,11,29	重慶	民联	但鑄男		
待運	機器 10廠 25廠	92T 62T	27,10,29 27,11,20	宜昌	富華 民元 民权	黎明浩 王積信 張吉祥	徐沱碼棧	
	材料 10廠 25廠	34T 191T	27,11,21	〃 〃		李子範 譚爾華	陳家壩堆棧	
	危險品							

研術字第3424號收文附件

收文字號 字第 號　歸檔 27 年 12 月 15 日　卷號 2-0-7

主管員　　　　填報人

砲兵技術研究處駐渝運輸組運輸週報表

第7號　　　　民國27年12月5日至12月11日

運輸類別	器材種類	噸量		日期	運或出點來運地	船名		押運員		存放地點	備註
接運											
運去	機器 10糎 25糎	9T	32.6T 25.4T	27.12.7 27.12.9	重慶	民聯	民權	王鐵起	唐楚臣	徐沱堆棧	
	材料 10糎 25糎	1T	27.0T		〃					陳家壩堆棧	
待運	機器 10糎 25糎	50.4T 36.6T			宜昌	民元 富華		張志祥		徐沱堆棧	
	材料 10糎 25糎	6.0T 191.0T			〃	富華		葉昭洪 王秋儀		徐沱堆棧	

主管員　　　　填報人

72

兵工署炮兵技术研究处驻宜运输组第七至九号运输周报表（一九三八年十月三十日至十一月二十日）

砲兵技術研究處 宜運組 運輸週報表

第7號　　　　民國27年10月30日至11月5日

運輸類別	器材種類		噸量	日期	運載地點來運地	船名	押運員	存放地點	備註
接運									
運出	砲技機器	砲技處	12[illegible],00	27,11,5	重慶	民元	張曉		
		兵廿五廠	12,50						
	材料	砲技處	12,5						
		兵廿五廠	0						
	危險品	砲技處 / 兵廿五廠	0						
待運	机器	砲技處	61,0					船上及招商堆棧	
		兵廿五廠	257,5						
	材料	砲技處	2[illegible]13					招商堆棧	
		兵廿五廠	205,00						
	危險品	砲技處	2,0					船上	
		兵廿五廠	0,0						

主管員　780.63　　　　填報人

砲研字第3165號收文附件
收文字號　字第　號
27年11月10日
卷號 2-0-6-3

砲兵技術研究處 宜運組 運輸週報表

第 8 號　　　　民國27年11月6日至11月12日

運輸類別	器材種類	噸量	日期	運或出點來運地	船名	押運員	存放地点	備註
接運								
運出		131						850.63
待運	机器 砲技处 / 二十五廠	61.00 / 257.50					船上、松商堆棧	
	材料 砲技处 / 二十五廠	255.13 / 205.00					松商堆棧	
	危險品 砲技处 / 二十五廠	2.00 / 0.00					船上	

主管員　　　　填報人 [印]

砲材字第3258號收文附件
發字號　字第　號
歸檔　27年11月26日
卷號　2-0-6-3

029

砲兵技術研究處官運組 運輸週報表

第 8 9 號　　　　　　　　　　　　　民國27年11月5日至11月?日

運輸類別	器材種類	噸量	日期	運出或運來地点	船名	押運員	存放地点	備註
接運								
運出	機器 花栈處	81.0						
	廿五廠	40.0						
	材料 花栈處	100.0						201.–
	廿五廠	0						
	危險品 〃	0						
	〃	0						
待運	機器 〃	0						
	廿五廠	217.5						
	材料 花栈處	255.13						679.6
	廿五廠	205.				招商局堆棧		
	危險品 花栈處	2.						
	廿五廠	0						

主管員　　　　　　填報人

兵工署炮兵技术研究处汉阳炮厂为报送运输队总报告及请嘉奖在事出力人员致荣泉馨的呈（一九三八年十一月三日）

尋常

27.11.22 歸檔 2-3-2 (3)

128

軍政部兵工署技術研究處砲兵處駐漢辦事處 呈

事由	呈賫運輸隊報告經過情形并請嘉獎在事出力人員以昭激勸祈示遵由
擬辦	總務組 工務組 會計組 此次本廠遷移廠址，確將辦理運輸人員擇尤給獎，曾奉署令有案。茲據該廠呈請獎勵運輸出力人員，似可俟本處運輸辦理結束後併案辦理。十一.十五 十一.十六
核示	處長 祇可就有特別功績者少數人員呈請嘉獎，不得普遍加獎。十一.十六
備考	
附件	

廿七年十一月十五日下午二時到 字第 號

總字No.18-1 壹張千 26.1.21 收文 砲術 字第3217號

128-1

軍政部砲兵技術研究處駐漢辦事處

航字第四五九號第　頁

二十七年十一月三日發

竊查本廠奉令遷移以來，所有在漢機件，連同廢機廢料燃煤及廠房鉄柱屋架等項不下三千八百噸，自六月七日開始搬運，至八月三十日全廠機料悉數裝船，共分二十四批，先後運出，於九月三十日前安全到達廠地。關於運輸概況、遷移計劃與夫搬運經過情形、船租給予標準、銷耗燃煤數量，暨辦理運輸人員工作情形，茲由運輸隊編就報告及各項統計表，甚屬詳晰。值此時局緊張，一切交通方面，如徵僱船隻、請撥車輛、沿途押運、警戒，在在發生困難，而運輸隊隊長顧曾霖、副隊長金熾聲、警衛隊代隊長劉文光等，不避艱險，忍苦耐勞，竟能調度咸宜，有條不紊，使全廠機料暨職工眷屬等二千餘人掃數安全運出。俱徵該隊長等規畫有方，忠勤率職，自應特別予以專案呈請嘉獎，以勵有功。至其餘在事出力人員，並請　准由本廠酌予償賜，俾昭激勸。所有以上情形，是否有當，理合備文，連同運輸隊總報告呈賫

鈞處鑒核轉呈，並乞

指令祇遵，實叨公便。○○

謹呈

字第 號

代處長榮

計呈賚 運輸隊總報告一份

軍政部兵工署砲兵技術研究處漢陽砲廠主任趙達

中華民國二十七年十一月 日

總字NO.18-2 壹千張 26.1.21

130

漢陽砲廠運輸隊總報告

（一）本廠整個遷移前之運輸概況

溯自七七抗戰以還兵工生產更形重要而署屬各廠接近戰區者十有八九故均紛紛奉　令遷移內地另行建設以免戰事影響妨礙製造本廠修械工作較屬重要理應接近前線俾資輸運應用是故奉　令先將新購機件遷移湘西籌設新廠職等　於一月十日奉諭兼理運輸事務着手計劃該項機件輸運一切事宜及至第一批機船到達湖南常德準備轉運辰谿之際原定計劃一再變更卒致一部機件改運株洲總處一部機件撥交滬廠餘多則運回漢口預備在舊日租界地處建立分廠試造平射及榴彈等炮該批機船正待起卸之際武漢局勢日形危迫故於六月六日嗣又奉　令廠址全部遷移湘西此本廠整個遷移前之運輸概況也

炮兵技術研究處漢陽辦事處

131-1

(二)本廠整個遷移之計劃及運輸概況

本廠於六月六日奉　令整個遷移湘西經有關各股庫隊之會商決定在工作不停頓之原則下即日着手準備並在常德先行設立分廠從事修械工作並在沅陵設立辦事處籌建新廠嗣因沅陵地處湘(沅)江上游運輸不便山領區域難以建設故改在桃源游仙觀地處設立總廠又在衡陽設立分廠以便接近該處各部隊之炮械送交修理此遷移計劃之概要當遷移開始之際職隊原有工作人員不敷分配奉　諭暫調員司工役前來協助以資充實自六月七日開始搬運至八月二十日全廠應行遷移機件悉數裝妥船隻所有機船亦於八月二十九日以前陸續由差輪分批輸運湘西當每批機船出發之期所有押船工匠概由工作股預先支配派定並由警衛隊調派士兵沿途警衛

至九月二十八日全部機船先後安抵常桃衡三處歷時三閱月本廠遷移已形結束此運輸經過之概况也

（三）搬運機件經過情况

本廠機件首先搬運者係常德分廠所應用之機件嗣後廠方工作由漸宣告停止始行陸續搬運更因衡陽設立分廠因路線不同當即另行輸運最後方將廠房屋架鐵柱廢機廢料搬運裝船至於機件搬運方式各股庫事前並無交接託運手續僅由各股庫自行指定或編列記號以資識別裝載記錄則由職隊調派藝徒擔任茲因機件過多名稱繁雜時間迫促難圖正確故僅可作為參考不足憑証關於裝載碼頭本廠原與漢廠合用嗣因該廠亦在遷移不敷分配且恐混雜當在該廠大門

132-1

附近自行開闢三處以便裝載搬運伕役初由本廠長工擔任嗣因機件過多搬運不易為節省經濟與時間計當即稟呈主座分批包商承辦但對於裝載機件之支配仍由職隊員工親自指導以資妥善所有機船裝載容量亦不使過重以免途中危險此搬運機件之經過情況也

㈣裝載船隻之僱用及租金給予標準

本廠奉令遷移之期武漢局勢已形緊張船隻租賃頗非易事且本廠機件笨重居多船隻適用與否須加選擇是故更形困難經多方設法始得陸續租用其租金給予標準則參考軍政部船舶管理所原有規定並經呈報主座核准在案租用時訂立契約為憑茲將該項租金給予標準抄錄如後

133

駁船租金給予標準一覽表

噸位	每日租金國幣單位元	噸位	每日租金國幣單位元
30至40	四·〇〇	41至50	四·五〇
51至60	五·〇〇	61至70	五·五〇
71至90	六·〇〇	91以上	另議

（五）租賃小輪名稱噸位租金及起租日期表

本廠遷移路線須由水道航行為妥慎迅速計故先後租賃差輪六艘來往拖運茲將小輪名稱噸位租金及起租日期列表如下

船名	拖運噸位	每月租金國幣單位元	起租日期	備考
江洲	一五〇.〇〇	四八八〇.〇〇	六月一日	租金項下連領江費在內
翼馬	二五〇.〇〇	七五〇〇.〇〇	六月九日	仝上
利安	二五〇.〇〇	七五〇〇.〇〇	六月十日	仝上
德濟	二〇〇.〇〇	六五〇〇.〇〇	六月十九日	仝上
濟昌	二〇〇.〇〇	六五〇〇.〇〇	六月十九日	仝上
信通	三〇〇.〇〇	九六八〇.〇〇	七月五日	仝上

（六）岳陽設立轉運辦事處經過概况

當機船輸運開始不久之際鑒於來往小輪拖運路程遥遠途中既感燃煤之缺乏復有時間之浪費（因機船由漢赴常到達岳陽須經洞庭一湖若遇風浪例須停航等候再者機船直駛常德小輪返漢係屬空船殊不經濟）故即稟呈

主座採取分段運輸辦法將本廠租賃小輪視其吃水之深淺分為漢岳段及岳常段俾資來往拖運並請派謝技術員鏞為駐岳辦事員辦理該處機船轉運事宜至於該處轉運經過情况另由謝技術員呈報

（七）運輸經過航綫及里程表

本廠奉令遷移湘西須由水道輸運茲將航程所經過主要城市及里程表抄錄如下

134-1

（漢岳段里程表）
單位華里

漢口						
30	沌口					
60	30	金口				
150	120	90	簰洲			
240	210	180	90	嘉魚		
360	330	300	210	120	新堤	
480	450	420	330	240	120	岳洲

（岳桃段里程表）
單位華里

岳洲					
120	靈官嘴				
240	120	沅江			
330	210	90	漢壽		
420	300	180	90	常德	
510	390	270	180	90	桃源

砲兵技術研究處江陰辦事處

135

（八）遷移機件名稱噸位統計表

本廠平日應用機件原僅一千餘噸連同廢機廢料燃煤及廠房鐵柱屋架等項不下三千餘噸今約計各項列表如下

機件名稱	噸位	機件名稱	噸位	機件名稱	噸位	機件名稱	噸位
應用機件	五〇〇	應用材料	四〇〇	零件木箱	一五〇	工匠用具箱	五〇
工具木箱	五〇	炮械成品	一〇〇	半成品	五〇	火磚	一〇〇
焦炭	二五〇	燃煤	八〇〇	廢機	四〇〇	廢料	三〇〇
廠房鐵柱	二五〇	屋架白鐵	三五〇	傢具什物	三〇	文件單據	三〇

（九）載運機船各批出發表

本廠所有機件笨重者佔有大半是故對於船隻之選擇支配事前均

經審察統計共租大小木駁民船一四四隻內中除去載運燃煤及本廠員工及其眷屬外實裝機件共計一二二隻其中40 70 66三號往返裝運二次先後共分二十四批惟當第二十批機船準備出發之際漢市局勢日形緊張小輪行駛常有被奪之虞（江洲小輪被軍委會船舶運輸司令部根據該部所發小輪徵用証第五條規定於八月二十七日無條件徵用即其一例）故即改變方針將留漢待運機船一律於八月二十九日全數由小輪拖運先行離漢再行分段轉運並將機船中之能不用小輪拖運者着其自身行駛所有機船於九月三十日前先後全數安抵桃源沿途並無不測堪稱幸甚茲將各批機船出發情況列表如下

批數	出發日期	差船號數	差輪	押輪員工
一	六月十六日	4 6 19 20 23 24 31 32	翼馬	沈玉書

批數	出發日期	差輪號數	差輪	押輪員工
二	六月十八日	5 25 26 27	江洲	虞伯康

136

三	六月二十一日	3 21 22 30	德濟	虞繼堯	四	六月二十九日	12 13 58 59 65	濟昌	朱槐卿
五	六月三十日	61 62	德濟	虞繼堯	六	七月一日	8 15 44 64	江洲	沈玉書
七	七月三日	67 66 70	翼馬	王得芳	八	七月六日	28 42 37 39 55 56	信、通	黃善庭
九	七月十日	41 45 48 68 83 85	濟昌	朱槐卿	十	七月十六日	9 43 46 63 84 86	利安	沈玉書
十一	七月二十日	34 35 36 53 81 88	翼馬	劉文發	十二	七月二十二日	92 49 95 97 52 99	濟昌	朱槐卿
十三	七月二十七日	89 202	利安	沈玉書	十四	七月二十九日	91	信通	黃善庭
十五	八月五日	7 98 214 216 236 237 221 235	德濟	孫庭瑞 虞繼堯	十六	八月十日	66 70 225	翼馬	王得芳
十七	八月十六日	47 50 69 51 201 205	濟昌	朱槐卿	十八	八月十八日	11 18 73 74 90 203 226 227	信通	李世元
十九	八月二十日	40 223 93 94	洪順	張宗傑	二十	八月二十九日	208	濟昌	朱槐卿
二十一	八月二十九日	87 211 233 218 228 229 204	翼馬	黃善庭 劉文發	二十二	八月二十九日	206 207 209 222 220 240 212 242	信通	李世元
二十三	八月二十九日	76 29 43 96 210 238	利安	沈玉書	二十四	八月二十九日	54 72 71 75 79 213 215 217 219 224	自身行駛	警衛士兵

十 在常辦理運輸經過情況

當機件裝運已達中段之際因機船抵常已有四五十艘極待轉運故職棧聲

奉 諭於七月六日出發兼程赴常辦理該項業務並在岳陽將本廠新購機件之一部移交滬江兵工廠及至到達常德因常德分廠工作繁忙需用機

136-1

件日衆而桃處總廠尚缺起卸碼頭當即稟呈　鈞座會同該分廠負責人員起卸一部俾資應用嗣因桃處碼頭初步完成當即商請駐常船舶管理所撥給淺水小輪將在常機船分批輸運桃源但距離廠址四五里之嚮水沛灘淺水急小輪不能行駛故即曉諭船户設法拉牽上駛互相協助始達廠址　職機聲來往常桃間達月餘之多始將該項任務料理清楚此在常辦理運輸經過之概況也

（十一）本處租賃小輪來往拖運在漢裝載燃煤一覽表

本廠租賃小輪計共六艘另加常德分廠租賃洪順小輪一艘俾資來往拖運機船小輪所需燃煤先由　職隊估計交由物料庫集中請購再行分批領用總計在漢裝載燃煤共計陸佰柒拾捌噸茲將燃煤來源各輪消耗

分別列表如下

A 燃煤來源統計表

燃煤來源	噸位	備考	燃煤來源	噸位	備考
本廠存煤	八六	全數用罄	第一次購煤	五〇	全數用罄
第二次購煤	二一五	全數用罄	虞繼堯在岳購煤	四	裝德濟輪由岳返漢
向德濟輪局購煤	三五·五	裝德濟輪應用	各小輪原有存煤	一四	由各小輪用罄
第三次購煤	一六〇	除轉售第一鐵工廠三噸炮十五團二噸外用去八八噸餘多六七噸末批機船到常交第二分廠	第四次購煤	二〇	全數用罄
第五次購煤	七九	全數用罄	第六次購煤	四〇	用去六·五噸餘多末批機船到常交第二分廠
由岳運來	五〇	全數用罄	由常運來	五五	用去三〇噸餘多末批機船到常交第二分廠

附注 燃煤來源共計八〇八·五噸除轉售五噸餘多一二五·五噸統交常

德第二分廠外實共消耗六七八噸

乙 各輪在漢按月裝載燃煤統計表

（單位公噸）

差輪名稱	六月份裝載量	七月份裝載量	八月份裝載量	九月份裝載量	總計
江洲	四一·〇〇	三三·〇〇	二七·〇〇		一〇一·〇〇
濟昌	三八·五〇	三六·〇〇	三一·〇〇		一〇五·五〇
德濟	七八·五〇	三二·〇〇			一一〇·五〇
利安	三六·〇〇	三八·〇〇		二二·〇〇	九六·〇〇
翼馬	四八·〇〇	一五·〇〇	四〇·五〇	三六·〇〇	一三九·五〇
信通		三三·五〇	五二·〇〇	二六·〇〇	一一一·五〇
鴻順			一四·〇〇		一四·〇〇
共計					六七八·〇〇

（十二）辦理運輸工作人員一覽表

本廠原無運輸隊之組織嗣因奉　令遷移新購機件故於一月十日着手籌備由職等兼任正副隊長並調本廠工人對於運輸較有經驗者若李霆順陳壽盈王一明等前來規劃一切並於二月十二日將舊有副工部撥歸　職隊管轄對於運輸工作較為便利當此次本廠整個遷移之際原有人員尚感不敷奉　諭加以充實下列員工均能勤勞從事努力工作擬請分別予以嘉獎以資激勵至於沿途押運工匠及警衛士兵係由工作股與警衛隊統籌支配所有努力工作員警擬請由各該股隊另行呈報以資明悉

1381

職別	姓名	到職日期	職任	服務考績	備考
技術員	孫庭瑞	六月七日	指導機件裝載事宜並押運第十五批機船赴衡現留衡兼辦運輸事宜	該員辦事老練努力從公	
仝上	謝鏞	七月七日	駐岳辦理該處機船轉運事宜	機船轉運調度有方辦事勤奮實堪嘉許	
仝上	王湧培	六月七日	辦理機件裝運及機船租賃登記事宜	該員辦理登記事宜謹慎奮勉漏夜辛勞毫無倦容殊堪嘉獎	該員於金副隊長出差赴常後兼辦船隻租賃事宜
司事	馬文泉	七月七日	指導機件裝載事宜	勤勞稱職	
仝上	李文彬	六月七日	辦理運輸工具採購及船隻申請登記事宜	辦事努力迅速	
仝上	高士源	六月十日	辦理機船出發登記事宜	辦理登記有條不紊	
仝上	虞伯康	六月十八日	押運小輪及派赴確山接收該處修械所移交機件	精明勤勞	
警衛隊分隊長	張建功	六月七日	辦理警衛士兵調度及押運末批機船事宜	調度有方辦事負責	
運輸隊班長	李霆順	一月十日	押運新購機件赴常回返岳洲辦理該項機件移交湘廠並留岳協助辦理該處轉運事宜	該班長留岳期間協助警衛督促有方漏夜工作殊堪嘉許	

砲兵技術研究處漢陽辦事處

139

工匠	馬鴻斌	一月十日	辦理運輸工具保管事宜	管理週全辦事慎重	
仝上	周金勝	二月十六日	策劃載運機件起重工作並計劃開闢碼頭	起重技能甚佳策劃妥善	該工並担任押運機件赴株二次
仝上	王一明	一月十日	仝上	起重技能超群辦事精細審慎	該工並担任押運機件赴株一次並指導由株運宜機件在漢過駁事宜
仝上	陳壽盈	一月十日	仝上	起重技能頗佳指導得法努力工作實堪嘉許	該工並押運機件赴常一次且在常辦理起卸機件工作
仝上	秦仁昌	一月十日	仝上	仝上	仝上
仝上	王雪榮	一月十日	仝上	工作努力勤奮技能亦佳	仝上
仝上	陳紀昌	二月十四日	仝上	工作努力指揮得當押運機件沿途照料甚為負責	該工並担任押運機件赴株二次
仝上	孫梅林	二月十四日	仝上	工作勤奮	
仝上	陳大郎	六月十一日	仝上	工作勤奮	
仝上	呂有科	四月十四日	來往押運機件赴株	辦事精明照料週全	

139-1

工匠	謝少藍	二月十二日	指導裝載機件並管理長工	指導有方管理尚屬得當	
副工部 領工	沈玉書	五月二十日	押運小輪來往輸運	辦事謹慎沿途照料週全誠實可靠努力從公	
工匠	朱槐卿	六月二十九日	仝上	辦事謹慎沿途照料週全誠實可靠甚為努力	
仝上	虞繼堯	六月二十一日	仝上	沿途照料甚屬稱職	查該工担任漢桃間之小輪押運現又派赴株洲押運該處機料來桃
仝上	王得芳	七月三日	仝上	仝上	
仝上	黃善庭	七月六日	仝上	沿途照料妥慎週詳對外交涉措置得當	
仝上	李世元	八月十八日	仝上	辦事慎重誠實可靠沿途照料週詳甚屬辛勞	查該工於第一批新機件出發赴常担任押運工作沿途照料週全辦事努力此次押運小輪更加出力
仝上	劉文發	七月二十日	仝上	沿途照料甚屬稱職	
長工	張宗傑	七月十六日	仝上	年青有為辦事妥慎沿途照料甚屬稱職	
領工	劉振堂	八月六日	辦理工匠及其眷屬赴桃登記及護送事宜	辦事精明審慎沿途照料週全	

砲兵技術研究處漢陽辦事處

領工	林寶定	八月六日	辦理工匠及其眷屬赴桃登記及護送事宜	辦事精明審慎沿途照料週全	
工匠	徐康仁	八月六日	仝上	辦事尚稱努力沿途照料亦可	查該工於第一次新機件出發赴常並担任押運工作於九月八日起又担任小輪押運來往株桃間
藝徒	夏敬煥	六月十六日	辦理機件裝載登記等事宜	年青有為辦理登記事宜有條不紊	
仝上	夏敬森	七月五日	仝上	辦理登記事宜尚堪稱職	
仝上	周振法	六月七日	仝上	登記週詳辦事謹慎	
仝上	李明友	七月一日	仝上	仝上	
仝上	李道根	七月二十七日	仝上	辦理登記事宜尚堪稱職	
長工	王熙齋	二月十二日	辦理運輸事務抄寫工作	字體清秀辦事努力	
長工	王運亭	仝上	辦理機件裝載起重工作	工作勤勞努力從事	
長工	洪宗玉	仝上	辦理機件裝載起重工作	工作勤勞耐苦超群	

140-1

長工	劉玉山	二月十二日	辦理機件裝載起重工作	工作勤勞
仝上	劉寶金	仝上	仝上	工作勤勞
仝上	黃文駒	仝上	仝上	工作勤勞冠於全班
仝上	黃述成	仝上	仝上	工作勤勞
仝上	黃述河	仝上	仝上	工作勤勞
仝上	羅自立	仝上	仝上	工作勤勞
仝上	李云清	仝上	仝上	工作勤勞奮勇當前
仝上	王壽山	仝上	仝上	工作尚稱勤勞
仝上	周生榮	仝上	仝上	工作勤勞奮勇任事
仝上	姜正夫	五月十日	仝上	協助廢料庫整理功績稱著 並管臨時長工指揮有方

砲兵技術研究處滇[illegible]辦事處

長工	蕭文明	二月十二日	辦理機件裝載起重工作	工作勞苦
仝上	瞿安泰	仝上	仝上	工作尚稱努力
仝上	張長生	仝上	仝上	指導拆卸機件工作努力並管理臨時長工甚屬得當
仝上	張漢生	仝上	仝上	指導拆卸機件工作甚稱努力
仝上	張紀良	仝上	仝上	工作勤勞
仝上	黃在善	仝上	仝上	工作尚稱努力
仝上	段良銀	仝上	仝上	仝上

謹呈

兵工署炮兵技术研究处汉阳炮厂为报送有关迁移紧急会议记录及运输队办事规则草案致荣泉馨的呈（一九三八年十一月九日）

1481

軍政部砲兵技術研究處駐漢辦事處 呈

稿砲字第四九六號 第 全 頁

二十七年十一月九日發

竊查本廠奉令遷移，關於運輸工作，極爲忙迫，自非少數人員所能担任，經已召集各股庫隊所會議，決定各項原則，並將運輸隊組織，加以擴充，擬定辦事規則，所有人員均由各股庫隊所調派，惟此項運輸，比較前此諸感困難，車船方面，無法租僱，除一面派員分途辦理，并電署請撥車輛外，理合檢同會議紀錄，及辦事規則草案，備文呈賫

鈞處鑒核，俯賜准將規則核准備案

指令祗遵，實爲公便。

謹呈

代處長榮

計呈賫 會議紀錄一份 辦事規則草案二份

軍政部兵工署砲兵技術研究處漢陽砲廠主任趙 達

中華民國二十七年十一月九日

軍政部兵工署砲兵技術研究處漢陽砲廠緊急會議紀錄

149

時間　二十七年十一月二日下午二時

地點　本廠食堂

出席人　李作人　葉叔芬　趙達　朱志揚
楊開謨　李冰心　劉文光　戚儒華
金樾聲　傅蘇農　楊兆第　顧曾霖

主席　趙達　紀錄　周仲賡

開會如儀

報告事項：

(甲)主席報告　本人自從衡陽回廠，得到極佳的印象，覺得像衡常兩廠、小型修理砲械的廠，很合現時抗戰需要，因想籌畫增設分廠三處，已奉署方來電，可予照辦，正在進行中，接本處電，請該廠

149-1

逼近戰區，必須預籌緊急處置辦法，凡重要新機及卷圖件等，必要時，應向西遷，當時本人以設立分廠，及緊急時辦法，均有入川請示之必要，尚未動身，又奉署電，如岳陽有問題，着即準備向辰谿方面退卻，云云，現岳陽尚未失守，將來情形如何，尚不可知，但我們現在正在進行準備工作，一則以籌設分廠，一則以遷移，我想前次遷移，以不停止工作為原則，此次遷移，亦當照此原則做去，在未開始遷移以前，当先將籌設三處分廠，討論一下，三處分廠的地點，一是貴陽附近，一是桂林附近，一是沅陵附近，桂林分廠，已有第一分廠正在籌建，貴陽附近，比較困難，現在我們先討論在沅陵附近設廠問題，請大家多多發表意見！

（乙）討論事項：

（1）籌設三處分廠地點，及名稱，應加以規定案決議：(1)貴陽(2)桂林(3)沅陵　貴陽為第三分廠，桂林為第四分廠，沅陵為第五分廠。

(2)沅陵分廠，如何籌設案

決議：(1)着即派員先去勘察廠址，以便籌設；(2)工作股從速挑選輕便機器一小部份，以便起運；(3)覓定廠址後，即先搭草房，暫時開工，以為將來貴陽設廠中間一個運輸站，並貫澈遷移期間工作不停頓之原則。

(3)貴陽分廠如何籌設案

決議：(1)先將桃源建築工程停止，並儘派員驗收，以便結束；(2)未了人員限十日內結束，除派赴沅陵者外，從此間結束完竣，餘均派赴貴陽；(3)舊機大都請示，新機盡量運筑。(4)主管員由廠技術員汪華担任。

(4)運輸困難，如何解決案

決議：(1)擴充運輸組織，由王、以兼任總指揮，下設隊長副隊長，隊長以下分

二

150-1

設船舶，車輛，裝卸，醫務，警衛，文書，人事，登記，購置，會計組，如有未盡隨時增用，(2)幹部人員由總指揮指定，臨時需用人員，由正副隊長隨時呈請調用，(3)所有機料以及公用品，由各股庫開單，並派人押運，到達後由各股庫自行負責接收，以及公用品由各人負責。

(5)第二分廠，如何遷移案

決議：(1)準備不用機料先行裝好運桃，(2)職工眷屬先送桃源，(3)工員不准借，(4)所有情報，用脚踏車送達。

(6)株洲機料，如何運輸案

決議：(1)電張劍操速將卡車放回，裝就船隻速運去(2)廠存材料電廠請示

(7)下攝司油庫如何處置案

決議：(1)人員解雇(2)傢俱由張劍操運田，(3)房屋交留守處保管。

(八)散會

151

軍政部兵工署砲兵技術研究處漢陽砲廠運輸隊辦事規則草案 廿七年十一月　日擬編

第一條　本廠現以奉令西移，為應付當前運輸困難，務使全部機件器材急速運出起見，特訂定本辦事規則，以期充實力量，增強效能。

第二條　運輸隊設總指揮一員，由廠主任兼任之。

第三條　運輸隊總指揮下設正副隊長各一員，直隸廠主任兼隊總指揮命令，綜掌一切運輸事宜。

第四條　運輸隊設置下列各組，職掌分配如左：

一、船舶組　關於拖輸木駁之徵調及管理調度事項
二、車輛組　關於請撥租用各項車輛及調度保管事項
三、装卸組　關於機件器材公物之支配裝卸及運輸伕役之統率指揮事項
四、警衛組　關於警衛士兵派遣押運及碼頭倉庫看守與運輸秩序維持事項
五、購置組　關於運輸器具及汽油煤油等之購置及保管事項
六、登記組　關於運輸單表格式之擬訂登記及船舶車輛約據之填發事項

1511

七、會計組，關於運輸費用之請領支付事項

八、文書組，關於運輸文件之辦理及保管事項

九、人事組，關於職員之考核督飭及輸送支配安頓等事項

十、醫務組，關於員工疾病之醫藥治療事項

第五條 前條各組每組設組長一人，由總指揮於各股庫隊所人員遴選派充之

第六條 各組人員名數分配時由正副隊長隨時簽請總指揮於各股庫隊所員司中調派之

第七條 運輸隊於遷移轉進中得視需用情形於桃源貴陽間設置聯絡運輸站，隨時簽請調派人員任站務

第八條 各股庫隊所交運機件器材公物應照式造填運輸清單複寫三份，一份存根，二份送交運輸隊於接收清楚後仍索取收據存執，以清手續，清單格式由運輸隊另定之

第九條 押運人員由各股庫隊所自行派遣，分別隨同車船出發，所有分配裝箱封鎖事務由各股庫隊所自行負責辦理

第十條　機件器材公物在運輸途程中由押運人員負保管責任，其隨行押運官兵應受押運人員之節制

第十一條　所有辦理運輸人員及押運員兵，對於機件等運輸上一切事務，應嚴守秘密，否則以洩漏軍機論。機件等起運後，無論到達任何站埠，應隨時隨地派定人員看守警戒，以策安全。倘有疏虞，除天災事變人力所不可抗拒者外，其負責人員依法嚴懲

第十二條　押運員兵如有行為越軌不守紀律或無故任意開槍騷擾貽誤者，一經查明，從嚴懲處

第十三條　此次辦理運輸情勢異常緊迫，在事人員能忠勤與職達成任務者，日後准予擇尤專案請獎，以勵有功；其餘出力人員，得分別從優獎賞。惟如怠職誤公辦事不力者，一經查覺，定予從嚴撤革，不稍寬貸

第十四條　本規則未盡事宜，得隨時呈請修正之

第十五條　本規則呈奉　總處核准後實行

兵工署炮兵技术研究处存宜器材数量单（一九三八年十一月十五日）

028

存宜器材數量單　廿七·十一·十五造

本處器材

一、机件

鉄軌土斗（海祥）一噸

鉄脚（海祥 張曉）卅噸

二公分砲彈机（李继迅）卅噸

二公分砲彈机（李子範）七十噸

二、材料

鋼筋（陳啓之）二噸

水管（海祥 張曉）廿噸

交兹叙器材

一、机件

砂箱（張曉 李继迅）十五噸

裝箱机件（海祥）一百六十五噸

熔銅炉鉄板 炉條皮帶盤等（陳笙）七十七噸

二、材料

火磚（陳啓之）六噸

火磚（李继迅）卅噸

火磚（海祥）五噸

砲術字第3258號收文附件
收文字號　字第　號
歸檔　27年11月26日
卷號　2-0-6-3

× 銅鉄料（海祥 張曉）一百六十八噸　　火磚（金仲賢）十噸

× 銅鉄料（李継遊）十八噸　　生鉄（張曉）廿七噸

○ 皮條（海祥）一噸半　　各種鉄板（海祥）廿八噸

○ 車油（海祥）五噸　　碎銅边料（海祥）八十九噸

○ 水肥皂（張曉）○·六三噸

三、危险品

○ 汽油（李継遊）二噸

850.63

兵工署炮兵技术研究处汉阳炮厂第一分厂为报告炮厂迁移及办理经过情形致荣泉馨的呈

（一九三八年十一月二十日）

第1頁

東字第一八一號

中華民國廿七年十一月貳拾日

自衡陽東陽渡發

軍政部兵工署砲兵技術研究處漢陽砲廠第一分廠呈

事由：呈報遷移及辦理經過情形請鑒核備案由

案查本分廠前因時局日緊，職曾於上月二十五日電廠本部及於二十八日赴兵工署請示後，又於本月四日赴桃源廠本部請示遷移事項，並蒙派遣員工及發給工具，隨職回衡，以資協助，嗣於十日下午奉軍械司電話召赴兵工署奉軍械司李幇辦英豪面諭：「尅日遷桂」等因，復於十二日連奉兵工署(二七)械發字第19393號命令內開：

「茲着該廠尅日向桂林附近移動並應先將所有員工人數機器雜物重量迅速統計以便轉請撥車併遵辦具報為要」 2

又同字第19409號命令內開：

「茲着該廠準備移設桂林附近並尅日先行派員前往勘覓廠址除分電桂省軍政當局飭屬協助外仰將辦理情形具報」

各等因，並附致湘桂路鐵路運輸綫區司令部公函乙件，奉此，遵即派員每日赴該司令部索車，迄無效果，並於十四五兩日分別呈署函司，再請迅派幹員代向該路索車，迨十六日 職 親往各處接洽，始悉 軍政部車輛分配表所列各機關並無本廠一項，經輾轉交涉，始於十八日獲得 技術司允許，撥給車皮三百噸，至本廠機器物料文卷等項，均已次第準備就緒，以帆船運

049

達衡站，一俟車輛撥到，即可裝運桂林。（砲十團送修三十倍十五榴彈砲二門及砲兵學校七五野砲一門均已趕修完成并交砲十團及砲校領去矣）理合將辦理經過情形，具文呈請

鑒核備案，實爲公便。

謹呈

代處長榮

職沈莘耕

3

兵工署炮兵技术研究处为成立万县运输组并派谢缄三办理运输事宜致兵工署驻宜办事处万县分处的公函（一九三八年十一月二十九日）

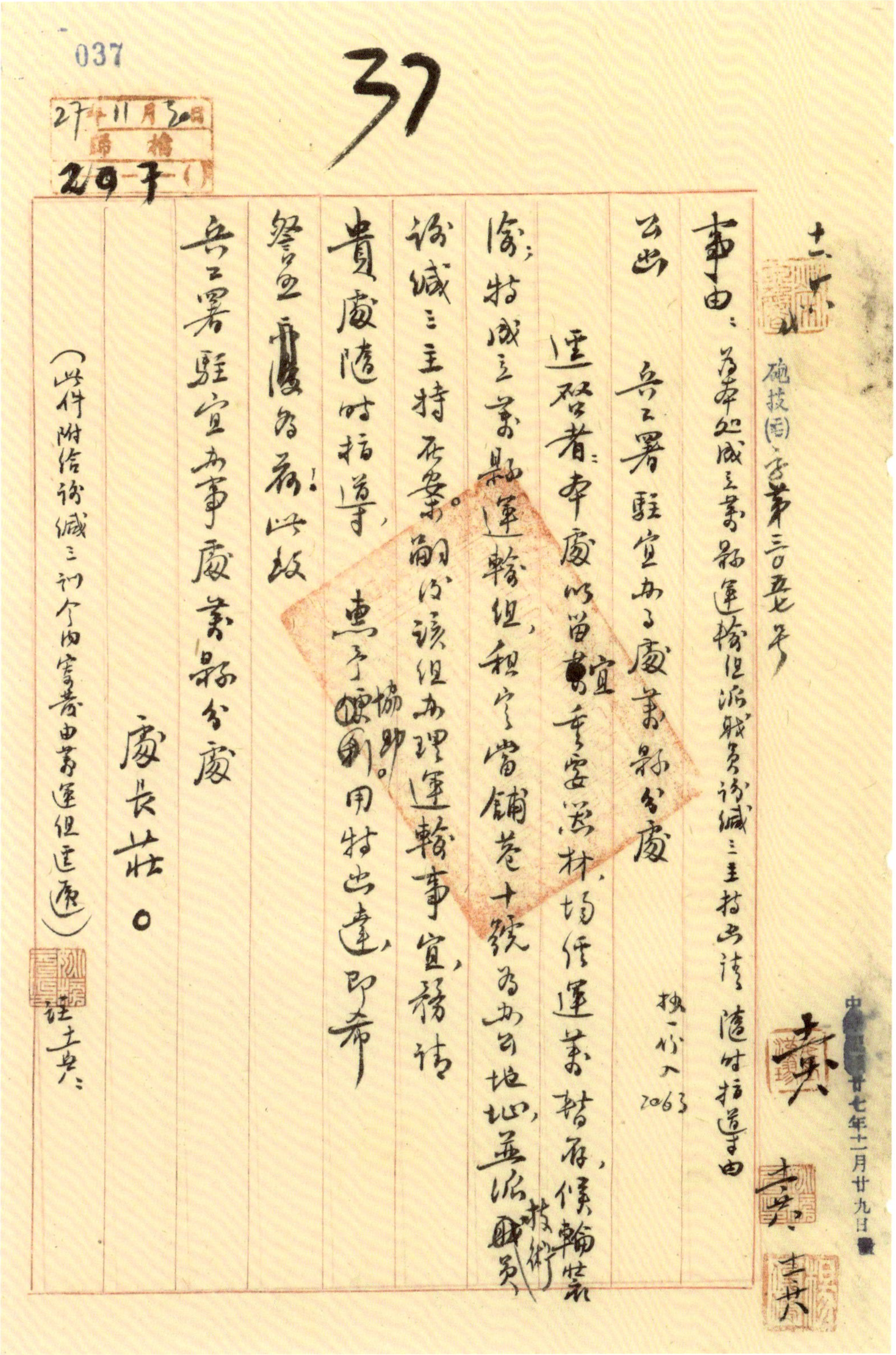
037

37

27年11月30日 歸檔 29号

十二、六

砲技(函)字第三〇五七號

事由：為本處成立萬縣運輸組派職員謝緘三主持出請 隨時指導由

公函

兵工署駐宜辦事處萬縣分處

逕啓者：本處所留萬縣重要器材，均係運萬暫存，候輪裝渝；特成立萬縣運輸組，租定當鋪巷十號為辦公地址，並派技術職員謝緘三主持其事。關於該組辦理運輸事宜，務請

貴處隨時指導

惠予協助。用特函達，即希

察照為荷！此致

兵工署駐宜辦事處萬縣分處

處長莊〇

（此件附給謝緘三一份內容由萬運組逕遞）

抄一份入2063

中華民國廿七年十二月廿九日

兵工署炮兵技术研究处汉阳炮厂为报告迁移沅陵情况致荣泉馨的呈（一九三八年十二月四日）

重要

159

廿七 12 15 日
歸檔
232-( )

軍政部砲兵技術研究處駐漢辦事處 呈

事由	擬辦	核示	備考
呈報遷沅經過祈鑒核由	總務組 十二·三 工務組 十二·三	處長 十二·三	

附件

字第 號

廿七年十二月十三日上午八時到

總字No.18-1 壹張千 26.1.21

收文 砲備 字第3431號

葺

159-1

軍政部砲兵技術研究處駐漢辦事處 呈

字第 號第 頁

廿七年十二月四日發

竊本廠此次奉 令西移沅陵所有經過情形及遷移進度業經迭電報請
鑒核在案刻桃常兩廠重要機件及一部員工均已抵達沅陵當經覓定由沅赴芷江馬路旁近山農田數段為堆存機料成品廣場設法予以掩蔽并經擇定浪子口將軍灣民房一座略加修葺俾暫作辦公處所之用一面即在附近山冲籌建臨時廠房準備於最短期內繼續開工至前常德第二分廠即予結束所有員工機料均歸併沅陵廠本部惟以船隻汽油兩缺搶運工作深感困難致有大部機料仍停滯常桃及沅江一帶正待趕緊轉運來沅以策安全除在桃源遊仙觀設立留守處辦理運輸工作並分呈外理合備文呈報
鑒核謹呈
代處長榮

軍政部兵工署砲兵技術研究處漢陽砲廠主任趙達

中華民國二十七年十二月四日

谢缄三关于民元轮、民权轮装运器材数量请准备接运致荣泉馨的报告（一九三八年十二月十三日）

報告第十二號 二十七年十二月十三日 於萬縣運輸組

謹呈者：昨接總務組硫技(文)字第三一〇八號大函，謂職組第六號報告，因於請補潘光祿為六等公役一節，奉批："准僱用"等因，查潘光祿業於十一月二十日到差服役，除通知總務組將該役列入花名外，理合呈請鑒核。再本處器材此次由民元、民權兩輪裝渝，因運輸表尚未填出（按例須待器材裝畢再填），届時惟恐航信無期，茲將約數先行呈報，請飭豫備駁船。因各廠存萬重要器材尚多，在此時間水位可能，該兩輪尚須再航萬渝一次，故兩輪抵渝，停泊最多一晚，似不應以器材起卸費時，有誤原定計劃也。本處大件機箱不少，務請飭各位接運人員，

080

807

頃為準備一切，茲將民元、民權兩輪所裝器材數量，開列于左：

民元輪 砲技处机件二十九噸
廿五廠机件四噸 材料三十八噸 合計七十一噸

民權輪 砲技处机件八噸
廿五廠机件二十五噸 合計三十三噸

民元輪預定十四日早引駛渝

民權輪預定十四日早引駛渝

右呈

處長常

職 謝織三 [印] 呈

张志祥关于报送民贵轮装运机料数量及宜万两地估计吨位出入情形等致荣泉馨的报告（一九三八年十二月二十二日）

087

87

報告　廿七年十二月廿二日　於萬縣運輸組

（第十三號）

一、查一五二次民貴輪裝有本處機料，係由趙永齡君押運到萬。該批機料，自宜昌運出時，本組曾接宜運組來電，稱該批機料，共重八十噸。到萬後，據職之估計，此批機料決無八十噸，最多亦不過六十噸。此恐係宜運組運出時並錯估計之錯誤。因本組未接宜運組之運輸單，無法點收，據押運員永齡雖有運輸單一份，並號碼及數量均有出入之處，一時無法清查。原擬在移存堆棧時，加以徹底之整理，重新估計其總噸數，後因協慶輪本處訂得八十噸，因時間上之關係，故將此批機料裝運，並另加材料二十噸（硝酸硫酸五噸黃銅条十五噸），湊足八十噸之數。惟此批機料雜亂，故在裝貨時，親自在船，抄錄號碼，從向工作，錯誤之處，雖屬難免，然自信此次所點之數量及所記之號碼，均較可

87

087

874

靠。前日寄上之第七批運輸單，即按當時所點之數量。

二、本處由宜昌運到萬縣機料，共有四五七噸，內三四三噸已先後運出，現今存在萬縣者，僅紫銅與青鉛二種，共計一一四噸，此最後一批，最近期內，當可全部運出。職秘與王技術員秩信共同押運來渝，因職等二人在外已有五月之久，寒暑已易，職等冬衣均在重慶，天時漸寒，禦寒無術。故祈俯允，庶可免此凍之苦。至於此間事務，則懇鈞座飭謝技術員紱三即刻返萬，主持一切。

三、本月十七日航滙壹佰念弍元伍角一分及十九日電滙叁百元正均於今日收到。

四、印電紙已用罄，請再發給拾張，以備不時之需。

右呈

088

88

代處長榮

附第八號運輸週報表乙份

職 張志祥（印）謹呈

砲兵技術研究處駐渝運輸組運輸週報表

第 8 號

民國27年12月12日至12月18日

運輸類別	器材種類	噸量	日期	運或出照來運地	船名	押運員	存放地點	備註
接運	機器 10廠 25廠	1T 19T	27.12.18	宜昌	民貴	胡永齡	躉船上	宜運組電告民貴裝有80噸，而實際上，僅有六十噸。
	材料 10廠 25廠	20T 20T	〃	〃	〃	〃	〃	
運去	機器 10廠 25廠	27T 8T 11.5T 21T	27.12.13 27.12.14	重慶	民元 民權	謝鐵三 譚聲祥	徐沱堆棧、	
	材料 10廠 25廠	21T 12T	〃 〃	〃	〃	〃	陳家堤堆棧	
待運	機器 10廠 25廠	1T 19T					躉船上	機器項內，按第七号報告表之數字，應存39.5T，而事實上，本處機器，除民貴所運計20T外，已全部運出，其中相差19.5T，係根據估計之誤差。
	材料 10廠 25廠	25T 179T					徐沱堆棧	

主管員　　　　填報人

张志祥关于告知存万机箱已运出并未见有新磅秤附件致兵工署炮兵技术研究处工务组的笺函（一九三八年十二月二十五日）

092

佳

逕啓者：

貴組砲技（三七）字第三一七九號大函

內開：

新磅秤附件連以箱迅即設法運

渝等因，查本處存萬機箱均已

先後運出，並未見有此箱，若今

後運到時，自應檢出提前運上

相應函復，即請

093

13

查照爲荷 此致

工務組

代 謹啓

十二、廿六

另附第玖號運輸週報表乙份

砲兵技術研究處駐萬運輸組運輸週報表

第9號

民國27年12月19日至12月25日

運輸類別	器材種類	噸量	日期	運或出點來運地	船名	押運員	存放地點	備註
接運								
運去	機器 10廠	1T	27.12.20	重慶	協慶	金仲賢		
	機器 25廠	19T						
	材料 10廠	25T	27.12.19	〃	民權	方鍾亮		
	材料 25廠	30~35T	27.12.20	〃	鴻慶	金仲賢		
待運	機器	~						
	材料 25廠	114T	27.10.29	宜昌	富華	葉昭諾、王秩信	復記碼棧	

94 主管員　　　　填報人

094

術字第3544號收

歸檔 28年1月6日

卷號 2-0-7

兵工署炮兵技术研究处汉阳炮厂为报送该厂迁移运输情形报告表致荣泉馨的呈（一九三九年二月二十五日）

170

28年4月3日
歸檔
2-3-2-()

軍政部砲兵技術研究處駐漢辦事處呈

事由	擬辦	核示	備考
為填具本廠遷移運輸情形報告表二份復請鑒核存轉由	總務組 二、廿三 工務組 代 二、廿五	處長 二、廿五	
附件			

抄一份 3318 存

字第　號

中華民國廿八年貳月拾叁日收到 下午一時到

總字No.18-1 壹張千 26.1.21

收文 砲衛 字第642號

170-1

軍政部砲兵技術研究處駐漢辦事處 呈

沅冬砲字第二四一號 第全頁

二十八年二月廿五日發

案奉

鈞處砲技(六)字第一八一號訓令檢發遷移運輸情形報告表式一份飭即填報等因奉此遵經依式查填理合檢同該表二份備文呈復

鑒核存轉實爲公便

謹呈

代處長桀

計呈賫本廠遷移運輸情形報告表二份

軍政部兵工署砲兵技術研究處漢陽砲廠主任趙達

中華民國二十八年二月二十五日

171

砲兵技術研究處漢陽砲廠遷移運輸情形報告表

起止及經過地點	運輸工具	年月日	數量	待運數量	備考
桃源——沅陵	本廠卡車7輛	27年11月	14噸	原有2650噸 2636噸	
〃〃——〃〃	西運處〃〃20〃	〃〃	60〃	2576〃	由西運處撥用
常德—桃源—沅陵	〃〃〃〃24〃	〃〃	60〃	2516〃	〃　〃
桃源——〃〃	本廠〃〃9〃	12月	14〃	2502〃	
〃〃——〃〃	西運處〃〃42〃	〃〃	110〃	2392〃	內13輛由西運處撥用其餘由兵工署轉暫編二團撥用
常德—桃源—〃〃	民船15只	〃〃	200〃	2192〃	
〃〃——桃源	〃〃25〃	〃〃	100〃	2092〃	
浪子口——騾馬頭	本廠卡車3輛	〃〃	6〃	2086〃	
〃〃——〃〃	西運處〃〃2〃	〃〃	20〃	2066〃	因係短距離共往返八次
桃源——沅陵	本廠〃〃3〃	28年1月	6〃	2060〃	
〃〃——〃〃	西運處〃〃44〃	〃〃	110〃	1950〃	暫編二團撥
〃〃——〃〃	後勤部騾馬四十匹	〃〃	3〃	1947〃	
浪子口——騾馬頭	西運處卡車2輛	〃〃	20〃	1927〃	共往返八次

附註　本處存常德及桃源机料材約2650噸現常德方面已運完尚存桃源者除運出外尚餘二千噸左右

兵工署炮兵技术研究处关于迁移经过及现在设施致军政部的工作报告书（一九三九年三月十七日）

处长

送部派检视员[illegible]稿存查

军政部兵工署炮兵技术研究处迁移经过及现在设施工作报告书

三、七 修正

报告 二十八年三月十七日 于炮兵技术研究处

奉部于去年四月间奉到

兵工署汉造（廿七）字第二〇七三号训令，着将二公分及三公分七炮弹机器全运川安装，以资集中，负工先将株洲临时枪弹厂机器逐一拆卸装箱，与炮弹厂新机于五月间开始运输，总重计三千五百余吨，分三条途运输路线：凡机器重要需用吊车上下者，概自株洲经粤汉路运武昌装船，为数约千余吨，嗣由交通部拨到海祥轮一艘，泊长沙待命。奉令大部材料及小型机件均由株洲运长沙转装该轮运宜，计重约千余吨，嗣后抗战战线接近

23-1

鄂東武漢一帶軍運擁擠情勢紊亂本處為机
料安全起見特招雇民船二十餘艘用小輪二艘拖駛
宜昌一路尽艱危所有拆遷各机件幸均安全到達全
無損失惟因江水枯落尚有一部分材料存宜昌新
灘本部業果一俟江運暢利當不難一舉廓清也
本處槍彈廠机料既備即移交二十五工廠接收餘砲彈
廠部分業在江北忠恕院地方覓得適用廠址積極建
新址面積約一千四百餘畝自本年六月間起開始測量截至
目前止計建築設立者有總辦公廳工務處辦公廳材料庫職
員住宅職員宿舍及飯廳又工具机工兩部工場已全部完

軍政部兵工署砲兵技術研究處

成火工部工场约本月底竣事，其余成品库、医院、子弟学
校等因需用不急，稍迟〔市郊〕着手建筑。
本厂现有各工场情况，计工具部已装有车床十余部、
钳台十余具，专制本厂工场用工具，刻又在弹头所余座
安装大型工具机，以俟增加工作能力。锻工所早已正式开工，
日夜赶制本厂建筑用锻件。铜壳所十余吨大机器已在安
装中，弹头所及引信所机器已逐一开箱分别整理。水电部员工
积极规划本厂水电设备，除电灯可随时敷设接用外，自来
水因工程艰巨，大约六月底即可以出水。
右呈

組長李待琛

部長何

次長曹張

全銜莊〇

軍政部兵工署砲兵技術研究處

兵工署炮兵技术研究处沅陵修炮厂迁移经过及现在设施工作报告书（一九三九年五月）

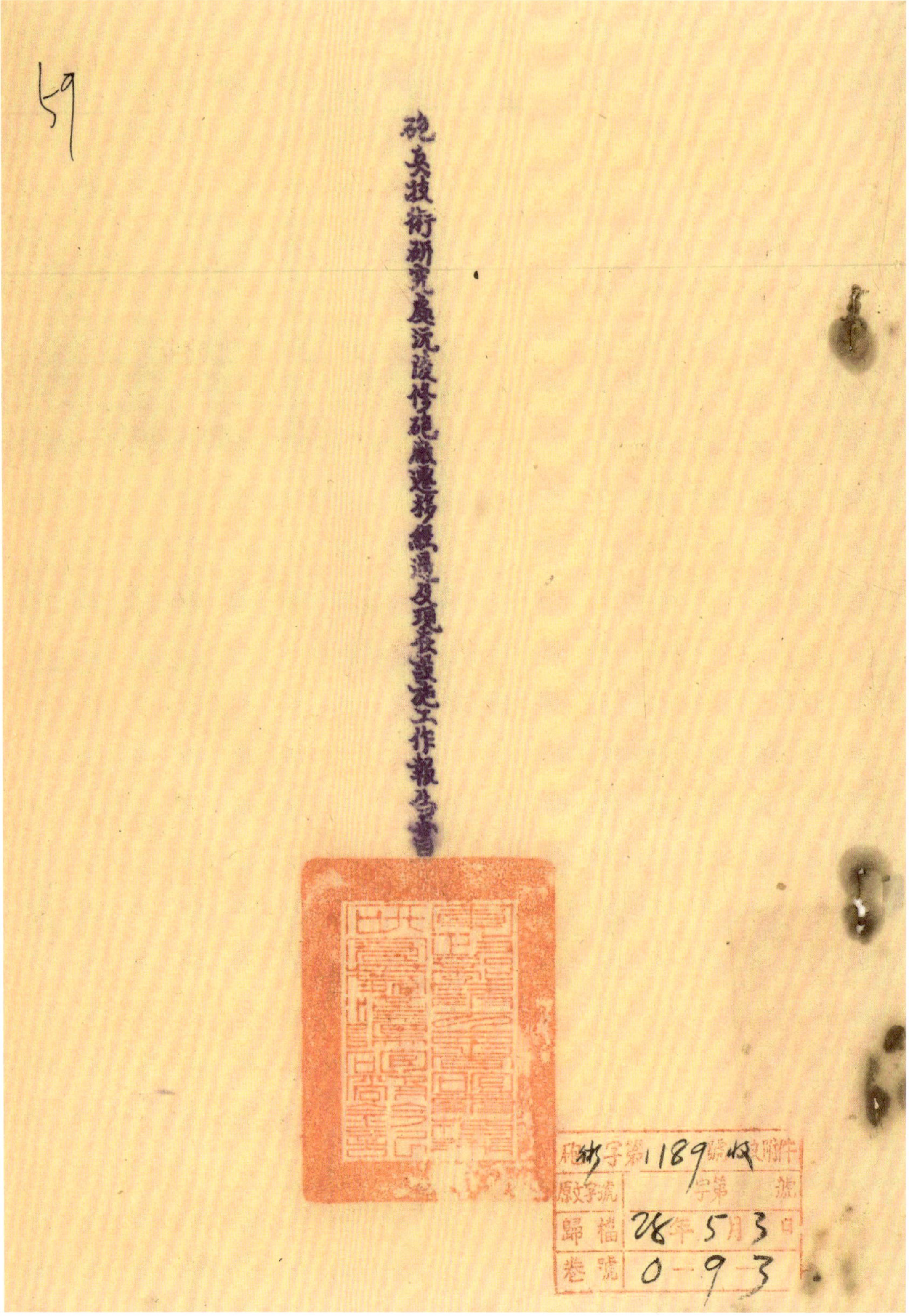

59

砲兵技術研究處沅陵修砲廠遷移經過及現在設施工作報告書

60

砲兵技術研究處沅陵修砲廠遷移經過及現在設施工作報告書

目次

604

六、沅陵方面现時之工作設施

甲、遷沅後之計劃進行

乙、現時之建築工程

丙、復工後之工作進行

61

一、概述

本廠前設漢陽，原名漢陽砲廠，所負工作任務，一為試造新砲，一為搶修各種砲械，自抗戰軍興因應需要，工作增劇，原期積極修造，增加出品，殊轉入二十七年一月以後，署屬各廠接近戰區者已紛紛遷移，本廠以修砲關係，須接近前線，較利送修，故一面照常開工，一面將新購機件運往常德準備轉進，藉策安全，同時計劃在漢口舊日租界地方添建分廠，試造平射及重迫擊等砲，而試造十公分榴彈砲及七五野山砲工作亦於此時由本處處長莊奉 命率同技術人員五員與奧國工程師一員出國試造，迨去年六月間武漢局勢日緊，本廠奉 令遷移，當決定在工作不停頓之原則下，趕即於常德及衡陽東陽渡先後成立分廠，繼續修造，廠本部地址則擇定移設桃源，至去年十二月間始又奉 命遷移沅陵，茲將各項經過及工作設施情形分別報告如次

二、由漢陽向常德桃源及衡陽遷移概要

614

本廠在漢陽係去年六月七日開始遷移適以修成砲械甚多經即盡量分別解繳藉減運輸困難一面充實運輸隊組織除將廢砲百餘門及廢機料不堪利用者分別移交江防舊砲管理專員辦事處漢陽兵工廠重慶煉鋼廠等接收外尚餘機料及廢方鉄枝屋架等約共叁仟噸常桃方面須賴水道運輸當先後租賃拖輪大駁大小木駁民船壹百肆拾肆只分二十四批西開幸於九月底安抵目的地沿途尚無意外而運往衡陽機件因數量僅三數百噸重要者火車裝運次重機料由船運載亦經安全到達

三、衡陽分廠工作設施情形

衡陽分廠即本廠前第一分廠設東陽渡中央修械所內主管員為沈莘耕有各種機器十六部及工人八十餘名借用修械所機器工場半幢砲工場半幢茅屋一間膳堂二間并添建宿舍茅屋二幢計十二間搭蓋板屋四間供鉚工臨時工場之用一面即開始拆修各部隊送修砲械並加緊安裝機器於去年九月三十日正式開工至十一月下旬共修成大砲三門旋因奉　令遷桂林即於同月二十三日完全結束由

62

湘桂路遷運於桂林甲山村山谷中覓定廠址建築廠房數棟利用舊有火車頭式蒸汽機為原動力已於本年一月十六日正式復工至二月十五日奉　令另行成立桂林修砲廠

四、常德分廠工作設施情形

常德分廠即本廠前第二分廠設於文廠舊址並添建臨時廠房壹所[illegible]管員初派江元方繼由林清許接替有各種機器拾九部工人二百壹拾名分設機器鍛工鉚工木工鉗工等部份電力由常德興新公司供給去年八月七日正式開工至十一月十五日止因時局轉緊空襲頻仍飭令結束西移至十二月二十五日完全結束歸併本廠前後工作九十餘日曾修竣各種火砲四十餘門

五、桃源方面之遷建經過

甲、設立廠本部經過

決定遷移湘西後曾派員李冰心等赴沅陵勘覓廠址一面籌備成立第三分廠當時以運輸

627

困難地形殊欠隱蔽當令折回桃源設立第三分廠迨去年九月間廠本部抵達桃源遷駐遊仙觀後即將第三分廠取消人員歸併廠本部工作重心完全着重於卸運機料建築廠房等備安裝機器以期早日復工策動衛常方面通力合作至去年十月下旬即奉　命以岳陽萬一戍問題即準備西撤至十一月初又奉　令建築工程應即結束嗣以岳陽失陷長沙大火遊仙觀一帶被敵機一連轟炸五日日間無法工作入晚後方能活動遂又於十一月下旬開始向沅陵遷移

乙、建築工程概況

桃源廠址地名遊仙觀張家溶該處為曲折狹長之山冲林木蔚茂曾建廠房三座備車鉗鍛鉚各工之用辦公室設遊仙觀將舊房舍加以修繕利用并於其旁加建辦公室一所附近土名宋竹林建築臨時職員宿舍一幢更在遊仙觀江邊依山建築大小庫房二間儲藏機料曾由江岸建築直通工廠之馬路寬道共長一公里八職員住宅設於淥溪口曾建築臨時住宅五座可容二十戶又建乙種住宅五

63

座可容九户並於工廠前面籌建正式辦公廳及職員宿舍尚未完成已奉 令結束工程茲將已完工各工程表列如下

1. 臨時第一庫房 壹座
2. 臨時第二庫房 壹座
3. 臨時小棚廠 叁座
4. 修理遇仙觀改為辦公室 壹座
5. 臨時辦公室 壹座
6. 臨時職員宿舍 壹座
7. 臨時廚房及浴室 壹座
8. 廁所 壹座

63-1

9.	號房		壹間
10.	馬路及設明溝工程		壹公里六 路基已完工 路面未完成
11.	臨時職員住宅		五座
12.	貯藏文件圖表山洞		壹個
		以上已完工	
13.	甲乙種職員住宅		五座
14.	工廠		叁座
15.	職員宿舍		壹座
16.	總辦公廳		壹座
		以上未完工	

64

砲兵技術研究處漢陽砲廠遷移運輸情形報告表

起止及經過地點	運輸工具	年月日	數量	待運數量	備考
桃源——沅陵	本廠卡車7輛	27年11月	14噸	原有2650噸 2636噸	
〃〃——〃〃	西運處〃〃20〃	〃〃	60〃	2576〃	由西運處撥
常德—桃源—沅陵	〃〃〃〃24〃	〃〃	60〃	2516〃	〃 〃
桃源——〃〃	本廠〃〃9〃	12月	14〃	2502〃	
〃〃——〃〃	西運處〃〃42〃	〃〃	110〃	2392〃	內13輛由西運處撥用其餘由汽車營輸一團撥用
常德—桃源—〃〃	民船15只	〃〃	200〃	2192〃	
〃〃——桃源	〃〃25〃	〃〃	100〃	2092〃	
浪子口——騾馬頭	本廠卡車3輛	〃〃	6〃	2086〃	
〃〃——〃〃	西運處〃〃2〃	〃〃	20〃	2066〃	因係短距離共往返八次
桃源——沅陵	本廠〃〃3〃	28年1月	6〃	2060〃	
〃〃——〃〃	西運處〃〃44〃	28年1月	110〃	1950〃	暫編二團撥
〃〃——〃〃	後勤部騾馬隊40匹	〃〃	3〃	1947〃	
浪子口——騾馬頭	西運處卡車2輛	〃〃	20〃	1927〃	共往返八次
附註	本廠存常德及桃源材料估約2650噸現常德方面已運完留存桃源者除運出外尚餘一千噸左右				

65

丙、被炸損失及遷移情形

遊仙觀廠址係於去年十一月九日敵機開始低飛偵察十日先炸桃源南車站連續轟炸至十一月十五日方停止計十一日在廠境左右投三十餘彈廠房三座被炸毀十二日大倉庫壹座中彈數枚起火延燒工作股副料大部被焚燒機擦海燈壹座及砲械零件等與機器受傷數部十四日乙一號住宅及臨時職員住宅五座均被炸毀當時搶救機料西遷情形[illegible]手蓋以沅江水淺非麻陽船不能西上廠有卡車只得二輛當即運出新機十三部一面急電 處署設法撥車一面將搶出機料沿山邊路旁疏散掩蓋及西運處先後撥車壹百餘輛來桃始陸續將重要机料分批運沅並分用本廠卡車及雇用民船輸運截至本年一月底約計運出七百二十餘噸現在西運處車輛早經停撥續運机料仍由汽車兵團酌撥車輛輸運重笨机件裝大木船數十只沿江疏散再過駁麻陽船溯江西運茲將遷移情況表列如次

6541

（附遷移情況報告表）

六、沅陵方面現時工作設施

甲、遷沅後之計劃進行

去年十一月底廠本部工作人員除留桃另有任務者外大部抵達沅陵即商借前軍用光學器材廠沅陵分廠房屋十大間為辦公處所於十二月三日繼續辦公由桃運來機料先已派定人員駐沅接收保管地址在望聖坡馬路旁山田數坵作為堆放廣場臨時搭蓋棚廠駐有衛兵工人以資看守起卸并加掩蓋旋勘定將軍灣民房可作辦公廳袁家村歐家塤一帶民房暫可容納工人數百家蘭溪坪可供建築廠房當於十二月十九日遷駐將軍灣辦公更為利用湘西電廠電力籌備急速復工計當又勘定驛馬頭曾亭溪建臨時機器廠屋所

66

乙、現時之建築工程

遷沅後建築工程主旨力求簡單經濟并為防空疏散計所有廠屋各項均相隔一二公里不等尺寸盡量縮小施工情形將家灣之辦公廳及附屬建築屋架均已造妥現有防空山洞壹座可容五十人又貯藏重要文卷單據圖表公物山洞壹座亦已竣工蘭溪坪廠房現先建四座三座已完成附近有防空洞壹座可容工人壹百五十人動力間已計劃格標附近築防空山洞壹座可容壹百人已成十分之八望聖坡庫房二座屋架配妥附山洞壹座可容三十人已完成驛馬頭官庄渡臨時機器廠壹座已完成附近已籌建工人宿舍以便就近上工至滾子口一帶工作工人其宿舍擬建築於歐家壩與劉家灣使酌予民房雜處俾不顯目標為將沅陵建築已未完工工程表列如下

1. 修理將家灣民房改為辦公廳　一座　已完成

66-1

2.	防空山洞	大小五座	已完成
3.	防空地下室	一座	已完成
4.	機工廠	一座	已完成
	特號房營衛室廁所圍牆等		
5.	辦公廳	一座	已進行十分之五
6.	食堂及廚房	一座	已進行十分之八
7.	郵局及合作社	一座	已進行十分之三
8.	庫房	二座	已進行十分之二
9.	動力廠	一座	已開工
10.	工人廁所	二座	行將完工

67

11. 修理醫務股門診間		一座	已完成
12. 工人宿舍	甲種	五座	已完成十分之六
13. 工人宿舍	乙種	一座	已完成十分之二
14. 工人宿舍	丙種	一座	打樁開工
15. 臨時便橋		一座	已完成

丙、復工後之工作進行

本廠辰溪頭道灣臨時機器廠係利用湘西電廠電力機器安裝就緒後已於三月十六日開工修造各項零件關塘坪廠房除備鉗工鍛工木工鉚工各工作場所俟三月二十日開工先將已修成而常德被炸受傷及因搬運稍有損鏽之砲械加以整理以備解繳截至三月二十五日止廠存砲械計修成二十九門（前曾報告八門未計入內）現在在修者尚有六十二門待修者共八十六門另有

67-1

最近接修者十五門目前全部工人已達四百餘人估計修砲能力每月可修竣二十門動力間完成後即可安裝原有六十匹馬力煤氣機及新購八十匹馬力煤氣機為發電原動力自供自用并擬添建機器間四座安裝由桂運來之新舊機器充分利用若材料來源無缺則全廠工作除照舊修砲外尚可添造其他器材加強生產以利抗戰

萬順紙號

兵工署炮兵技术研究处汉阳炮厂为补造由汉阳迁桃源迁移情况报告表致荣泉馨的呈（一九三九年六月九日）

181

軍政部兵工署砲兵技術研究處漢陽砲廠呈

字第　　號

民國二十八年六月九日　時　分

自沅陵發

事由：為補造由漢遷桃遷移情況報告表呈懇鑒核存轉由

案奉

鈞處二十八年四月一日東電節開：

「沅(28)砲字第(241)號呈悉遷移運輸情形報告表應自漢遷出時報起該廠所報數量殊欠完備

應速補報核轉」

等因奉此查本廠自漢遷移時所有文卷公物機器材料煤炭等件約共計三千七百六十噸計運衡陽者約二百八十噸運桃源者為三千四百八十噸惟運桃噸數內有煤炭八百三十噸係已撥供沿途運輸輪船燃

第一頁

料之用應予剔除故運桃實數僅約二千六百五十噸核與前表列報由桃運沅噸數尚無不合奉 電前因理

合補造由漢運桃遷移運輸情況報告表二份備文呈賫懇祈

鑒核存轉實為公便

謹呈

代處長榮

計呈賫由漢運桃遷移運輸情況報告表二份

軍政部兵工署砲兵技術研究處漢陽砲廠主任蔣達

183

砲兵技術研究處漢陽砲廠由漢遷桃遷移運輸情況報告表

起止及經過地點	運輸工具	年月日	數量	待運數量	備考
漢陽→岳陽→常德	輪船拖木駁	27年6月份	250噸	3510噸	第一批計木駁8只
〃—〇—〃	〃	〃	120噸	3390噸	第二批計木駁4只
〃—〇—〃	〃	〃	120噸	3270噸	第三批計木駁4只 後轉桃源
漢陽→岳陽→桃源	〃	〃	150噸	3120噸	第四批計木駁5只
〃—〇—〃	輪船拖鐵駁	〃	120噸	3000噸	第五批計鐵駁2只
〃—〇—〃	輪船拖木駁	27年7月份	120噸	2880噸	第六批計木駁4只
〃—〇—〃	〃	〃	120噸	2760噸	第七批計木駁3只
〃—〇—〃	〃	〃	180噸	2580噸	第八批計木駁6只
〃—〇—〃	〃	〃	180噸	2400噸	第九批計木駁6只
〃—〇—〃	〃	〃	180噸	2220噸	第十批計木駁6只
〃—〇—〃	〃	〃	200噸	2020噸	第十一批計木駁6只
〃—〇—〃	〃	〃	190噸	1830噸	第十二批計木駁6只
〃—〇—〃	輪船拖鹽駁	〃	100噸	1730噸	第十三批計鹽駁2只
〃—〇—〃	〃	27年8月份	80噸	1650噸	第十四批計鹽駁1只
漢陽→岳陽→衡陽	輪船拖木駁	〃	280噸	1370噸	第十五批計木駁8只 衡陽設立本廠第一分廠機件
漢陽→岳陽→桃源	〃	〃	100噸	1270噸	第十六批計木駁3只
〃—〇—〃	〃	〃	150噸	1120噸	第十七批計木駁6只
〃—〇—〃	〃	〃	200噸	920噸	第十八批計木駁8只
〃—〇—〃	〃	〃	100噸	820噸	第十九批計木駁4只
〃—〇—〃	〃	〃	60噸	760噸	第二十批計木駁2只
〃—〇—〃	〃	〃	160噸	600噸	第二十一批計木駁6只
〃—〇—〃	〃	〃	200噸	400噸	第二十二批計木駁8只
〃—〇—〃	〃	〃	180噸	220噸	第二十三批計木駁6只
〃—〇—〃	〃	〃	220噸	0	第二十四批計木駁11只

附註：
1. 運輸工具、係指火車卡車輪船木駁鐵駁而言
2. 年月日以每月為單位

術字第1779號收文附件
28 6 24
卷號 2-3-2

林清许关于赴昆明、腊戌经办运输事宜经过致庄权的报告（一九四〇年十二月二十日）

報告 廿九、十二、二十 於工務組

竊查廿九年六月十一日奉到　鈞長砲技(元)總字第一二八一號訓令飭赴昆明辦事處協助辦理推動運輸事宜等因旋於六月十四日乘搭本處卡車追隨鈞座出發重慶逕經貴陽等地於六月二十日抵昆明辦事處遵即協同王主任思濂等辦理運輸及裝運機料等事務從中發覺存緬甸機料亟待內運乃於七月六日奉　諭派赴腊戍辦理機料之整理及推動運輸事宜即於七月十四日乘中國航空公司飛機由昆明出發當日抵達腊戍與西南運輸處腊戍支處及中興公司接洽辦理本處存腊戍機料之內運事宜自七月十五日至十月十七日為駐留腊戍期間十月十八日結束腊戍辦事處就途返昆明乘搭本處卡車經滇緬公路沿途提取急需機料業于十一月十日返抵昆處將經辦文件等（腊戍辦事處條戳一顆除另呈繳外）

50-1

051

移交接收於十一月十四日乘本處卡車出發昆明道經貴陽等地業于十二月一日返處公畢銷差理合將經辦事宜及經過情形附具出差工作報告一份分條呈報

仰祈

鑒核謹呈

主任 榮 轉呈

處長 莊

本職由秘書室 職 林清許 呈

截角註銷招告存 十二.廿

附出差工作報告一份計十二紙

呈繳木質長條戳一顆

出差工作報告

甲、行程

六月十四日乘本處卡車隨同　處座及王主任思濂等出發化龍橋，即晚抵松坎宿。　十五日由松坎到遵義。　十六日由遵義到貴陽。　十七日由貴陽到安南。　十八日由安南到盤縣。　十九日由盤縣到曲靖。　二十日由曲靖到昆明。

六月廿一日至七月十三日留駐昆明辦事處工作。

七月十四日乘中國航空公司飛机中山號上午十一時由昆明起飛，下午一時半抵緬甸臘戍。

七月十五日至八月三日留臘戍工作。

八月四日上午六時由臘戍搭火車赴仰光，五日下午十二時抵仰光。　八月五日至七日留仰光工作。

八月八日下午四時半由仰光搭火車，九日下午九時抵臘戍。　八月十日至廿二日留臘戍工作。

31-1

八月廿三日由腊戍搭商車到畹町、廿四日至廿五日留畹町工作、八月廿六日由畹町搭商車返腊戍、

八月廿七日至十月十七日留腊戍工作、

十月十八日由腊戍搭商車赴畹町、十九日留畹町工作、

十月二十日由畹町搭商車赴腊戍買本處卡車零件、廿一日由腊戍搭商車返畹町、

十月廿二日由畹町乘本處卡車就途返昆明即晚到遮放、廿三日由遮放到芒市、廿四日由芒市到龍陵、

十月廿五日至廿七日留龍陵等候本處卡車修理、

十月廿八日由龍陵搭商車到畹町、廿九日由畹町搭商車到腊戍、

十月三十日至十一月一日留腊戍購買本處卡車蓄電池及彈簧鋼板等各零件、

十一月二日由腊戍搭商車返抵畹町、三日由畹町搭商車返抵龍陵、

十一月四日乘本處卡車由龍陵開到一邱田、五日由一邱田到保山、六日由保山到永平、

七日由永平到下關、八日由下關到雲南驛、九日由雲南驛到一平浪、十日由一平浪到昆明、

十月十一日至十二日留昆明辦事處、

十月十四日由昆明來本處卡車到曲靖、十五日由曲靖到平彝

十月十六日至廿四日留平彝等候昆處派車接運

十月廿五日乘本處卡車由平彝開到安南、廿六日由安南到貴陽、廿七日留貴陽、廿八日由貴陽到遵義、廿九日留遵義、三十日由遵義到松坎、

十一月一日由松坎開車到重慶化龍橋即夜九時返抵總處、

乙、駐昆明工作情形

六月廿一日至七月十三日留駐昆明辦事處由王主任思濂指導之下協助辦理運輸各種事務及分赴双龍橋、蓮華池、大板橋等各庫裝運機料等、從因運輸事務之進行開始發覺本處存緬甸及滇緬路上之机料仍有整理推動內運之必

52-1

要乃於七月六日奉　處座諭準備前往臘戍辦理此種事務。

丙、駐緬甸及滇緬路上工作情形

(一)、在緬甸工作情形

七月十四日(星期日)上午十一時由昆明乘中國航空公司飛機中山號起飛，當日下午一時半抵達臘戍。

七月十五日上午携帶昆處公函及西南運輸處總處函到西南運輸臘戍支處辦公處(以下簡稱西南公司)接洽，下午又訪西南公司調查本處存臘戍機料。

七月十六日上午訪西南公司繼續調查本處存料，下午到該公司倉庫(以下簡稱西南倉庫)并雇用臨時小工六名入庫實際調查本處存料。即日作報告以航空掛號寄昆處。

七月十七日與中興公司(原稱中緬運輸公司，現又改稱中興汽車服務公司)臘戍辦事處接洽準備車輛，以便不日可派車向西南倉庫提取本處機料裝運國內。

053

七月十八日向西南公司接洽關于本處自行整理及提取杭料交中興公司内運事宜。　即夜聞悉緬甸政府對于軍需品軍火汽油鉄路材料汽車器材等之出境運輸已宣佈自本七月十八日午夜零時起實施關閉暫定以三個月為期事。

七月十九日上午到西南公司探明緬甸政府對于軍火等出境運輸實施封鎖消息已屬確實而西南公司因其本身之搶運不及顧及本處之自行提運事宜。　是日上午下午仍到西南倉庫接洽請代本處設法搶運急需之杭料事宜。　因滇緬路實施禁運事即日拍電報告及請示昆處。　滇緬路自七月十九日上午零時起雖已實施禁運因所謂軍需品之範圍解釋未有詳細指明故自禁運以来至七月廿四日仍有各種軍用品由腊戍運出緬境因此七月十九日至廿四日仍每日到西南倉庫請設法將本處杭料提先搶運。　七月廿三日接獲緬甸政府對于軍需品之説明據来本處杭料非屬禁運之例。遂即又向西南公司再三接洽本處自行提運事宜。

七月廿三四日先後派中興公司卡車十九輛到西南倉庫裝運本處彈頭、鋼條共九十六箱計重約四十五

53-1

公噸（均係連木箱之毛重）。不料廿四日在西南倉庫因裝車入庫事中興公司人員與倉庫人員發生語言上之衝突，即走訪西南公司交涉二次後始許入庫裝車。七月廿四日收到昆處交刻本處腊戍辦事處用之木質長條戳一件，以便備公函之用。

七月廿五日由腊戍辦事處致函西南公司，請給本處自行提運材料之滇緬過境海關報關單及其他証明文件，以便在中國境內報關，結果不得要領。是日乃另備公函交中興公司陳經理松茂親至中國海關騰越關畹町分卡証明中興公司代運本處材料事宜，及先由中興公司交款抵押關稅，他日退本處再請退稅事宜。是日派中興公司卡車八輛到西南倉庫，擬再裝運本處鋼條，不料該庫不許卡車入庫，乃走訪西南公司交涉二次始允許入庫裝車。

七月廿六日因已裝就之中興公司卡車八輛均被西南倉庫扣留於倉內，本處走訪西南公司交涉二次始獲放行。是日裝鋼條八車，共四十八箱，計重約（淨重）廿二公噸半。

七月廿七日探悉所謂滇緬路禁運前存在亞細亞火油公司畹町油庫之汽油約三千大桶因西南公司奉令乃於七月廿四日夜突然派憲兵封存該庫汽油不准任何人提取。關于此事本日報告昆處寄航空郵號函一件，並請昆處設法向西南運輸處接洽以便提取本處汽油。

七月廿八日派中興公司卡車廿八輛到西南倉庫準備提裝鋼條。是日適逢星期例假西南倉庫雖仍全日照常辦公惟入倉提貨必須當地海關准許，為此先走訪海關員獲得許可後不料西南倉庫人員又藉故不許入倉遂又走訪西南公司負責人員交涉二次始獲允許入庫裝車，惟因奔走交涉已空廢一天。

七月廿九日昨派廿八車內僅廿一車得入西南倉庫均已先裝就鋼條一百〇七箱（十八車）計重（淨重）約五十公噸。

七月卅日除昨日未裝完之卡車三輛及今日另派之車二輛到西南倉庫提裝鋼條共廿七箱計

54-1

重（淨重）約十三公噸。截至七月三十日止已派中興公司卡車共五十輛向西南倉庫提裝彈頭鋼條二百七十八箱，計重約壹百叁拾公噸，悉由臘戍先運至遮放存中興公司倉庫，繼而陸續內運至重慶。除此之外本處存臘戍西南倉庫之彈頭鋼條尚有三百五十二箱，計重約一百六十五公噸，仍待內運。

七月廿日迎接 處座由昆明乘飛機安抵臘戍，旋即將所有經辦事宜及因提取貨物屢次與西南倉庫發生摩擦之經過情形詳細報告及請 示自後之辦法等。

八月一日隨同 處座到西南公司申述此次本處自行提運事宜。

八月六日歡送 處座由臘戍出發仰光公幹。

八月三日派中興公司卡車十一輛到西南倉庫預備提裝鋼條，不料竟遭該倉庫拒絕入庫提貨，為此乃走訪西南公司，再三交涉，仍屬無效，反為迫得立即停止自行提運。 此事對于本處殊屬嚴重，乃決定赴仰光報告及請示 處座。

055

八月四日清晨由腊戍搭火車 五日下午抵仰光 對于此次被腊戍西南公司迫得停止自行提運事宜

詳細報告及請示 處座、

八月六日至七日留仰光關于被迫停止自行提運事宜遵奉 處座指示之下向西南運輸處仰光分處再三交涉

仍無結果乃即辦理善後事宜并將緬甸境內及滇緬路沿途各站所存本處抗料開具清單付分批內、

運之計劃表致函該分處請設法從速內運由

八月八日下午由仰光搭火車 九日夜抵腊戍

八月十日到西南倉庫 調查本處抗料內運情形 按西南公司仰光分處拍電知照腊戍該公司

代本處設法提先內運而該倉庫已奉電知悉矣、

八月十一日隨同 處座到西南公司訪陳處長湘濤請設法代本處從速內運由 按陳處長保

本處被迫得停止提運後由西南公司仰光分處新調腊戍者

八月十二日到西南倉庫催運本處機料、

八月十三日到西南倉庫查悉本處鋼條五十箱今日已裝車可以起運

八月十六日到西南倉庫催運本處機料、

八月十六日到西南倉庫催運時聞悉滇緬路禁運品中又增加航空器材一項該倉為先搶運航空器材故對于本處機料又暫擱運、

八月廿一日探悉亞細亞火油公司存畹町庫之汽油除五百桶已允撥西南運輸處購用外並已經揭封而該公司則已將存油酌量分發各買主並須早日到庫提取否則將失權利云、

八月廿二日携帶本處提取汽油之憑單二紙由臘戍搭商車赴畹町、

八月廿三四兩日留畹町向亞細亞公司畹町庫提取汽油據該司之分配本處之提油單原在昆明訂購(原訂購參百七十八桶)者只可提得六十四桶在重慶訂購(原訂購四百〇六桶)者只可提得五十桶

056

照此分配則實可提取之汽油與原訂購數量相差太遠雖再三交涉均無効力遂有重慶「豐源行」代表出面并出示重慶之信件交涉結果（關于此條請見下段說明）按重慶訂購之四百〇六桶即由本處向該行訂購者對于重慶訂購之四百〇六桶亞細亞公司已允多發壹百五十桶一共合計已提得二百六十四大桶（每桶為五十三美加侖）計共一萬叁千玖百九十二美加侖悉數交托中興公司先存放遮放庫以便內運。七月廿四日由畹町往返至遮放中興公司倉庫視察本處鋼條及汽油存放狀況。查該庫即在遮放液體燃料委員會倉庫內所有本處存放之物資悉由該會遮放辦事處主任楊昌估君代該公司負保管之責任。

關于「豐源行」事說明。當時據該行代表應松茂君稱本處之重慶發出提油單（即原訂購四百〇六桶油）原係兵工署出名向該行訂購其中一百五十桶係署方原擬撥交本署第廿一廠領用而今廿一廠無人出面提取且該行已得署方允撥本處領用倘不提取則恐失時而不能提取故前來委託提取等言雖一時未明其究竟因恐失時

56-1

故已依言提取此一百五十桶交中興公司矣此事已另報告渝處及昆處、

八月廿五日由畹町搭商車返臘戍、

八月廿六日至九月一日每日仍到西南倉庫催運本處機料、

九月一日到西南倉庫查悉前存仰光本處電氣材料十一箱已運到臘戍、存臘戍鋼條悉已內運完畢、

九月三日作報告託人乘飛機帶交昆處、是日致函西南公司付由本處已提取之鋼條一百三十噸之領據一紙以清手續、

九月八日接昆處函悉留駐臘戍期間用款倘有不敷可向臘戍中興公司借用由、

九月十五日接昆處函悉已於九月十一日派盧君渠坡赴遮放提取本處急需機器由、

九月十七日奉到 處座九月十日由渝寄下航空郵訓令一件令飭即向西南公司陳處長湘濤請將由仰光運臘戍之本處電氣材料十一箱直接內運重慶及令飭託中興公司向亞細亞公司交涉提取其欠交之汽油由、

九月十八日遵　令到西南公司訪陳處長湘濤請將本處電氣材料十一箱設法直接內運至重慶惟據陳處長覆
稱只能運至畹町然後再由畹町分段接運云
九月十九日盧君漾波由遮放到臘戍來函洽請向中興公司撥車將本處所存滇緬路上急需材料約
三十噸先內運至總處由據稱盧君由昆明出發時中興公司曾已面允可向其遮放庫接洽因遮
放庫不答應故迫得到臘戍來接洽云為此經向臘戍中興公司交涉結果因未得其昆明總
公司書面通知故未便照辦云旋即要求拍電詢問其總公司
九月二十日到西南倉庫查悉本處電氣材料十一箱及厚銅板四塊等已裝好待運　是日寄航空掛號函
二件分別報告渝處及昆處
九月廿一日適有本署第廿一廠代表攜帶該廠駐昆明辦事處主任范致遠致「豊源行」函一件連同「豊源行」
代表來接洽擬將八月廿四日在畹町向亞細亞火油公司提取存放遮放之本處汽油一百五十桶索回

惟經當面説明後已免議論。

九月廿三日接昆處函送已將　處座署名公函及譚主任友岑私函托人乘飛機面呈西南公司陳處長，請將滇緬路沿途所存本處機料設法直接内運至重慶，旋即走訪陳處長，據悉由該公司承運之物資因職分所限只能運至畹町，而畹町以内各段運輸須待其昆明總處支配云。

九月廿五日致函西南公司，付具本處提取鋼料已運出緬境之報關單一四份共八張，請向其仰光分處辦理過境税之手續。

按自九月十九日盧渠波君為請撥車事由畹町到臘戍以來，屢向臘戍中興公司接洽雖已多次，其昆明總公司仍無切實電覆，而盧君等候亦已多日仍無結果，適查本處存畹町西南倉庫之機料除鋼條非急需外，餘均亟待内運者計有光學儀、信管試驗儀、馬達、工具及電氣材料等等，遂於十月二日向中興公司再三交涉，結果已允撥車一輛將工作樣板等約一公噸代運至渝，又據中興公司要求所有本處桄料倘能集中於其遮放庫，則可通融直接代運至重慶云。為此乃於十月二日向腊戌同昌公司接洽，結果已允代撥車將上列存畹町西南倉庫之本處各零桄器總數約六公噸由畹町運至遮放中興公司倉庫。

十月二日派盧祿波君到畹町向西南倉庫除鋼條外悉數提取，并除工作樣板等一公噸交中興公司卡車先裝運外，其餘桄器則交同昌公司卡車二輛運至遮放存中興公司倉庫，并相約在遮放等候昆處派卡車來時一同返昆明。

十月七日奉英文公函致仰光亞細亞火油公司，請將其欠交之汽油五百二十桶設法作速補交，如滇緬路禁運期滿時，請將本處汽油予以提取之優先權，及聲明自後關于提取汽油事由本處已委託腊戌中興公司代表人周卓之君負責辦理由。

十月八日查悉所有本處存腊戌桄料悉已內運完畢，僅餘鋼板十二塊仍存仰光西南倉庫，仍須待

58-1

運而已關于此事已另向西南公司接洽請設法作速內運矣、

十月九日呈航空第號函一件報告昆處、

十月十三日接昆處十月九日急電一封知悉已由昆處派本處卡車二輛赴畹町云乃決定暫完全結束駐臘戍一切事務不日可到畹町乘搭本處卡車返昆明、

十月十七日原擬離臘戍赴畹町因適明日為緬境禁運期滿重行開放之日緬境當局為準備計是日禁止貨商車出境仍留臘戍、

十月十八日由臘戍搭商車赴畹町擬首途返昆明即晚抵畹町、

(二)公車返昆明經過情形

十月十九日在畹町查悉本處卡車軍字88270及88271號二輛已於十月九日代資源委員會裝運鎢砂六公噸由昆明開行十七日夜抵達畹町十八日將鎢砂卸交完畢惟以軍字88271號卡車（法果車）之廢氣管彎喉早已損斷

且其剎車不靈，均於行車有碍，為此即日就地尋覓修理技工交托修理，又查悉88270號（福特車）卡車汽油帮浦早已損壞不堪再用，勉強開行至今，而需改配新件，且二車在返昆途上必需各種備件，務求隨帶等等，為此決即赴腊戍購買油帮浦及其他零件、

十月二十日由畹町搭商車赴腊戍，即購得汽車各零件、是日派本處卡車押運員王壽卿帶信赴遮放，託盧謀波君將存放中興公司倉庫之本處汽油圈定標記（以黃漆双環為記及編號碼）以資識別，以防他處汽油混合及防有意外時以免爭執、

十月廿日由腊戍搭商車返畹町。

十月廿二日向亞細亞火油公司購買汽油十六英帑及机油八英帑，作為本處卡車二輛由畹町開至遮放及返昆明之用。　是日擬代液體燃料委員會裝載机油六公噸由畹町運至遮放，以彌補放空車之損失，乃應該會之請在畹町等候半天以上，仍無着落，遂即放棄此權利，即日下午四時將本處

59-1

卡車二輛放空開至遮放、

十月廿三日在遮放中興公司倉庫點查本處所存汽油　查本處所存之汽油總桶數應有一百六十四大桶（一大桶為五十二美加侖即四十四英加侖）今查得本處汽油原封之大桶僅五十桶（均已圈定標記）之外據中興公司稱尚有廿八大桶裝每桶四十英加侖之中桶者壹佰二十六桶云惟此二十八大桶因非係原封或已改裝或有漏故未予以圈定至若其中桶者原係中興公司在滇緬路禁運以前用存者亦未予以圈定其餘所未圈定之本處汽油可認為係中興公司已先借用或運往昆明矣

附註　八月廿三日在畹町向亞細亞公司提取存放中興公司遮放庫之汽油如下：

	原定購	已提取
本處	378桶	64桶
	406〃	50〃 150〃
		264桶
派委會	378桶	378桶
中興公司	78桶	72桶
Holmes	100桶	50桶

（Holmes即在臘戍與中興公司合作運輸之英人）

關于調查及圈定本處存遮放中興公司倉庫（即該委會倉庫）汽油事，曾與腊戍中興公司接洽，時該公司稱本處汽油有七十八大桶（即五十桶原封及廿八桶改裝者）云。惟今已如上述，僅以其原封五十大桶係為認係本處所有，故已予以圈定。是日將已圈定之汽油提取廿八大桶分裝本處卡車二輛，下午四時由遮放開往芒市。同車除押運員王壽錩外，尚有盧漢波君。（廿八大桶油分裝二車 Fargo 15 桶 Ford 13）

十月廿四日由芒市開車後，因卡車（法果車）故障頻繁，勉強開行至龍陵。

十月廿五日至廿七日留龍陵。廿五日在龍陵探悉功果橋（保山以東）已於廿四日被炸壞，迫得停止交通一星期始能修復，而惠通橋（保山與龍陵間）亦已日前被炸二次，尚可通車。適因查得本處法果車蓄電池有故障，故不能發動開車。為此經向當地各機關接洽，代為充電後，滇緬公路局修車站已允可代試充電，經兩日後始悉充電無効，當必係其內部故障，非拆修不可，而因缺料及缺工具，無法代拆修，非買新件不可。旋又查得該車前左軸彈簧鋼板第一二片均已損斷，亦須換新件

60-1

剎車亦須再較整，況且福特車之剎車亦須較整，各部尚有小修必要等情，為此乃託中國運輸公司修車廠代為修妥（言明當可相當酬謝）而代墊用之材料亦當照數補還，決定赴臘戍買配件。

十月廿八日由龍陵搭商車赴畹町，廿九日由畹町赴臘戍，

十月三十日至卅一日留臘戍購配汽車新件，三十日探悉惠通橋（龍陵與保山間）已被敵機炸壞須停止交通至少三天云。十一月一日因當地休日無車開出緬境，仍留臘戍候車并作報告以航空掛號寄昆處。

十一月二日由臘戍搭商車赴畹町，三日由畹町又搭商車返龍陵。

十一月四日將新購配之另件裝車，并將礼物送交中國運輸公司修車員工，後查得法果車之原有蓄電池經該公司無線電台人員設法充電數次，結果尚可勉強發動開車，即將新購之蓄電池作為備用。

是日探悉惠通橋已修復可以通車，乃由龍陵開車到一郎田，途中傍晚經過惠通橋（此橋雖已修

復行車時仍須慢行，因其橋板尚未見全修妥，況且為避免空襲計，每日上午九時至下午三時仍禁止行車。

十一月五日由下關開車到保山，即赴本署軍械庫接洽辦理提取貨物手續。

十一月六日派盧灝波君與押運員王壽卿二人向保山庫提取馬達引信試驗儀等共十二箱，後押惠功果橋（保山以東）現雖已修復可通車，或須卸貨行空車，故已先接洽渡橋時可請西南運輸處小工協助卸貨，即日由保山開車到永平，中途平安渡過功果橋，幸無須卸貨，按此橋前後五次被炸，略有損傷，已停止交通八天，幸賴新造就之橋及舊橋分別行車，但為避空襲計，每日上午九時至下午三時仍禁止交通。

十一月七日由永平到下關，即赴本署下關庫辦理提取貨物手續。

十一月八日將由遮放裝載之汽油廿二大桶卸存下關庫，另派盧灝波君與押運員王壽卿二人向下

61-1

関庫提取發光體十二箱，即日由下関開車到雲南驛， 十一月九日由雲南驛到一平浪，

十一月十日由一平浪開車下午三時返抵昆明辦事處，

十一月十一日至十三日留昆明將所有一切經辦事宜及歸途經過情形詳細報告，又將經辦文件單據等移交昆處接收。

丁、公畢由昆明返處經過情形

十一月十四日由昆處乘本處卡車首途返處，該車裝載工具馬達引信試驗儀發光體及汽油六大桶等，並携帶由昆處新招同事苗陳二君及木工三人由昆明開車到曲靖，

十一月十五日在曲靖天未明時在停放卡車附近相距二十公尺處之民房二三間偶然起火焚燒至為危險，幸賴該車司机王英才及時駛救開車至安全地帶，故本處卡車無恙，不料是日由曲靖開車至相距平彝約五公里處適因卡車發生故障不能前駛，乃奔至平彝向西南運輸處車站懇求派車

施救因大雨中未獲如願，再三交涉由本署平彝庫備函証明及言明自當酬謝後始獲派車救護。

旋由該站派車及技工等將本處卡車拖至平彝，即將其拖車所耗費（汽油壹桶）交還外，并另請人檢修，始悉該車曾經翻車二次，其乖輪蓋（鑄件）早已破裂，此次因裝載過重，當時已有裂痕，格外寬濶約六七分寬，故當輪不能入牙轉動，非將此蓋改換新件或以電焊法修補不可。

對于西運處派車及技工救濟以及托人檢驗等均已另給現金二十元以資酬謝。

十一月十六日因卡車損壞事由平彝拍發急電報告昆處并請派車來拖回昆明修理。

十一月十七日至廿四日仍留平彝候昆明派車來接運。十九日由昆處派到救濟車一輛，即將車上貨物卸空寄存本署平彝庫，次日將壞車拖回昆明。廿四日由昆處另派車一輛到平彝，即向平彝庫提取發光體十六箱及[redacted]具一箱，汽油二大桶裝載。因查得該車由昆明帶來之汽油四小听缺汽油証，恐有在檢查站被扣留之虞，即卸存平彝庫。

62-1

十一月廿五日由平彝開車到安南，遇本處卡車88270號（司機張斯豪）原是前（廿四）日由平彝駛出赴渝，查其車上多帶汽油廿五介，因缺汽油証，已在平彝站被統制局扣留，為此即由安南拍電報告昆處。

十一月廿六日由安南到貴陽，廿七日留貴陽向本署貴陽庫提取工具一箱，又將曾經借用之汽油廿五介交還西南運輸處。廿八日由貴陽到遵義，廿九日因大雨泥路滑險不能行車，仍留遵義。

十一月三十日由遵義到松坎，十二月一日由松坎開車至重慶化龍橋，即夜返抵處，公畢銷差。

（三）出品情况

兵工署炮兵技术研究处汉阳炮厂一九三八年出品统计表（一九三九年五月）

30

砲兵技術研究處漢陽砲廠二十七年出品統計表

31

漢陽砲廠

中華民國廿七年出品(修造)統計表

砲別＼月份	一月	二月	三月	四月	五月	六月	七月	八月	九月	十月	十一月	十二月	共計
克式山砲	10	10	8	14	5	12				8			67
十年式山砲				2	3		4	1			3		13
一三式山砲					3	3							6
六年式山砲					1						3		4
卜福司山砲			2										2
廿九倍克式野砲			8							1			9
三一式野砲	7												7
一三式野砲	3												3
一四式七七野砲		6			5		6				2		19
伯來達二公分小砲		1	1		1	1							4
麥特森二公分小砲									3	4			7
蘇洛通二公分小砲			1										1
蘇洛通三七平射砲				1	1		3						5
四七戰車砲						2							2
卜福士高射砲							4						4
一四式十五公分榴彈砲							2						2
卅[illegible]五公分榴彈砲					1		2	1					4
三十倍十五公分榴彈砲										2			2
八二迫擊砲				2				2		3			7
十五公分迫擊砲		4									16		20
總計(門數)	20	21	20	19	20	18	21	4	3	18	24		188
砲車(輛數)	10	6	8		5	1							30
新製擲彈筒(個數)						500							500

附註：1. 修成火砲一切零件備件工具等皆配全。 2. 單獨修造各砲零件數量未列表内。
3. 派員工至沿江各要塞裝修砲械各工作未列表内。 4. 八月九月十二月因遷移關係。

兵工署炮兵技术研究处一九三八年度枪弹出品统计表（一九三九年）

025

军政部兵工署炮兵技术研究处二十七年度枪弹出品统计表

株洲临时枪弹厂廿七年度出品

七九圆头步枪弹壹百陆拾柒万粒

七九尖头步弹捌万肆千粒

七九枪夹叁拾万只

类别	数量	附註
七九圆头步枪弹	壹百六十七万粒	
七九尖头步枪弹	捌万肆千粒	
七九枪夹	叁拾万只	

备考：上项枪弹及枪夹均在株洲临时枪弹厂制造

軍政部兵工署砲兵技術研究處二十七年度儲品報告書

查本處製造材料係全部托柏林商事處在德採購現大部份運抵海防昆明待車轉運來滇~~現~~目前本處並無存儲

兵工署炮兵技术研究处一九三九年出品数量报告表（一九四〇年三月）

0022

砲技處二十八年出品數量報告表

二十九年三月　日

品名　區分	二十八年分預定出品數量	二十八年實在出品數量	二十九年分預定出品數量	備考
二公分砲彈（發）			三〇万	
擲榴彈（個）			三〇万	
方形TNT藥包（個）	一〇万	一〇万	六〇万	
擦槍器具（套）			五万	
六號雷管（個）	一〇万	五万	五万	此係代西北脩械所製造原可於去年完成因其中加强帽係二十廠代製未曾繳到故尚缺五万個本年分定可完成之
八號雷管（個）			一〇〇万	
十號雷管（個）			四〇万	
電氣信管（個）			三〇万	工兵甚缺此種信管來源又已斷絕本處正研究製造方法預計本年内可出三十萬

19

0023

馬克沁機關槍零件	（件）	三四七、六八〇	三九九二五	三〇七、七五五	此係代二十一廠製造因該廠請代造時期有在去年十二月者故二十八年分未能完成預計本年四月底即可悉數完成

附註：本處原預定出品以每日工作八小時計為

一、蘇魯通式二公分曳光碰炸彈二千發

二、蘇魯通式二公分曳光破甲彈一千發

三、蘇魯通式三七公分碰炸彈五百發

四、蘇魯通式三七公分曳光破甲彈五百發

所有製造該項砲彈之機器及材料大半購自外洋至二十八年分始陸續運渝乃因運渝不便迄今尚未到齊去年一年中建築廠屋裝設機器試車試造均極美滿一俟機料到齊即可正式出品至於表列去年分出品及本年預定之出品除二公分砲彈外均係利用本處現有製二公分及三公分七砲彈之機力以製造之特此陳明

20

兵工署制造司为抄送兵工署炮兵技术研究处一九四一年度全年预计出品数量表致该处的函（一九四〇年十一月五日）

002

查三十年度作業計劃業奉
委座批准在案茲為便於
貴處籌備起見特抄送三十年度全年預計出品數量表一
份務請照表列數量造繳如能尚可增加產量當無問題又
關於修配械彈及其他臨時製造亦均未列表內合併奉告

此致

砲兵技術研究處

附表一份

軍政部兵工署製造司

渝製（二九）[illegible]第2229號

中華民國二十九年十一月五日發出

軍政部兵工署用牋

砲技處廠三十年度全年預計械彈產量表

械彈名稱	單位	數量	備考
2公分砲彈	顆	540.000	每月45,000
37砲彈	〃	180,000	〃15,000
T.N.T.藥包	個	480.000	〃40,000

2

兵工署第十工厂关于一九四一年度可能造缴二公分及三点七公分炮弹数量致兵工署制造司的笺函（一九四一年一月二十三日）

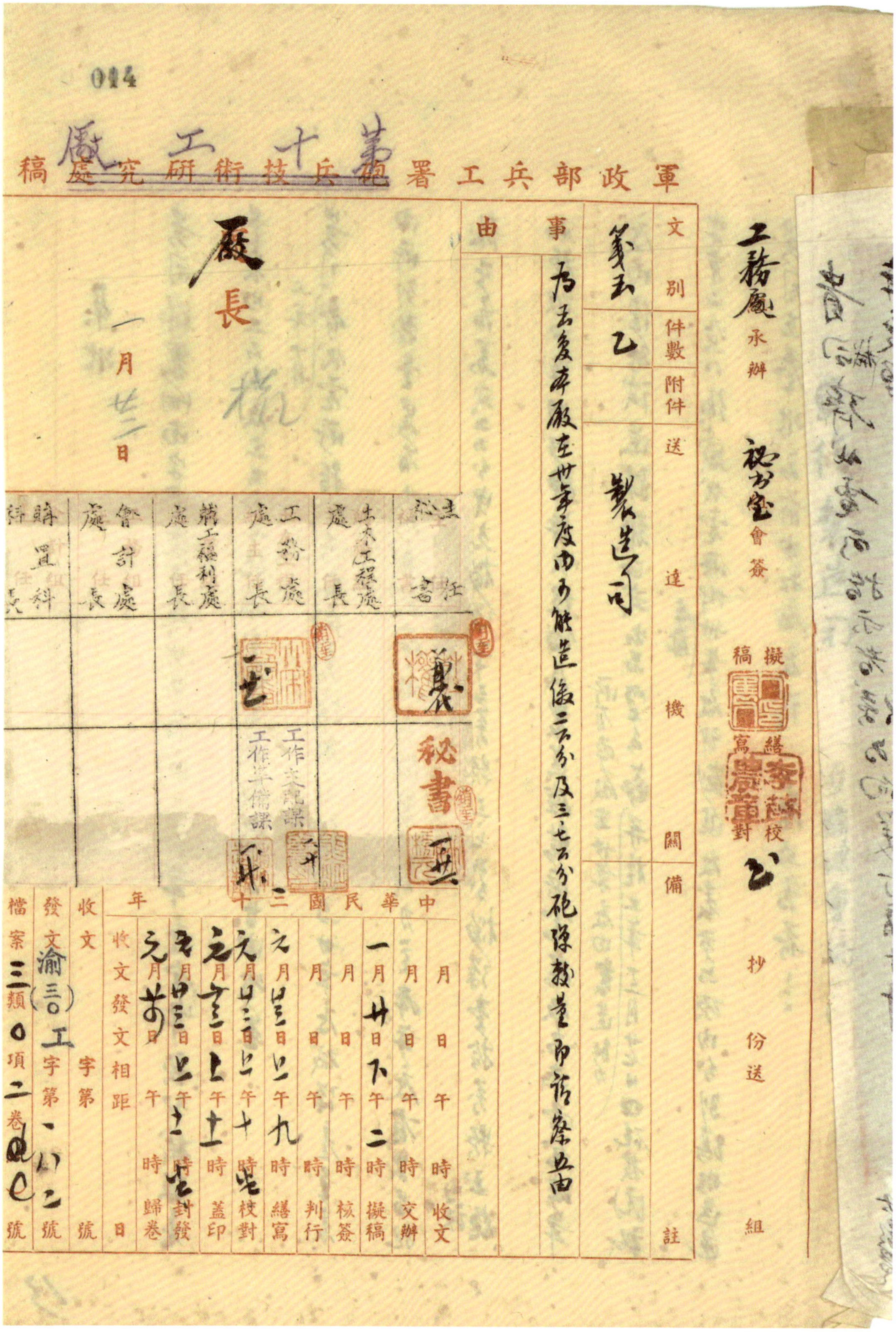
军政部兵工署第十工廠稿
文别：箋函
送達機關：製造司
事由：為呈复本廠卅年度内可能造缴二公分及三七公分砲彈數量祈鑒察由
廠長
一月廿三日
工務處承辦
秘書室會簽
擬稿
繕寫
校對
發文渝（三〇）工字第一八二號
檔案三類〇項二卷

144

案准

贵司渝製（卅）丙字第一五七号大函为开示卅年度全年预计械弹产量表内二公分及三公分七砲弹分配之种类数量等由准查

贵司上年十月前代电所指示本厂向美购料之预算与卅年度械弹产量表内所列数量略有出入再就本厂实际制造能力之本年度有出品把握者为第式二公分曳光榴弹二十三万颗三·七公分榴弹壹拾万颗至误续而种级甲弹则以本厂火设备及制造检验所需样板尚未齐全本年度内仅能试造难正式出品所有本厂在卅年度内制造能力此各节并于上年十二月廿七日四砲技沉秘字第二九六八号本厂感代电附卅年度计划进度表第六项内分别填明送达

贵司在卷准函前由相应复请

查照为荷！

此致

製造司

厂名启 卅年 月

13

兵工署第十工厂一九四〇年出品数量报告表（一九四一年四月四日）

第十工廠二十九年出品數量報告表

品名 區分	廿九年預定出品數量	廿九年實際出品數量	三十年預定出品數量	備考
一、蘇羅通二〇機關砲曳光榴彈	五萬發	本年度因外購材料運到較遲，祇製造砲彈零件未正式出品。	二三萬發	
二、蘇羅通三七平射砲榴彈			一〇萬發	
三、方形梯恩梯藥包	四七萬塊	四一三、〇〇〇塊	五四萬塊	
四、擦槍器具	五萬套	二、六〇〇套	本年度繼續完成	
五、四七海砲彈彈頭			一、五〇〇顆	
六、六號雷管	五萬個	五萬個		（代西北修械所造）
七、八號雷管	一〇〇萬個	三六、〇〇〇個	本年度繼續完成	
八、十號雷管	四〇萬個	一一、四〇〇個	同右	

九、二七式擲榴彈殼　一五、一六三個　（移交三十廠）

十、二七式擲榴彈零件　一三二、二八六件　（同右）

十一、俄式廿二倍三七破甲彈　五〇顆

十二、四七海砲破甲彈　二五顆

十三、四七砲彈引信　四〇〇件

十四、改裝維克斯四公分發烟彈　三四三顆

十五、夬彈一次夬模　二、八〇二件　（代二十工廠造）

十六、七九底火下料剪　五一二件　（同右）

十七、七九底火下料模　一、五六五件　（同右）

十八、十五公分迫擊砲彈傳爆管　六、〇〇〇只　（代五十工廠造）

0067

十九、擲榴彈彈底座	二〇·〇〇〇個	（代三十工廠造）
二〇、擲榴彈底火盖	二〇·〇〇〇個	（同右）
廿一、COL十二七銅殼	三、一一〇個	（代二十廠造）
~~廿二、齒輪鉄身~~	~~全套~~	~~代慎昌鐵工廠等~~
廿三、捷克輕機槍零件	九七二件	（代二十一工廠造）
廿四、十五公分迫重砲彈傳爆管藥柱	六、〇〇〇個	（代五十工廠造）
廿五、爆炸彈鉛管裝炸藥	六九六条	
廿六、擲榴彈彈底座	一、〇〇〇件	（代三十工廠造）
廿七、擲榴彈慢葯管	一、〇〇〇件	（同右）
廿八、四七海砲破甲彈	二〇個	

62

廿八、要塞砲電底火 三〇〇個

廿九、第一式火帽 二〇,〇〇〇個 （代五十工廠造）

卅、第二式火帽 三,〇〇〇個 （同右）

卅一、馬克沁機關槍零件 二二八,一〇八件 （代廿一工廠造）

兵工署为抄发一九四二年度预计出品数量表致兵工署第十工厂的训令（一九四二年一月四日）

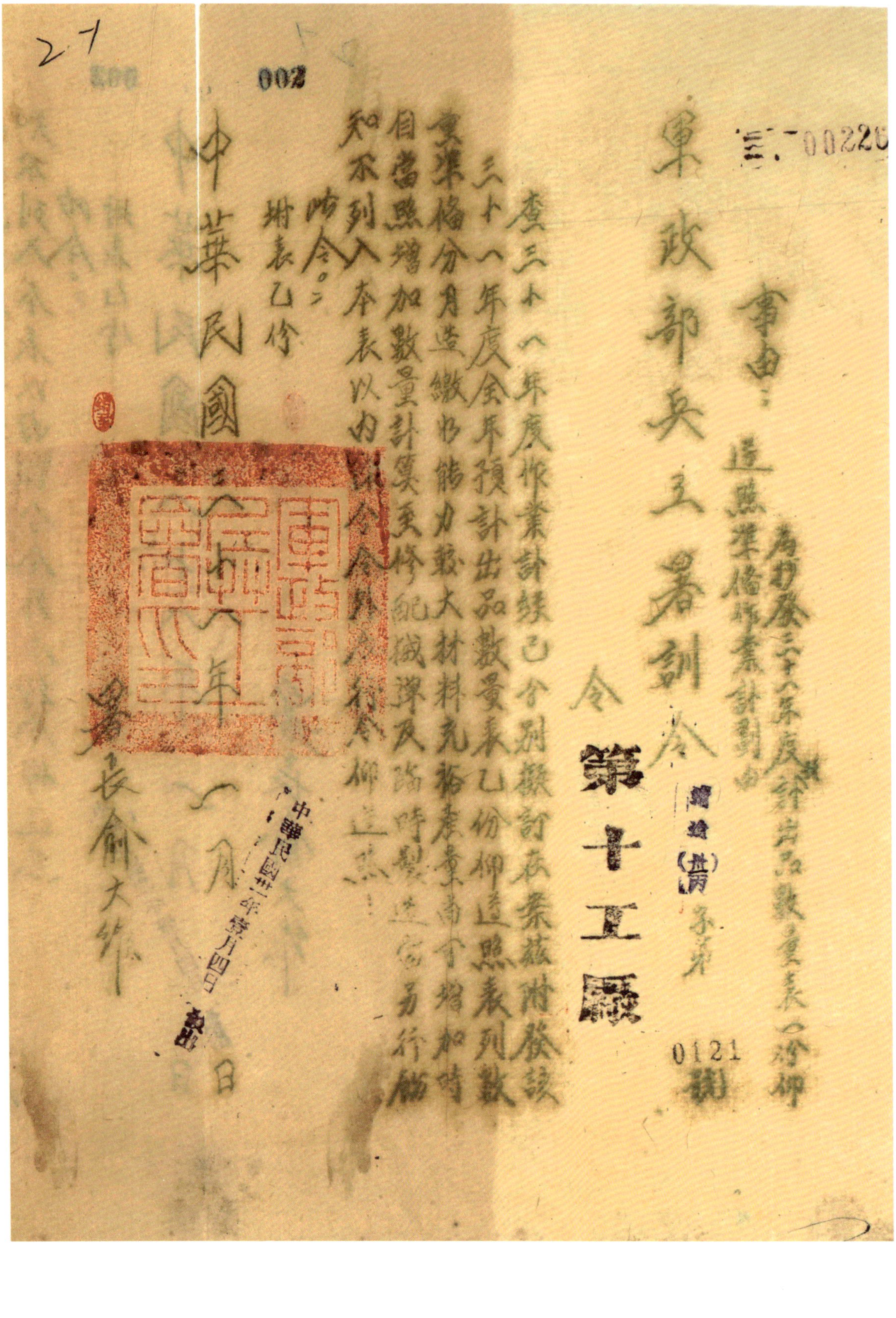

軍政部兵工署訓令

事由：為抄發三十一年度預計出品數量表一份仰遵照準備作業計劃由

令第十工廠

(貴)字第0121號

查三十一年度作業計劃已分別擬訂，茲附發該廠三十一年度全年預計出品數量表乙份，仰遵照表列數量準備分月造繳。如能力較大，材料充裕，產量尚可增加時，自當照增加數量計算。又修配械彈及臨時製造品另行飭知，不列入本表以內。除分令外，合行令仰遵照。

此令。

附表乙份

中華民國三十一年一月　日

署長俞大維

中華民國卅一年壹月四日 收

第十厰三十八年度全年械彈產量預計表

械彈名稱	單位	數量	備考
2公分砲彈	顆	180,000	
37砲彈	〃	60,000	
方形T.N.T.藥包	個	20,000	
圓形〃〃〃	〃	20,000	

15萬
24萬
10萬

003

兵工署第十工厂为申叙结束一九四一年度欠缴成品原因致兵工署的呈（一九四二年一月三十一日）

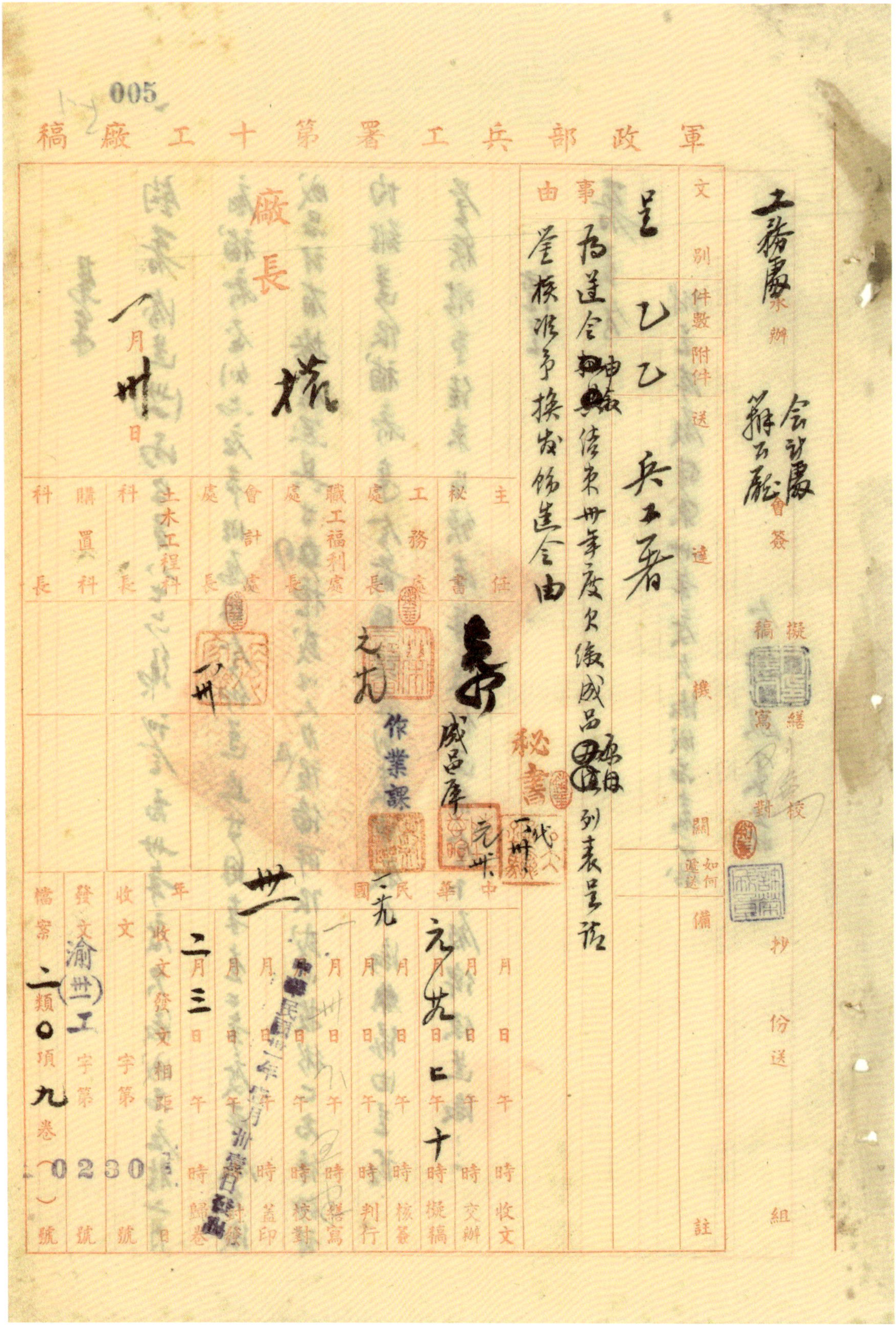

51

案奉

鈞署滄造(卅一)丙字第八七六號訓令為卅年度欠繳成品應於二月底補齊否則並應聲明原因令仰遵照等因奉查上年度本廠欠繳成品計有擦槍器具等五種或以人力及設備所限或以技術上尚待研討均難遵限補齊奉令前因理合列表申敘欠繳原因呈請

鑒核准予結束另頒本年度飭造命令下廠俾便造繳！！

謹呈

署長俞

附呈本廠結束卅年度欠繳成品表一份

全銜廠長莊○

分别呈复 六、廿八

「查卅年度署令饬造各案大致均已结束其未完成者列表如下」

饬造令文号	名称	数量	卅年度已交	三月底前可补交	尚欠	预计交清日期	迟缓理由	备注
加字第1112号	枪榴弹	50000套	~~[illegible]~~ 22000套	12000套	~~[illegible]~~ 28000套	五月底	依本厂现有人力每月最多能造二千套卅年度只造68400套其中40500套系缴加字第1005号饬造令	
加字第1122号	钢式四五信 三七榴弹引信	50000个	一	10000个	50000个	六月底	因准备工具样板需时又限于引信壳体制造能力及熟练人力	如系急需可提前挪拨须暂时减少二公分炮弹生产
稿字第1319号	欧力根 二公分榴弹	50000条	一	一	50000条	五月底	因无准确图样试造一再更改工具样板铜壳有的改五六次之多者	仝上

本表名称为「第十工厂卅年度未缴成品表」

16

統字第614號	第五 水帽	10000個	/	/	10000個 至明	本來小池在…（有限而本來上…）	
劃字第584號	第二式 大帽	10500個	/	/	10500個	六月底	如本

作業課 查受

一・二八

兵工署关于命令一九四二年度加造兵工器材致兵工署第十工厂的代电（一九四二年二月二十日）

31 4 22
2010-9
004
6885

軍政部兵工署快郵代電

字第 2193 號

重要

事由：為電飭籌製工兵器材由

批示：閱 松

擬辦：作業課 二七 會計室 二七

附件：

第十廠莊廠長鑒：查該廠31年度作業計劃除應按照渝造(31)丙字第121號令飭製造之械彈外，尚需[illegible]製造附表所列工兵器材，除飭造令另發外，仰即造繳大綱。兵工署造丙印

中華民國卅一年二月　日發

校對 牢伯和

總渝電收字第 0651 號

第十工廠31年度承造工兵器材表

品類	數量	單位	備考
方形剳包	200.000	枚	
八號雷管	500.000	枚	
搭橋器具	50.000	付	

兵工署第十工厂为检送一九四二年度制造概况表致兵工署制造司的笺函（一九四二年五月十一日）

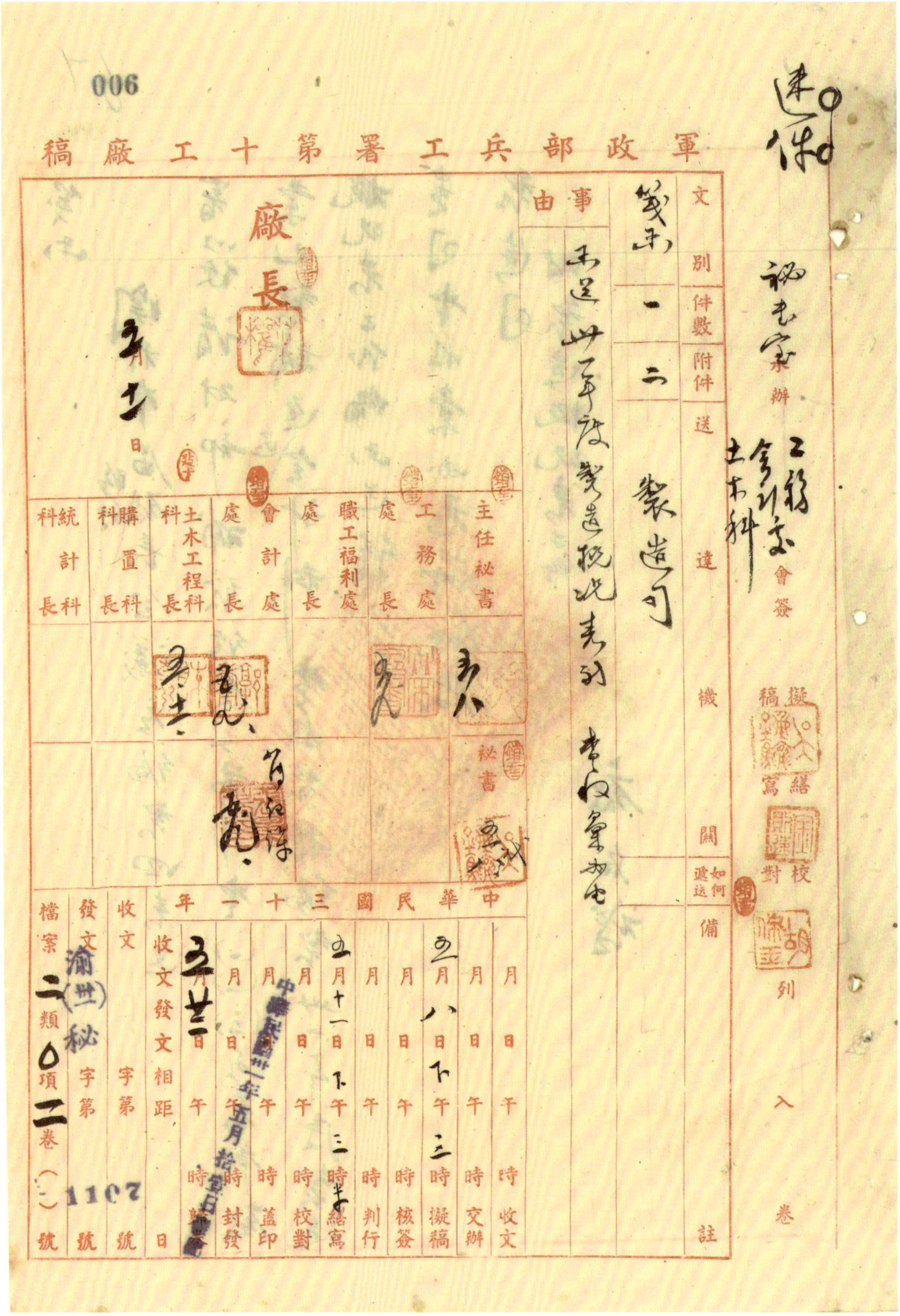
006

軍政部兵工署第十工廠稿

速件

文別	箋函
件數	一
附件	二
送達機關	製造司
事由	承送卅一年度製造概況表

秘書室承辦

工務處、會計處、土木科會簽

廠長

主任秘書　工務處處長　職工福利處處長　會計處處長　土木工程科科長　購置科科長　統計科科長

秘書

擬稿　繕寫　校對

如何遞送　備註

中華民國三十一年

收文	交辦	擬稿	核簽	判行	繕寫	校對	蓋印	封發	收文發文相距
月日午時	月日午時	五月八日下午三時	月日午時	月日午時	五月十一日下午三時半	月日午時	月日午時	五月廿一日午時	日

收文　字第　號

發文　渝（卅）秘字第 1107 號

檔案　二類 0 項 二卷（一）號

中華民國卅一年五月拾壹日發

箋函

關於本屆臨時廠長会議應編製四表送
署以便請財部補發經費一節,查(一)(二)(三)各表本廠
業已暫就逕送會計科查收,茲特編製卅一年度製造
概況表二份備函送請
貴司查收彙辦為荷。此致
製造司

附製造概況表二份

廠名 啓

008

秘書室即查照呈所廠長室核存 [illegible] 五、七

三十二年度製造概况表

作業課 五、七

品名稱	單位	一月份 飭造	一月份 完造	二月份 飭造	二月份 完造	三月份 飭造	三月份 完造	四月份 飭造	四月份 完造	五月份 飭造	五月份 可造	附記
蘇羅通三公分曳光榴彈	千發	三〇	三〇	一〇	一	三〇	一〇		八		一一	
蘇羅通三公分榴彈	千發		一〇	二〇	一〇	一〇	五		一〇	一〇	五	
蘇羅通三公分全曳光彈	千發		五		五		一〇	一〇		五		
歐力根二公分榴彈	千發	五〇（一次飭造）							五		一五	
蘇羅通三七公分榴彈	千發							五	一	五	九	
八一式三七公分榴彈引信	千枚	五〇（一次飭造）					六		五		四	
方形梯恩梯藥包	萬枚	一一（一次飭造）	五		二		三		二			
圓形梯恩梯藥包	萬枚	一（一次飭造）										尺寸尚未確定

八號雷管	萬枚	一百箱 二五		六	四	四	六
擊發器具	六千套	五十箱 五〇	六	四	四	三	四

兵工署第十工厂成品库一九四一年度成品出纳概况表（一九四二年六月）

92

成品庫三十年度成品出納概況表

飭造或訂造機關	飭造令或訂造文字號	名稱	數量	單位	已否完成解繳	備註
兵工署	加字1223	八號雷管	20.000	個	已完成解繳	
"	"	十號雷管	120.000	"	"	
"	額字666	方形梯恩梯藥包	50.000	"	"	
"	額字661	"	50.000	"	"	
"	加字1005	撥棱器具	50.000	套	"	
"	修字1255	改裝瑞典卜福斯7.5高射砲彈	1668	顆	"	
"	加字1065	製6.5實心彈道箭	50	"	"	
"	修字1170	改裝20公分維克斯發烟彈	360	"	"	
簽委會	諭彈(收)3337	爆炸彈鋁管裝炸藥	[illegible]	個	已撥交900個	業經結束
第二十一廠	工(沉)渝618	信管擦拭螺絲鎖	[illegible]	只	已撥交870只	" （擦拭螺絲鎖係自製）
兵工署	額字666	蘇羅通二〇機關砲曳光榴彈	30.000	顆	已完成解繳	
"	代字376	試驗用37平射砲彈	200	"	"	
"	擲字30	75砲彈傳爆管	6.000	個	已完成撥交	
"	額字662	蘇羅通二〇機關砲曳光榴彈	30.000	顆	已完成解交	
"	加字1112	撥棱器具	20.000	套	"	
"	加字1080	改裝卜福斯37海砲彈	1.080	顆	"	
"	"	卜福斯37海砲彈底火	810	"	"	
"	"	卜福斯37海砲彈藥包	[illegible]	個	"	
"	額字628	蘇羅通二〇機關砲曳光榴彈	40.000	顆	"	
"	修字1306	桊裝37平射砲彈	230	"	"	
"	"	漢菸37平射砲彈	106	"	"	
"	"	八八要塞砲用37練習彈	360	"	"	
"	擲字520	75砲彈傳爆管	10.000	個	"	
"	"	15公分迫擊砲彈藥管	3.000	"	已撥交3000個	
"	額字560	蘇羅通二〇機關砲曳光榴彈	60.000	顆	已完成解繳	
"	"	蘇羅通二〇機關砲曳光彈	16.000	"	"	
"	"	蘇羅通二〇機關砲榴彈	30.000	"	已解繳10.000顆	
"	額字600	蘇羅通二〇機關砲曳光榴彈	10.000	"	已完成解繳	
"	"	蘇羅通二〇機關砲榴彈	30.000	"	"	
"	"	蘇羅通二〇機關砲曳光彈	6.000	"	"	
"	代字630	(二)爆炸彈爆炸管裝藥	816	個	已完成撥交	
"	加字1086	螺絲公	1	把	"	
"	加字1156	方形梯恩梯藥包	10.000	個	已完成解繳	
"	擲字619	第一式小火帽	10.000	"	"	
	加字1080	改裝卜福斯37海砲彈彈頭	906	顆	"	
	加字1156	方形梯恩梯藥包	1,000	個	"	
	"	八號雷管	10.000	枚	"	
	"	十號雷管	2.000	"	"	
	額字657	蘇羅通二〇機關砲曳光榴彈	753	顆	"	
	"	蘇羅通二〇機關砲曳光彈	120	"	"	
	"	蘇羅通二〇機關砲榴彈	108	"	"	
	額字660	方形梯恩梯藥包	10,000	個	"	

009

26

88
0001

三十年度出品數量報告表

	單位	三十年預定出品數量	三十年實在出品數量	三十一年預定出品數量	備攷
蘇式二公分曳光榴彈	發	130,000	162,918	100,000	
蘇式二公分榴彈	〃	80,000	61,786	80,000	
蘇式二公分曳光彈	〃	20,000	20,169	20,000	
擦槍器具	套	50,000	68,600	50,000	
方形TNT葯包	個	560,000	90,026	220,000	因無TNT故未做足
八號雷管	枚		167,210	500,000	
十號雷管	〃		27,536		
七五傳爆管	個		26,777	60,000	代五十廠造
第一式火帽	〃		10,000	100,000	〃
第二式火帽	〃		5,000	60,000	〃
十五公分迫擊砲彈炸葯柱	〃		2,100	1,000	〃
蘇式三·七填沙彈	發		700		〃
四七破甲彈彈頭	個	6,000	1,260		因鋼料不敷奉令停造
修配卜福司七·五高射砲彈	發		1,608		
修配東北三·七榴彈	〃		230		
改裝士乃德三·七砲彈	〃		1,090		
爆炸彈鉛管裝葯	枚		900		
一二·七爆炸彈頭裝葯	〃		916		
四·五公分實心彈裝彈帶	個		50		
六公分迫擊砲零件	件		9,097	60,903	代五十廠造
俄造三·七榴彈引信	個			50,000	
歐力根二公分榴彈	發			50,000	
歐力根二公分空包彈	〃			300	
德造三·七空包彈	〃			200	
蘇式三·七榴彈	〃	100,000		70,000	卅年度因材料不全未做
蘇式三·七破甲彈	〃			70,000	
蘇式二公分破甲彈	〃			50,000	
圓形TNT葯包	個			20,000	
六公分迫擊砲	門			20	試造
六公分迫擊砲彈	發			1,000	〃
修配漢造三·七榴彈	〃		106		

89

兵工署第十工厂为报送事业进度表致兵工署的呈（一九四二年十月十九日）

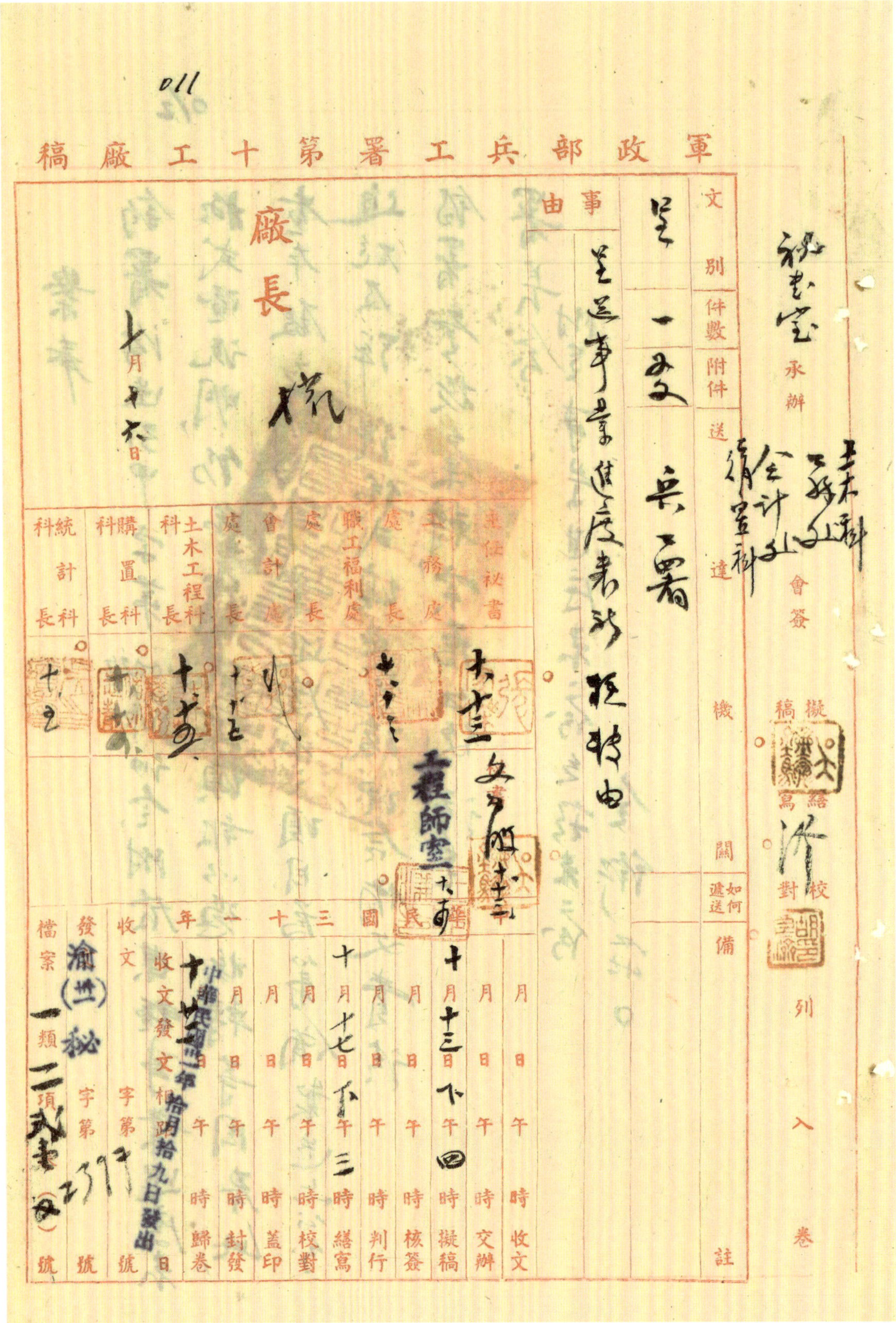
011

軍政部兵工署第十工廠稿

文別：呈

件數：一文

送達機關：兵工署

事由：呈送事業進度表祈核轉由

廠長

十月十六日

承辦：秘書室

會簽：土木工程科 會計室

主任秘書 工務處處長 職工福利處處長 會計處處長 土木工程科科長 購置科科長 統計科科長

工程師室

中華民國三十一年

十月十三日下午四時 擬稿

十月十七日下午三時 繕寫

收文 字第 號

發文 渝（卅一）秘字第 號

中華民國卅一年拾月拾九日發出

012

案奉

鈞署渝造引甲字第10027號訓令，附發某種事業進度表格式通說明，飭依表列各項填報，以憑核轉。等因奉此，查本廠應報之事業進度表之項目為籌備製造六公分迫砲及彈，謹依式填造完竣，理合備文賫請

鈞署鑒核彙轉，實為公便！謹呈

署長俞

附呈事業進度表二份，又報表二份

全銜丁莊○

第十工廠迫擊砲彈廠員額表

所本部	所長一人	事務員二人
翻砂部	技術員二人	事務員二人
機工部	技術員[illegible]	事務員[illegible]人
材料及半成品庫		事務員二人
工人宿舍		管理員一人

710

軍政部兵工署第十工廠製造事業進度表

工作項別	預定計劃	實施成績	困難情形及改進意見	上級機關考核意見	備考
六公分迫擊砲	根據鈞署渝造引田字第〇二二七號訓令，籌備自三十一年四月起至三十二年四月底止。	上列預定計劃均能按期進展，材料準備以	建築房屋，因須特案呈報，故招標及完工		
六公分迫擊砲彈	三十一年五月起，月出迫擊砲二百門、彈三萬發[illegible]	[illegible]大多，不易齊全，現費時較久。			
	進度如下：翻印及研[illegible]	[illegible]尺寸與性能類			
	四月至七月[illegible]	[illegible]			
	[illegible]板[illegible]十月。	[illegible]			
	製造各種工具、夾頭及[illegible]三十一年[illegible]月至三十二年[illegible]四月	[illegible]			
	購置機器：三十[illegible]至三十二年二月。				
	三十一年[illegible]至三十二年三月。				
	準備材料：三十一年四月至三十二年二月。	—			
	試製砲及彈：三十一年四月至三十二年十二月。				
	建築房屋：三十一年六月至三十二年三月。				
	經費：三十一年度三百萬元，三十二年度五百萬元	三十一年八月底止，共已支用一百七十萬元，餘一百三十萬元			
	已列入本廠各該年度建設費預算內。	當繼續依照進度支用。			
	人事：見所附編製員額表。	人事：籌備暫由原有人員兼辦，未另增用人員。			
	附註：迫擊砲製造由原有人員擔任。				

編製日期 三十一年 十 月 日 第十工廠廠長 莊權

兵工署第十工厂一九四二年下半年度出品数量表（一九四二年十二月二十九日）

0031

本廠三十一年下半年度出品數量表

品名 \ 月份 / 製成件數與總分 / 單位	件分	七月份 件數	七月份 總分	八月份 件數	八月份 總分	九月份 件數	九月份 總分	十月份 件數	十月份 總分	十一月份 件數	十一月份 總分	十二月份 件數	十二月份 總分	合計總分
蘇羅通二公分曳光榴彈 顆	20	5,000	100,000	5,000	100,000	5,000	100,000	15,000	300,000	10,000	200,000			800,000
蘇羅通二公分曳光彈 〃	20	5,000	100,000							5,000	100,000			200,000
蘇羅通二公分榴彈 〃	20			15,000	300,000	15,000	300,000	25,000	500,000			5,000	100,000	1,200,000
蘇羅通三七公分榴彈 〃	60											30,000	1,800,000	1,800,000
歐力根二公分榴彈 〃	20	10,000	200,000	10,000	200,000	10,000	200,000	15,000	300,000					900,000
擦槍器具 套	20	3,000	60,000	4,000	80,000	1,000	20,000	4,000	80,000	8,000	160,000	5,000	100,000	500,000
八號雷管 個	0.5	66,000	33,000											33,000
方形藥包 〃	1.5							2,500	3,750	17,500	26,250	61,000	91,500	121,500
元形藥包 〃	1.5									2,000	3,000			3,000
俄式三七引信 顆	8									13,200	105,600			105,600
元形藥柱 個	1.5							500						
雷管 〃	0.5									3,000				
七五砲彈傳爆管 〃	1			200								200		
第一式火帽 〃	1			20,000				8,000		12,000				
第二式火帽 〃	1					1,700		8,000		4,000		16,000		
總結每月分數			493,000		680,000		620,000		1,183,350		594,850		2,091,500	5,663,100

平均 963,833

31.12.29

依據署令先後頒發各條例
及本廠業經呈署核准獎金
辦法分別結算[illegible]

兵工署第十工厂为填报一九四三年度某种事业进度表致兵工署的呈（一九四三年五月四日）

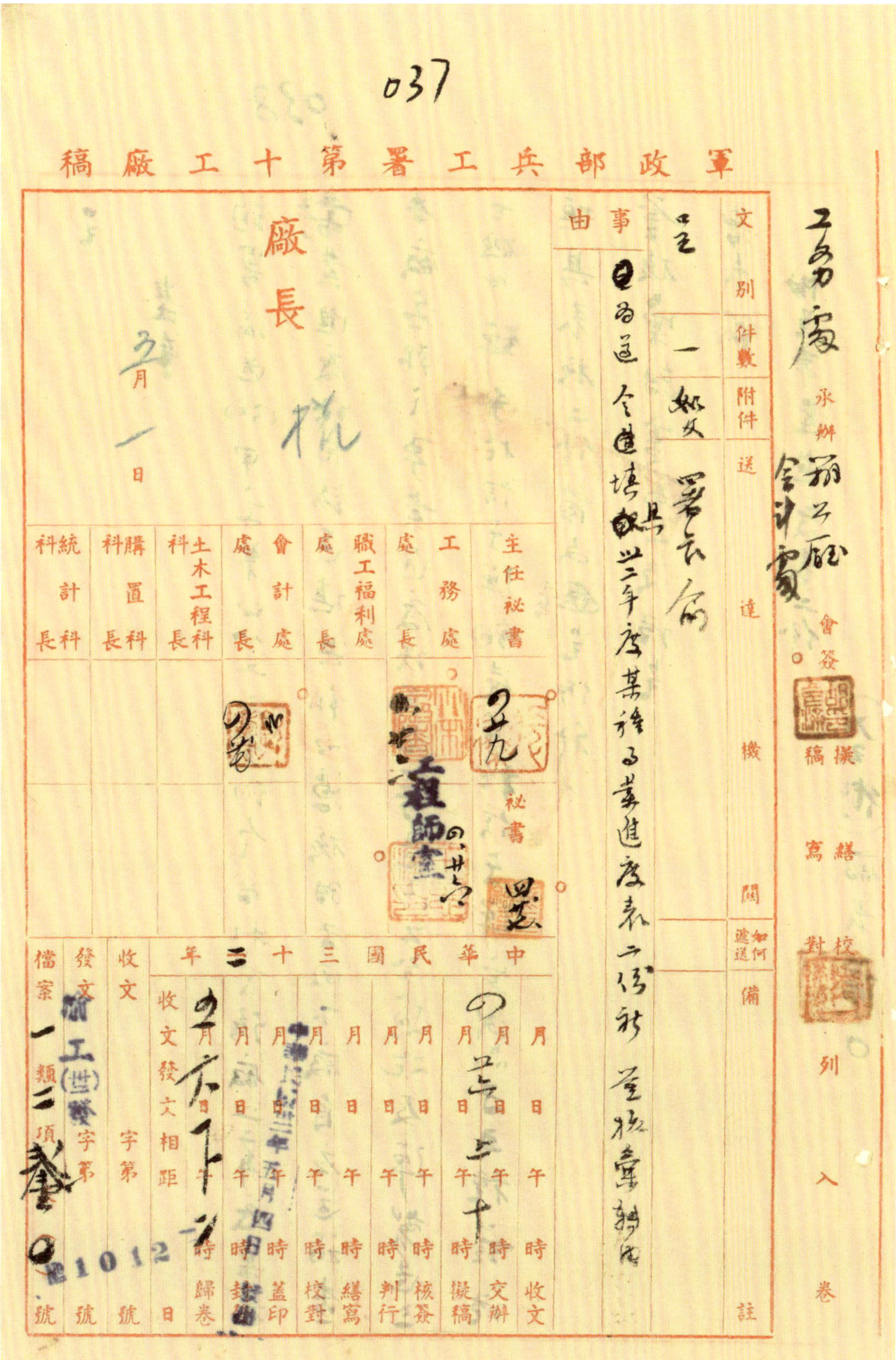

037

軍政部兵工署第十工廠稿

文别	件數	附件	送達機關	如何遞送
呈	一	如文	署長俞	

事由：呈為遵令造填卅二年度某種事業進度表二份祈鑒核彙轉由

廠長 杭 五月一日

主任秘書　工務處長　職工福利處長　會計處長　土木工程科長　購置科長　統計科長

秘書

工務處 承辦 [illegible] 會計室 會簽 擬稿 繕寫 校對 列入卷

中華民國三十二年

收文 月 日 午 時　交辦 月 日 午 時　擬稿 月 日 午 時　核簽 月 日 午 時　判行 月 日 午 時　繕寫 月 日 午 時　校對 月 日 午 時　蓋印 月 日 午 時　封發 月 日 午 時　歸卷 月 日 午 時　收文發文相距 日

收文 字第 號

發文 工(卅二)發字第1012號

檔案 一類二項 號

備註

038

呈

案奉

鈞署渝造(31)甲字第四八二三号訓令為抄發該廠卅二年度某種事業進度項目飭速填具報以憑核辦等因下廠自應遵辦查本廠奉部之事業進度項目為籌造六公分迫砲及彈製造三七破甲彈手榴信号彈銅殼手榴信号彈完成品等五種茲謹填具表格二份備文賫呈仰祈

鑒核彙轉實為公便謹呈

署長俞

附呈事業進度表二份

(全銜)廠長莊○

039

工作项别	预定计划	实施成绩	困难情形及改进意见	备考
1. 三七破甲弹	卅二年一至六月共出七万五千发 根据卅年十月十九日凉(卅)秘字第二三九七号呈报	自三月份起已大量出弹确能依照预定计划出足	使弹底引信原设计尚有小疵经改善后即可合用	
2. 六公分迫击炮	出二百门 卅二年五月份起月	卅二年七月份起月出一百门，卅三年一月份起可达到月出二百门之数	因工具样板工作太忙未克按期赶制完成	试制二十门已完成
3. 六公分迫击炮弹	卅二年五月份起月出三万发	卅二年六月份起可月出一万发，八月份可月出二万发，卅三年一月份起可月出三万[illegible]发	仝右	
4. 手枪信号弹铜壳	根据代[illegible]号饬造仝卅二年度需缴十四万五十枚四月份起开始制[illegible] 缴	卅二年五月份起可月缴册万枚	仝右	
5. 手枪信号弹完成品	卅二年度送缴十万发	卅二年七月份起月缴二万发	仝右	

卅二.四.廿六

卅二.四.廿

兵工署第十工厂一九四三年一至四月底出品数量表（一九四三年五月）

0058

本廠卅二年一月至四月底出品數量表

名稱	數量	每個分數	總分數	備註
三七榴彈	40,000	60.	2,400,000	
三七破甲彈	35,000	60.	2,100,000	
歐力根二公分曳光榴彈	15,000	20.	300,000	
蘇羅通二公分榴彈	3,920	20.	78,400	
擦槍器具	18,000	20.	360,000	
八號雷管	120,000	0.5	60,000	
方形藥包	88,650	1.5	132,975	
第二式火帽	90,497	1.	90,497	
合計分數			5,521,872	

兵工署第十工厂关于出品之各种炮及炮弹每箱单位、重量情况致技术司的笺函（一九四三年九月十七日）

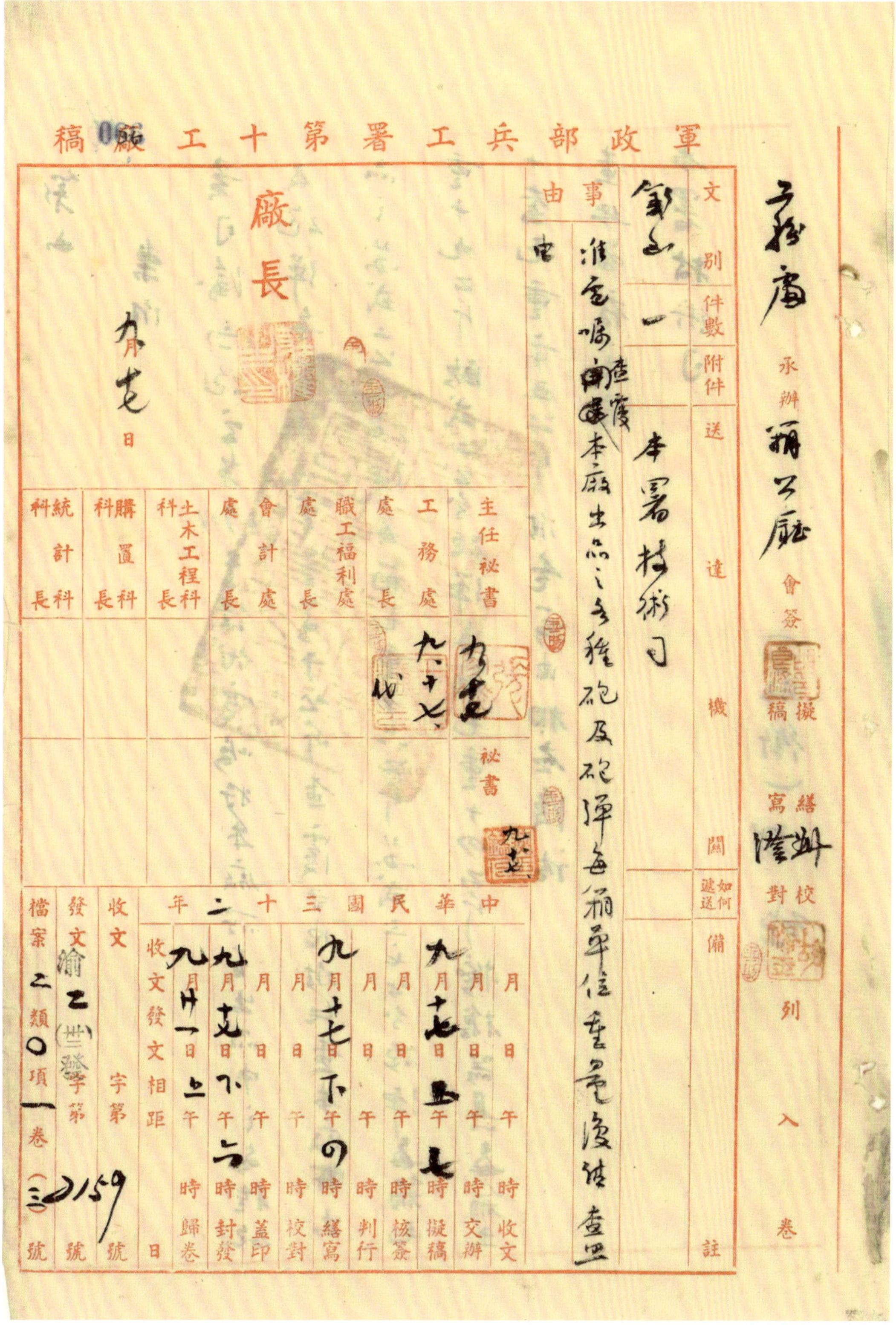

軍政部兵工署第十工廠稿

文别：箋函

件數：一

送達機關：本署技術司

事由：准函囑開送本廠出品之各種砲及砲彈每箱單位重量復請查照由

廠長 九月十七日

主任秘書 九月十七

工務處長 九月十七

中華民國三十二年

收文 九月十七日

擬稿 九月十七日五午七時

繕寫 九月十七日下午四時

封發 九月十九日下午六時

歸卷 九月廿一日上午

發文 渝工（世）發字第2159號

檔案 二類〇項一卷（三）號

66-1

事由

案准

贵司渝(三)砲字第2911号代电略将本厂所有出品中之各种砲及砲弹每箱单位重量以千公斤查覆等由准此查本厂出品之苏式二公分砲弹每箱毛重十六公斤苏式三七公分砲弹每箱毛重十九公斤欧式二公分砲弹每箱毛重十四公斤机枪器具每箱三十套毛重二十五公斤准电前由相应復请

查照为荷此致

本署材料司

（厂衔）職銜

兵工署第十工厂为报送一九四三年度饬造品已缴及欠交在造数量表致兵工署的呈（一九四三年十二月二十九日）

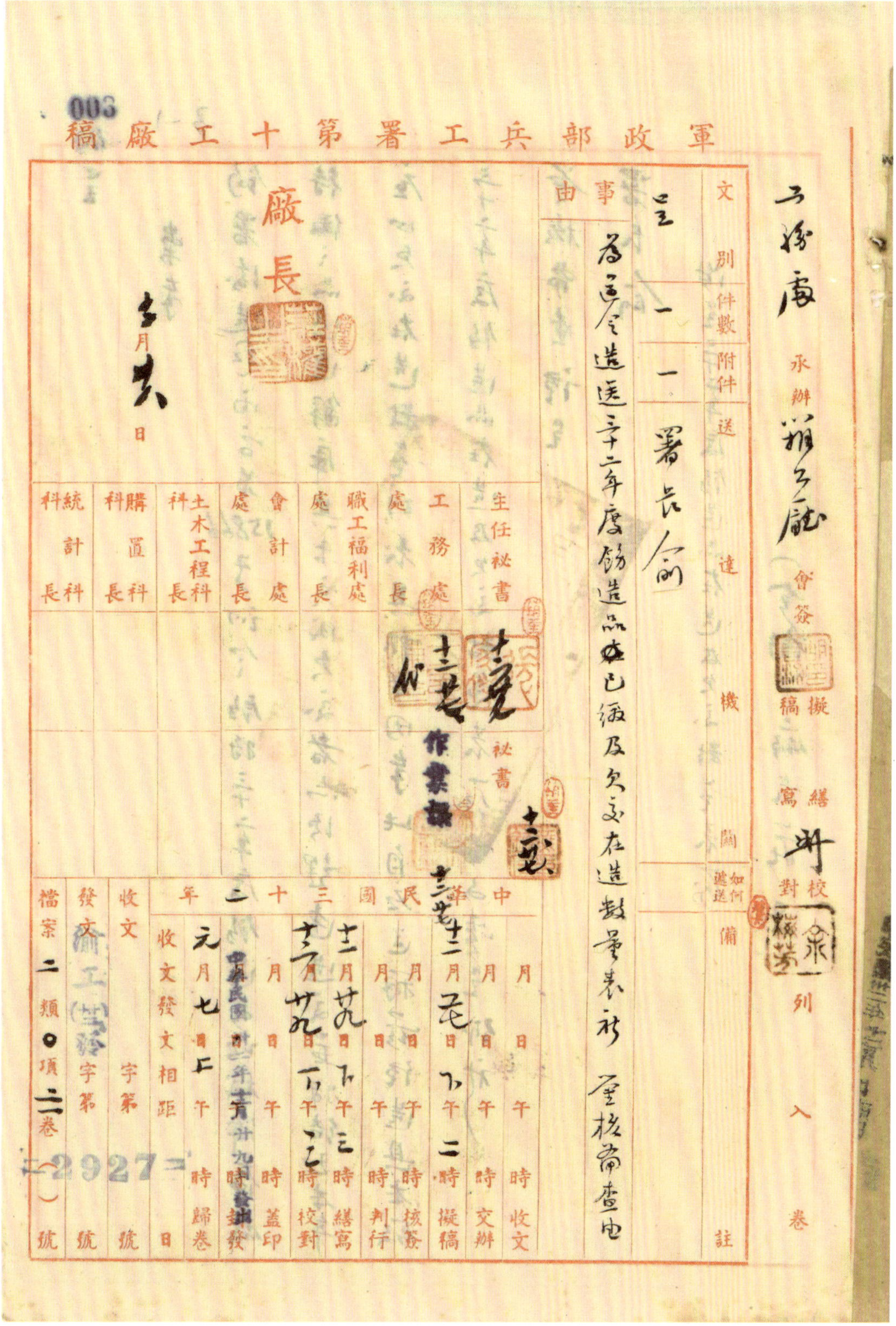
軍政部兵工署第十工廠稿

文别：呈

件數：一

附件：一

送達機關：署長俞

事由：為呈送三十二年度飭造品已繳及欠交在造數量表祈鑒核備查由

廠長

中華民國三十二年

3-1

呈

案奉

鈞署渝造（31）丙字第15866號訓令飭將三十一年度飭造各項械彈存廠待繳之品迅速解庫，其未完成欠交者亦須趕速造交，並將結至本年底止欠交在造數量列表具報等因。奉此，自應遵辦。茲經造具本廠三十一年度飭造品在造及欠交數量表一份備文齎呈，仰祈

鑒核備查。謹呈

署長俞

附呈三十一年度飭造品在造及欠交數量表一份

（全銜）廠長莊〇

004

存查

第十工廠三十二年度飭造品在造及欠交數量表

械彈名稱	單位	飭造數量	解繳情形
蘇羅通三·七公分榴彈	發	75,000	已繳七萬餘數本年內準繳足
蘇羅通三·七公分破甲彈	〃	85,040	已繳足
蘇羅通二公分曳光榴彈	〃	5,000	已繳足
蘇羅通二公分榴彈	〃	7,000	已繳足
蘇羅通二公分曳光彈	〃	4,000	已繳足
六公分迫擊砲	門	400	在造準明年三月前補足
六公分迫擊砲彈	發	90,000	已造六萬發尚未驗收餘數準明年三月前補足
擦槍器具	套	50,020	已繳足

4-1

T.N.T.方形药包	塊	98,500	已繳足
第二式火帽	枚	50,000	已繳足
信號槍彈	發	100,000	已造四萬發尚待驗收餘數準明年三月前補足
信號槍彈銅壳	個	110,000	因銅皮供給不够故本年內只能繳一萬個
八號電氣雷管	枚	19,000	已繳足
蘇羅通三·七公分填砂彈	發	1,400	已繳足
十五公分迫砲彈傳爆藥柱	枚	5,000	已繳足
			十二，卅

軍政部兵工署第十工廠

附表一

三十一年度出品數量報告表

械彈名稱	單位	三十一年預定出品數量	三十一年實在出品數量	三十二年預定出品數量	備攷
蘇羅通二公分曳光榴彈	發	100,000	60,259	5,000	因多造榴彈及曳光彈故減造曳光榴彈
蘇羅通二公分榴彈	〃	80,000	117,129	7,000	
蘇羅通二公分曳光彈	〃	20,000	25,000	4,000	
歐力根二公分榴彈	〃	50,000	50,525	4,000	
歐力根二公分曳光榴彈	〃			30,000	
蘇羅通三·七公分榴彈	〃	70,000	35,016	45,000	因銅殼機器發生障碍
蘇羅通三·七公分破甲彈	〃	70,000	40	75,000	因彈底引信構造上有問題
方形梯恩梯药包	個	220,000	222,350	97,500	

901

0094

擦槍器具	套	50,000	51,000	50,000	
八號雷管	枚	500,000	320,044	220,000	三十一年因雷管壳友廠不及供給故未造足
第一式火帽	〃	100,000	40,000		代五十廠造因五十廠不需要故未造足
第二式火帽	〃	60,000	52,170	90,497	仝上
七五傳爆管	〃	60,000	16,579		仝上
俄式三七榴彈引信	個	50,000	50,000		
蘇羅通三七公分填沙彈	發		500	900	代五十廠造
六公分迫擊砲另件	件	40,903	58,100		代五十廠造
蘇羅通三七空心砲彈	發	200	200		
歐力根二公分空砲彈	〃	300	300		

91

圓形梯恩梯药包	個	20,000	10,000		奉署令僅造一萬
蘇羅通三七榴彈雷管	枚		3,000		
圓形药柱	〃		500		
13號手榴彈爆炸管裝药	〃		165		代二十五廠造
刀具	把		30		代技術司造
十五公分傳爆药柱	枚	1,000	1,000	5,000	
18式105榴彈傳爆管	〃		5,000		
修理維克斯破甲彈	發			944	
六公分迫擊砲	門		20	600	
六公分迫擊砲彈	發			90,000	

0090

信號槍彈	發			100,000	
信號槍彈銅売	個			110,000	
八號電氣雷管	〃			14,000	

8

軍政部兵工署第十工廠

三十一年度成品出納概况表　（附表十二）

0100

飭造或託造機關	飭造令或託造文字號	名稱	數量	單位	已否完成解繳	備考
兵工署	修字1319號	45倍37榴彈碰炸引信	50,000	個	已完成解繳34,200個	其餘繼續製造
〃 〃	額字590號	蘇羅通二公分榴彈	20,000	顆	上年解繳10,000顆本年解繳10,000顆	
〃 〃	額字622號	蘇羅通二公分榴彈	30,000	顆	已完成解繳	
〃 〃	加字1006號	47公分海砲破甲彈彈頭	1,260	顆	〃 〃	
〃 〃	加字1166號	德式37公分戰防砲空砲彈	200	顆	〃 〃	
〃 〃	〃 〃	歐力根二公分高射砲空砲彈	300	顆	〃 〃	
〃 〃	加字1177號	元柱形藥包	100	個	〃 〃	
〃 〃	額字675號	蘇羅通二公分曳光榴彈	30,000	顆	〃 〃	
〃 〃	額字692號	方形藥包	100,000	個	〃 〃	
〃 〃	額字706號	蘇羅通二公分曳光榴彈	10,000	顆	〃 〃	
〃 〃	〃 〃	蘇羅通二公分榴彈	20,000	顆	〃 〃	
〃 〃	〃 〃	元形藥包	10,000	個	〃 〃	
〃 〃	加字1197號	歐力根二公分榴彈	50,000	顆	已完成35,000顆並已解繳	餘繼續製造
〃 〃	加字1182號	方形藥包	10,000	個	已完成解繳	
〃 〃	〃 〃	八號雷管	250,000	個	〃 〃	
〃 〃	〃 〃	擦槍器具	25,000	套	〃 〃	
〃 〃	加字1207號	八號雷管工作順序模型	1	套	〃 〃	
〃 〃	額字722號	蘇羅通二公分曳光榴彈	20,000	顆	〃 〃	
〃 〃	〃 〃	蘇羅通二公分榴彈	10,000	顆	〃 〃	
第二十五工廠	工世字794號	13號手槍彈爆炸管裝藥	150	枚	已完成撥交165枚	
兵工署	加字1210號	方形藥包	250	個	已完成撥交	
〃 〃	額字743號	蘇羅通三七公分榴彈	5,000	顆	已完成解繳	
〃 〃	額字766號	蘇羅通二公分榴彈	10,000	顆	〃 〃	
〃 〃	加字1223號	方形藥包	100	個	〃 〃	
〃 〃	額字785號	蘇羅通二公分榴彈	20,000	顆	〃 〃	
〃 〃	〃 〃	方形藥包	110,000	枚	已解繳31,000枚	餘奉令辦理
〃 〃	製字893號	第一式火帽	100,000	枚	已撥交40,000枚	其餘繼續製造
〃 〃	〃 〃	第二式火帽	100,000	枚	已撥交52,170枚	仝上
〃 〃	代字431號	第七式傳爆管	30,000	個	已撥交23,944個	仝上
〃 〃	修字1631號	雷管	3,000	枚	已完成撥交	
〃 〃	額字806號	蘇羅通二公分榴彈	10,000	顆	仝上	
〃 〃	加字1232號	八號雷管	250,000	個	已解繳28,000個	其餘繼續製造
〃 〃	〃 〃	擦槍器具	25,000	套	已解繳19,000套	仝上
〃 〃	加字1244號	元形藥柱	500	枚	已完成存庫待示	

兵工署	加字1257號	方形藥包	500,000	枚	已解繳60,000枚	其餘繼續製造
〃 〃	額字873號	蘇羅通二公分榴彈	20,000	顆	已完成解繳	
〃 〃	〃 〃	蘇羅通二公分曳光榴彈	10,000	顆	〃 〃	
〃 〃	額字875號	蘇羅通二公分曳光榴彈	20,000	顆	〃 〃	
〃 〃	〃 〃	蘇羅通二公分榴彈	10,000	顆	〃 〃	
〃 〃	〃 〃	蘇羅通二公分曳光彈	25,000	顆	〃 〃	
〃 〃	〃 〃	蘇羅通三七公分榴彈	10,000	顆	已完成解繳3,500顆	其餘繼續製造
〃 〃	〃 〃	歐力根二公分榴彈	15,000	顆	已完成解繳	
軍政部第一紡織廠	一紡總世1093	左輪手鎗	1	支	已修理完成撥交	
第三十工廠	渝州三工1607	八號雷管	100	枚	已完成撥交	
技術司	渝州驗0700	平面銑刀	22	把	已完成待交	
〃 〃	〃 〃	平壓花刀	4	把	〃 〃	
〃 〃	〃 〃	斜壓花刀	4	把	〃 〃	

（成品庫調製 〔印〕）

0102

兵工署第十工厂四至三十三号主要出品数量报告表（一九四三年四月至一九四五年十月）

軍政部兵工署第十工廠主要出品數量報告表　　中華民國三十二年四月至五月份作字第4號

項	械彈名稱	單位	上月累積欠交數量或多交數量	本月份					下月份				擬具辦法
				飭造數量	可造成數	欠交或多交	未能造成欠交之原因	總共欠交數	可造成數	請發飭造令數	抵補欠交數免發飭造令	增減產量或免造之理由	
1	蘇羅通三七公分榴彈	萬發	欠0.5	尚未奉到飭造令	1.25	多0.75			0.75	1.5			
2	蘇羅通三七公分破甲彈	〃	欠0.5	〃	1.75	多1.25			2.25	3.5			
3	擦槍器具	千套	欠36		5	欠31	此係整批飭造令按月交四千或五千。		5				
4	T.N.T.方形藥包	萬枚	欠2.75			欠2.75	此係整批飭造令本月因機損未壓		2.75				
5	八號雷管	〃	欠14		3.5	欠10.5	此係整批飭造令因殼不够		5				代本廠製造之雷管殼產量供不到致常停工擬請代催。
6													
7													
8													
9													
10													

附註：（1）本表各欄務須詳填不得遺列在渝各廠於每月廿五日前造具二份送呈製造司考工科（2）外埠各廠在每月廿五日前先行電告但此表仍須詳填二份隨下旬成品旬報表備寄

（3）擬具辦法欄係由主管部份填寫。

核示：左列第　項已在擬具辦法欄簽註敬乞

製表員　　作業課長　　工務處長　　廠長　　填表日期32年4月20日

軍政部兵工署第十工廠主要出品數量報告表　　中華民國三十二年五月至六月份作字第 5 號

項	械彈名稱	單位	上月積欠交數量或多繳數量	本月份					下月份				擬具辦法
				飭造數量	可造成數	欠交或多交	未能造成欠交之原因	總共欠交數	可造成數	請發飭造令數	抵補欠交數免發飭造令	增減產量或免交之理由	
1	蘇羅通三七公分榴彈	萬發		1	0.5	多0.5	四月份已造未繳者1萬			0.5			
2	蘇羅通三七公分破甲彈	〃	欠0.5	1.2	2.25	多1.8	四月份已造未繳者1.25萬		2.5	4.3			
3	擦槍器具	千套	欠32		4	欠28			4				
4	梯恩梯方形藥包	萬枚	欠1.75		1.75				3	3			
5	八號雷管	〃	欠10				因無壳		5				代本廠製造之雷管壳尚維不到故常停工，擬請代維。
6													
7													
8													
9													
10													

附註：(1)本表各欄必須詳填不得遺漏，列在渝各廠於每月廿五日前造具二份逕寄製造司考工科(2)外埠各廠在每月廿五日前先行電告，但此表仍須詳填二份隨下旬成品旬報表併寄
(3)擬具辦法欄係由主管部份填寫

製表員　　作業課長　　工務處長　　廠長　　填表日期 32 年 5 月 20 日

核示：左列第　項已在擬具辦法欄簽註，敬乞

軍政部兵工署第十工廠主要出品數量報告表　　中華民國三十二年六月至七月份作字第6號

項	械彈名稱	單位	上月累積欠交數量或多交數量	本月份					下月份				擬具辦法
				飭造數量	可造成數	欠交或多交	未能造成欠交之原因	總共欠交數	可造成數	請發飭造令數	抵補欠交數免發飭造令	增減產量或免造之理由	
1	蘇羅通三·七公分破甲彈	萬發	多1.8	1.5	2.5	多2.8	請部補發飭造令						
2	擦槍器具	千套	欠28		4	欠24			4				
3	六公分迫擊砲	百門							1	1			
4	六公分迫擊砲彈	萬發							2	2			
5													
6													
7													
8													
9													
10													

附註：(1)本表各欄務須詳填不得遺漏在滬各廠於每月廿五日前造具二份逕寄製造司考工科 (2)外埠各廠在每月廿五日前先行電告但此表仍須詳填二份隨下旬成品旬報表併寄
(3)擬具辦法欄係由主管部份填寫

製表員　　作業課長　　工務處長　　廠長　　填表日期 32年 6月 19日

核示

左列第　項已在擬具辦法欄簽註敬乞

中華民國卅二年六月廿貳日發出

軍政部兵工署第十工廠主要出品數量報告表　　中華民國三十二年七月至八月份作字第 7 號

項	械彈名稱	單位	上月累積欠交數量或多交數量	本月份					下月份				擬具辦法
				飭造數量	可造成數	欠交或多交	未能造成欠交之原因	總共欠交數	可造成數	請發飭造令數	抵補欠交數免發飭造令	增減產量或免造之理由	
1	擦槍器具	千套	欠22		4	欠18			4				
2	六公分迫擊砲	百門							2	2			
3	六公分迫擊砲彈	萬發		2		欠2	正在試射中		4	2			
4													
5													
6													
7													
8													
9													
10													

011

附註：(1)本表各欄務須詳填不得漏列在滇各廠於每月廿五日前造具二份逕寄業造司考工科(2)外埠各廠在每月廿五日前先行電告但此表仍須詳填二份隨下旬成品旬報表併寄
(3)擬具辦法欄係由主管部份填寫

中華民國三十二年七月廿[illegible]日發出

核示　左列第　項已在擬具辦法欄簽註敬乞

製表員　作業課長　工務處長　廠長　填表日期 32 年 7 月 19 日

軍政部兵工署第十工廠主要出品數量報告表　　中華民國三十二年七月至八月份作字第 7 號

項	械彈名稱	單位	上月累積欠交數量或多交數量	本月份：飭造數量	可造成數	欠交或多交	未能造成欠交之原因	總共欠交數	下月份：可造成數	請發飭造令數	抵補欠交數免發飭造令	增減產量或免造之理由	擬具辦法
1	擦槍器具	千套	欠22		4	欠18			4				
2	六公分迫擊砲	百門							3	3			
3	六公分迫擊砲彈	萬發		2		欠2	正在試射中		6	4			
4	方形藥包	塊								1,000		此係前次製造時多做之數請領發飭造令以便交庫而資結束	
5													
6													
7													
8													
9													
10													

012

附註：(1)本表各欄務須詳填不得遺漏列在渝各廠於每月廿五日前造具二份逕寄製造司考工科 (2)外埠各廠在每月廿五日前先行電告但此表仍須詳填二份隨下旬成品旬報表併寄
(3)擬具辦法欄係由主管部份填寫

製表員　作業課長　工務處長　廠長 [signature]　填表日期 32 年 7 月 19 日

核示　左列第　項已在擬具辦法欄簽註敬乞

軍政部兵工署第十工廠主要出品數量報告表　　中華民國三十二年八月至九月份作字第 8 號

項	械彈名稱	單位	上月累積欠交或多交數量	本月份 飭造數量	本月份 可造成數	本月份 欠交或多交	本月份 未能造成欠交之原因
1	擦槍器具	千套	欠18		4	欠14	
2	六公分迫擊砲	百門		3		欠3	
3	六公分迫擊砲彈	萬發	欠2	4		欠4	
4							
5							
6							
7							
8							
9							
10							

項	總共欠交數	下月份 可造成數	下月份 請發飭造令數	下月份 擬補欠交數免發飭造令	下月份 增減產量或免造之理由	擬具辦法
1		4				
2		4	1			
3	欠6	9	3			
4						
5						
6						
7						
8						
9						
10						

013

附註：(1)本表各欄務須詳填不得漏列在渝各廠於每月廿五日前造具二份逕寄製造司考工科 (2)外埠各廠在每月廿五日前先行電告但此表仍須詳填一份隨下旬成品旬報表併寄
(3)擬具辦法欄係由主管部份填寫

製表員　　作業課長　　工務處長　　廠長　　填表日期 32 年 8 月 19 日

核示

左列第　項已在擬具辦法欄簽註敬乞

中華民國卅二年八月廿四日發出

中華民國卅二年八月廿四日發出

軍政部兵工署第十工廠主要出品數量報告表　　中華民國三十二年九月至十月份作字第 9 號

項	械彈名稱	單位	上月累積欠交或多交數量	本月份					下月份				擬具辦法
				飭造數量	可造成數	欠交或多交	未能造成欠交之原因	總共欠交數	可造成數	請發飭造令數	抵補欠交數免發飭造令	增減產量或免造之理由	
1	擦槍器具	千套	欠16		4	欠12			4				
2	六公分迫擊砲	百門	欠3	1		欠4			4				
3	六公分迫擊砲彈	萬發	欠6	3		欠9			9				
4													
5													
6													
7													
8													
9													
10	014												

附註：(1)本表各欄務須詳填不得遺漏在渝各廠於每月廿五日前造具二份逕寄製造司考工科 (2)外埠各廠在每月廿五日前先行電告但此表仍須詳填二份隨下旬成品旬報表併寄
(3)擬具辦法欄係由主管部份填寫

製表員　　作業課長　　工務處長　　廠長　　填表日期 32 年 9 月 27 日

核示　左列第　項已在擬具辦法欄簽註敬乞

卅二年九月卅日

軍政部兵工署第十工廠主要出品數量報告表

32年10月至11月份　　作字第10號

項	械彈名稱	單位	上月累積欠繳或多繳數量	本月份 飭造數量	本月份 可成數	本月份 欠交成多交	本月份 未能造成欠交之原因	本月份 總共欠交數	下月份 可造成數	下月份 請發飭造令數	下月份 抵補欠交數免發飭造令	下月份 增減產量或免造之理由	擬具辦法
1	擦槍器具	千套	欠12		4	欠8			4				
2	六公分迫擊砲	百門	欠4			欠4			4				
3	六公分迫擊砲彈	萬發	欠9		2	欠7			7				
4	蘇羅通三七公分榴彈	〃		3	2	欠1			1				
5	蘇羅通三七公分破甲彈	〃		1	1								

存卷

中華民國卅二年十月廿七日發出

左列第　　項已在擬具辦法欄簽註敬乞

核示

附註：(1)本表各欄務須詳塡不得漏列在渝各廠於每月廿五日前造具二份逕寄製造司考工科(2)外埠各廠在每月廿五日前先行電告但此表仍須詳塡二份隨下旬成品旬報表併寄(3)擬具辦法欄係由主管部份塡寫

工作－49－300－32.9.30　　廠長　　工務處長　　作業課長　　成品庫長　　製表　　32年10月20日

軍政部兵工署第十工廠主要出品數量報告表

32年11月至12月份　　作字第11號

項	械彈名稱	單位	上月累積欠繳或多繳數量	本月份 飭造數量	可造成數	成交欠交多	未能造成欠交之原因	總共欠交數	下月份 可造成數	請發飭造令數	抵補欠交數免發飭造令	增減產量或免造之理由	擬具辦法
1	擦槍器具	千套	欠8		4	欠4			4				
2	六公分迫擊砲	百門	欠4			欠4			4				
3	六公分迫擊砲彈	萬發	欠9		2	欠7			7				
4	蘇羅通三七公分榴彈	〃	欠1		0.5	欠0.5			0.5				
5	蘇羅通三七公分破甲彈	〃	欠1		1								

核示　　左列第　　項已在擬具辦法欄簽註敬乞

中華民國卅二年十一月廿二日

附註：(1)本表各欄務須詳塡不得漏列在渝各廠於每月廿五日前造具二份逕寄製造司考工科(2)外埠各廠在每月廿五日前先行電告但此表仍須詳塡一份隨下旬成品旬報表併寄(3)擬具辦法欄係由主管部份塡寫

工作－49－300－32.9.30　　廠長　　工務處長　　作業課長　　成品庫長　　製表　　32年11月20日

渝二(三)秘字第2936号

軍政部兵工署第十工廠主要出品數量報告表

32年12月至33年1月份　　　　作字第12號

項	械彈名稱	單位	上月累積欠繳數量或多繳數量	本月份 飭造數量	本月份 可造成數	本月份 欠交成多交	本月份 未能造成欠交之原因	下月份 總共欠交數	下月份 可造成數	下月份 請發飭造令數	下月份 抵補欠交數免發飭造令	下月份 增減產量或免造之理由	擬具辦法
1	擦槍器具	千套	欠6		6			—	5	30			
2	六公分迫擊砲	百門	欠4				瞄準鏡零件尚未趕全	4	2				
3	六公分迫擊砲彈	萬發	欠9				已繳至本廠成品庫者2.5 已裝配者3.5因驗收發生問題尚未繳者	9	2				
4	蘇羅通三七公分榴彈	〃	欠0.75		0.75			—					
5	蘇羅通三七公分破甲彈	〃	欠0.25		0.25			—					
6	信號槍彈	〃	欠8.5				已經署方驗收者1.5 已繳至本廠成品庫者4	8.5	2				

左列第　　項已在擬具辦法欄簽註敬乞

核示

附註：(1)本表各欄務須詳填不得漏列在渝各廠於每月廿五日前造具二份逕寄製造司考工科(2)外埠各廠在每月廿五日前先行電告但此表仍須詳填二份隨下旬成品旬報表併寄(3)擬具辦法欄係由主管部份填寫

工作—49—300—32.9.30

廠長　　工務處長　　作業課長　　成品庫長　　製表　　32年12月30日

33年1月6日

軍政部兵工署第十工廠主要出品數量報告表

33年1月至2月份　　　　作字第13號

項	械彈名稱	單位	上月累積欠繳數或多繳數量	本月份 飭造數量	本月份 可造成數	本月份 欠交成多交	本月份 未能造成欠交之原因	本月份 總共欠交數	下月份 可造成數	下月份 請發飭造令數	下月份 抵補欠交數免發飭造令	下月份 增減產量或免造之理由	擬具辦法
1	擦槍器具	千套		24	2			欠22	6				
2	六公分迫擊砲	百門	欠4				瞄準鏡零件尚未趕全	欠4	2				
3	六公分迫擊砲彈	萬發	欠9				已繳至本廠成品庫者4萬發，署方驗收認為須將彈体車[?]過方可呈繳	欠5	3				
4	信號槍彈	〃	欠8.5		2.5			欠6	2				
5	蘇羅通三七公分破甲彈	〃								2.4			

核示　左列第　項已在擬具辦法欄簽註敬乞

附註：(1)本表各欄務須詳填不得遺漏列在渝各廠於每月廿五日前造具二份逕寄製造司考工科(2)外埠各廠在每月廿五日前先行電告但此表仍須詳填二份隨下旬成品旬報表併寄(3)擬具辦法欄係由主管部份填寫

廠長　　工務處長　　作業課長　　成品庫長　　製表　　33年1月31日

中華民國卅三年二月四日收到　010

工作—49—300—32.9.30

渝工(甡)發

6022

軍政部兵工署第十工廠主要出品數量報告表

33年2月至3月份　　　　　　作字第14號

項	械彈名稱	單位	上月累積欠繳或多繳數量	本月份 飭造數量	本月份 可成數	本月份 欠交成多交	本月份 未能造成欠交之原因	本月份 總共欠交數	下月份 可造成數	下月份 請發飭造令數	下月份 抵補欠交免發飭造令數	下月份 增減產量或免造之理由	擬具辦法
1	擦槍器具	千套	欠24				已造成零件八千套 因皮袋尚未製成而已成布袋尚有八千只正呈署請准予驗收	欠24	4				
2	六公分迫擊砲	百門	欠4				瞄準鏡零件尚未[illegible]	欠4	4				
3	六公分迫擊砲彈	萬發	欠9				遵署方驗收[illegible]	欠9	5				
4	信號槍彈	發	欠84850		20200			欠64650					因單價變更欠數擬不再補繳
5	蘇羅通三七公分破甲彈	〃		22,300			正[illegible]製中	欠22,300	10000	22,300			擬分三四五六月四個月交清

左列第　　項已在擬具辦法欄簽註敬乞

核示

附註：(1)本表各欄務須詳填不得漏列在渝各廠於每月廿五日前造具二份逕寄製造司考工科(2)外埠各廠在每月廿五日前先行電告但此表仍須詳填二份隨下旬成品旬報表併寄(3)擬具辦法欄係由主管部份填寫

製甲—[illegible]—300—32.12.24—[illegible]

工作—49—300—32.9.30

廠長 [signature]　工務處長 [signature]　作業課長 [stamp]　成品庫長 [stamp]　製表 [stamp]　33年2月29日

三、三、八 下午[illegible]

渝工(甲)發 730

021

軍政部兵工署第十工廠主要出品數量報告表

33年3月至4月份　　　　作字第15號

項	械彈名稱	單位	上月累積欠繳數量或多繳量	本月份：飭造數量	本月份：可造成數	本月份：欠交成多交	本月份：未能造成欠交之原因	本月份：總共欠交數	下月份：可造成數	下月份：請發飭造令數	下月份：抵補欠交數免發飭造令	下月份：增減產量或免造之理由	擬具辦法
1	擦槍器具	千套	欠24				已成八千，正待驗收，	欠24	4				
2	六公分迫擊砲	百門	欠4				瞄準器零件尚未健全，	欠4	5	1			
3	六公分迫擊砲彈	萬發	欠6.5				正車過彈体，待重驗後呈繳，	欠6.5	5	2			
4	蘇羅通三·七公分破甲彈	〃	欠4,46					欠4,46	1				

左列第　　項已在擬具辦法欄簽註敬乞

核示

附註：(1)本表各欄務須詳填不得遺漏列在渝各廠於每月廿五日前造具二份逕寄製造司考工科(2)外埠各廠在每月廿五日前先行電告但此表仍須詳填二份隨下旬成品旬報表併寄(3)擬具辦法欄係由主管部份填寫

已[illegible]

製造—2043—300—32.12.24　第八号

工作—40—300—32.9.30

廠長　　工務處長　　作業課長　　成品庫長　　製表　　33年3月30日

渝
工
(管)
發

888

軍政部兵工署第十工廠主要出品數量報告表

33年4月至5月份　　作字第16號

項	械彈名稱	單位	上月累積欠繳數量或多繳數量	本月份 飭造數量	本月份 可成造數	本月份 欠交或多交	本月份 未能造成欠交之原因	本月份 總共欠交數	下月份 可成造數	下月份 請發飭造令數	下月份 抵補欠交數免發飭造令	下月份 增減產量或免造之理由	擬具辦法
1	擦槍器具	千套	欠24		8		八千套已由署方正式驗收 四千套已製成正在驗收中	16	8				
2	六公分迫擊砲	百門	欠4	1			已完成二百門正在驗收中	5	2	1			
3	六公分迫擊砲彈	萬發	欠6.5	2			已完成一萬餘正在驗收中	8.5	5	2			
4	蘇羅通三七公分破甲彈	〃	欠4.46				五千發已由署方驗收正待[illegible]	4.46	0.5			因彈帶紫銅板接濟不上.	

左列第　項已在擬具辦法欄簽註敬乞

核示

附註：(1)本表各欄務須詳填不得漏列在渝各廠於每月廿五日前造具二份逕寄製造司考工科(2)外埠各廠在每月廿五日前先行電告但此表仍須詳填二份隨下旬成品旬報表併寄(3)擬具辦法欄係由主管部份填寫

製造—2043—800—32.12.24—續/Ⅰ

工作—40—800—32.9.30

廠長 [signature]　工務處長 [signature]　作業課長　成品庫長　製表　33年4月29日

022

33 6 6

203

軍政部兵工署第十工廠主要出品數量報告表

33年5月至6月份　　作字第17號

項	械彈名稱	單位	上月累積欠繳或多繳數量	本月份 飭造數量	本月份 可造成數	本月份 成交欠交多	本月份 未能造成欠交之原因	下月份 共總欠交數	下月份 可造成數	下月份 飭發請造令數	下月份 抵補欠發交飭造數令	下月份 增減產量或免造之理由	擬具辦法
1	擲槍器具	千套	欠16				四千套已製成用舊皮袋裝呈署請驗中 四千套待補皮袋	16	8				
2	六公分迫擊砲	百門	欠5	1		欠1	已完成六百門正在驗收中	6	2	1			
3	六公分迫擊砲彈	萬發	欠8	2	2			8	5	2			
4	蘇羅通三七公分破甲彈	〃	欠3.96		0.25		因彈帶紫銅板接濟不上	3.71	1.6				

左列第　項已在擬具辦法欄簽註敬乞

核示

附註：(1)本表各欄務須詳填不得漏列在渝各廠於每月廿五日前造具二份逕寄製造司考工科(2)外埠各廠在每月廿五日前先行電告但此表仍須詳填二份隨下旬成品旬報表併寄(3)擬具辦法欄係由主管部份填寫

造－2043－300－32.12.24　　工作－49－300－32.9.30

廠長　　工務處長　　作業課長　　成品庫長　　製表

33年5月31日

1132

渝工(卅三)發
1395

軍政部兵工署第十工廠主要出品數量報告表

33年6月至7月份　　作字第18號

項	械彈名稱	單位	上月累積欠繳數量或多繳數量	本月份 飭造數量	本月份 可成造數	本月份 欠交或多交	本月份 未能造成欠交之原因	下月份 總共欠交數	下月份 可造成數	下月份 請發飭造令數	下月份 抵補欠交數免發飭造令	下月份 增減產量或免造之理由	擬具辦法
1	擦槍器具	千套	欠16				已裝成6000套正在驗收中.	16	4				
2	六公分迫擊砲	百門	欠6	1		欠1	已完成700門正在驗收中.	7	2	1			
3	六公分迫擊砲彈	萬發	欠8	2	2		尚有30000發除精度射擊未驗外已驗收合格.	8	4	2			
4	蘇羅通三七公分破甲彈	〃	欠3.71				因彈帶紫銅板接濟不上,僅裝成2,500發,正在驗收中.	3.71	1				

核示　　左列第　項已在擬具辦法欄簽註敬乞

附註：(1)本表各欄務須詳填不得漏列在渝各廠於每月廿五日前造具二份逕寄製造司考工科(2)外埠各廠在每月廿五日前先行電告但此表仍須詳填二份隨下旬成品旬報表併寄(3)擬具辦法欄係由主管部份填寫

廠長 [signature]　　工務處長 [signature]　　作業課長　　成品庫長　　製表　　33年6月30日

203

渝工(灃)發 一五七三

軍政部兵工署第十工廠主要出品數量報告表

33年7月至8月份　　　　作字第19號

項	械彈名稱	單位	上月累積欠繳或多繳數量	本月份 飭造數量	本月份 可造成數	本月份 成交欠交多交	本月份 未能造成欠交之原因	下月份 總共欠交數	下月份 可造成數	下月份 請發飭造令數	下月份 抵補欠交免發飭造令數	下月份 增減產量或免造之理由	擬具辦法
1	擦槍器具	千套	欠16		4		一另製成之餘，正在驗收中。	欠12	4				
2	六公分迫擊砲	百門	欠7	1		欠1	二百門已驗收裝箱，五百門正在驗收中。	欠8	2	1			
3	六公分迫擊砲彈	萬發	欠8	2	4	多2	一萬發已驗收待交，另裝成二萬發正在驗收中。	欠6	4	2			
4	蘇羅通三·七公分破甲彈	〃	欠3.71		0.5		彈帶紫銅板料已到，以後可陸續繳交。	欠3.21	1				

核示　左列第　項已在擬具辦法欄簽註敬乞

附註：(1)本表各欄務須詳塡不得漏列在渝各廠於每月廿五日前造具二份逕寄製造司考工科(2)外埠各廠在每月廿五日前先行電告但此表仍須詳塡二份隨下旬成品旬報表併寄(3)擬具辦法欄係由主管部份塡寫

025

工作—2043—300—32.12.24—

工作—19—300—32.9.30

廠長　　工務處長　　作業課長　　成品庫長　　製表

33年7月31日

軍政部兵工署第十工廠主要出品數量報告表

33年8月至9月份　　作字第20號

項	械彈名稱	單位	上月累積欠繳或多繳數量	本月份：飭造數量	本月份：可造成數	本月份：欠交成多交	本月份：未能造成欠交之原因	本月份：總共欠交數	下月份：可造成數	下月份：請發飭造令數	下月份：抵補欠交數免發飭造令	下月份：增減產量或免造之理由	擬具辦法
1	擦槍器具	套	欠5,000	8,000	5,000		前發24,000套飭造令交足.	欠8,000	4,000	8,000			
2	六公分迫擊砲	門	欠800	100	250			欠650	200	100			
3	六公分迫擊砲彈	發	欠50,000	20,000	45,000			欠25,000	25,000	20,000			
4	蘇羅通三七公分破甲彈	〃	欠34,600	—	—		待紫銅導帶料.	欠34,600	10,000				
5	T.N.T.元形药包	個	欠50,000	—	—		已完成30,000個待驗收，九月底可全部完成.	欠50,000	50,000				
6	一公斤爆發罐	〃	欠2,000	—	—		正在陸續製造中，年内可交足.	欠2,000	1,000				

左列第　項已在擬具辦法欄簽註敬乞
核示

附註：(1)本表各欄務須詳塡不得漏列在渝各廠於每月廿五日前造具二份逕寄製造司考工科(2)外埠各廠在每月廿五日前先行電告但此表仍須詳塡二份隨下旬成品旬報表併寄(3)擬具辦法欄係由主管部份塡寫

廠長　　工務處處長　　作業課課長　　成品庫庫長　　製表　33年8月31日

—2043—300—32.12.24—
工節—49—300—32.9.30

33 9 14
203

八六六

軍政部兵工署第□工廠主要出品數量報告表　中華民國三十三年九月至十月份作字第 21 號

項	械彈名稱	單位	上月累積欠交數量或多繳數量	本月份 飭造數量	可造成數	欠交或多交	未能造成欠交之原因	總共欠交數	下月份 可造成數	請發飭造令數	抵補欠交數免發飭造令	增減產量或免造之理由	擬具辦法
1	擦槍器具	套	欠8,000	8,000	—		已完成2,000套待茂盒	欠16,000	4,000				
2	六公分迫擊砲	門	欠650	100	300		更改新瞄準器	欠450	150	100			
3	六公分迫擊砲彈	發	欠25,000	20,000	50,000	多5,000		—	30,000	40,000			
4	蘇羅通三七公分破甲彈	〃	欠34,600	—	1,000		待紫銅導帶料（本月造成之1,000發係三七空包彈奉製造司筧函在本項內追繳抵扣）	欠33,600	10,000				
5	T.N.T.亢形藥包	個	欠50,000	—	—		已全部完成待驗收	欠50,000	50,000				
6	一公斤爆發罐	〃	欠2,000	—	—		已完成1,000個待驗收	欠2,000	2,000				
7													
8													
9													33.11.2
10													2-03

附註：(1)本表各欄務須詳塡不得漏列在渝各廠於每月廿五日前造具二份逕寄製造司考工科(2)外埠各廠在每月廿五日前先行電告但此表仍須詳塡二份隨下旬成品旬報表併寄
(3)擬具辦法欄係由主管部份塡寫

製造—2043—200—33.9.18.整╱專

廠長 □　工務處長 □　作業課長 □　成品庫長 □　製表 □　塡表日期 33 年 9 月 30 日

核示：左列第　項已在擬具辦法欄簽註敬乞 □ 中華民國卅三年十月廿八日

六六二

軍政部兵工署第十工廠主要出品數量報告表

中華民國三十三年十月至十一月份作字第 22 號

項	械彈名稱	單位	上月累積欠交數量或多繳數量	本月份 飭造數量	本月份 可造成數	本月份 欠交或多交	本月份 未能造成欠交之原因	本月份 總共欠交數	下月份 可造成數	下月份 請發飭造令數	下月份 抵補欠交數免發飭造令	下月份 增減產量或免造之理由	擬具辦法
1	擦槍器具	套	欠16,000	—	6,000		原定十一、十二兩月分別交清	欠10,000	5,000				
2	六公分迫擊砲	門	欠450	100	150		更改新瞄準器	欠400	200	100			
3	六公分迫擊砲彈	發	多5,000	40,000	35,000		截至十月份止，額造令交清	—	30,000	30,000			
4	蘇羅通三七公分破甲彈	〃	欠33,600	—	—		已造成一萬發，待驗收	欠33,600	20,000				
5	T.N.T.瓦形藥包	個	欠50,000	—	—		已全部完成，待驗收	欠50,000	50,000				
6	一公斤爆發罐	〃	欠2,000	—	—		已完成一千個，待驗收	欠2,000	2,000				
7													
8													
9													
10													

附註：(1)本表各欄務須詳填不得漏列在渝各廠於每月廿五日前造具二份逕寄製造司考工科(2)外埠各廠在每月廿五日前先行電告但此表仍須詳填二份隨下旬成品旬報表併寄
(3)擬具辦法欄係由主管部份填寫

核示 左列第　項已在擬具辦法欄簽註敬乞

製造－2043－200－33.9.18.整／專

廠長　工務處長　作業課長　成品庫長　製表　填表日期 33 年 10 月 31 日

軍政部兵工署第十工廠主要出品數量報告表　　中華民國三十三年十一月至十二月份作字第 23 號

項	械彈名稱	單位	上月累積欠交數量或多繳數量	本月份 飭造數量	本月份 可造成數	本月份 欠交或多交	本月份 未能造成欠交之原因	本月份 總共欠交數	下月份 可造成數	下月份 請發飭造令數	下月份 抵補欠交數免發飭造令	下月份 增減產量或免造之理由	擬具辦法
1	擦槍器具	套	欠10,000	—	—	—	十一月份應交五千套，因待皮筑，未能裝箱。	欠10,000	10,000				
2	六公分迫擊砲	門	欠400	100	—	欠100	待新瞄準器，未能驗收。	欠500	300	150			至本年底共欠650門，以驗收、發藍、裝箱等等工作尚多，須於明年一月份方可交清。
3	六公分迫擊砲彈	顆	—	17,500	24,000	多6,500		多6,500	23,500	30,000			
4	蘇羅通三七公分破甲彈	發	欠33,600	—	20,000	—	前待導帶紫銅料，現料已到齊，年底可交清。	欠13,600	13,600				內有一千空砲彈已奉大署（丙）第06835號代電及（乙）第13627號指令准在三七破甲彈令內抵繳。
5	T.N.T.元新藥包	枚	欠50,000	—	50,000	—		—					
6	一公斤爆發罐	個	欠2,000	—	—	—	待裝箱，年底可交清。	欠2,000	2,000				
7	六公分迫砲填沙彈	顆	—	13,500	7,000	欠6,500	已完成，待試砲時陸續抵繳。	欠6,500	6,500				
8	中正式步槍擊針	個	欠10,000	—	—	—	待淬火，年底可交清。	欠10,000	10,000				
9													
10													

附註：(1)本表各欄務須詳填不得漏列在渝各廠於每月廿五日前造具二份逕寄製造司考工科(2)外埠各廠在每月廿五日前先行電告但此表仍須詳填二份隨下旬成品旬報表併寄
(3)擬具辦法欄係由主管部份填寫

製造—2043—200—33.9.18.整ノ專

廠長　　工處務長　　作課業長　　成庫品長　　製表　　填表日期 33 年 11 月 30 日

核示：左列第　項已在擬具辦法欄簽註敬乞

論工（豐）發字第(3)1452號
中華民國卅三年十二月初八日發出

33.12.12
203

軍政部兵工署第十工廠主要出品數量報告表 中華民國三十三年十二月至三十四年1月份作字第 24 號

項	械彈名稱	單位	上月累積欠交數量或多繳數量	本月份 飭造數量	本月份 可造成數	本月份 欠交或多交	本月份 未能造成欠交之原因	本月份 總共欠交數	下月份 可造成數	下月份 請發飭造令數	下月份 抵補欠交數免發飭造令	下月份 增減產量或免造之理由	擬具辦法
1	擦槍器具	套	欠10,000	—	—	—	因待二十三廠皮帶未能裝箱	欠10,000	10,000	—	10,000		
2	六公分迫擊砲	門	欠500	150	—	150	正在驗收中，發藍裝箱後，約於一月底交清	欠650	650	—	650		
3	六公分迫擊砲彈	顆	多6,500	30,000	23,500	—		—	35,000	35,000	—		
4	蘇羅通三七公分破甲彈	發	欠13,600	—	13,600	—		—	—	—	—		
5	一公斤爆發罐	個	欠2,000	—	2,000	—		—	—	—	—		
6	六公分迫砲填沙彈	顆	欠6,500	—	6,500	—		—	—	—	—		
7	中正式步槍撞針	個	欠10,000	—	—	—	待驗收	欠10,000	10,000	—	10,000		
8													
9													
10													

34 1 15
203

附註：(1)本表各欄務須詳填不得漏列在渝各廠於每月廿五日前造具二份逕寄製造司考工科(2)外埠各廠在每月廿五日前先行電告但此表仍須詳填二份隨下旬成品旬報表併寄
(3)擬具辦法欄係由主管部份填寫

031

核示

渝工(酉)發字第〇〇四四號

左列第 項已在擬具辦法欄簽註敬乞

製造－2043－200－33.9.18.整／專

廠長　　工務處長　　作業課長　　成品庫長　　製表　　填表日期 33 年 12 月 31 日

軍政部兵工署第十工廠主要出品數量報告表　　中華民國三十四年一月至二月份作字第 25 號

項	械彈名稱	單位	上月累積欠交數量或多繳數量	本月份 飭造數量	本月份 可造成數	本月份 欠交或多交	本月份 未能造成欠交之原因	本月份 總共欠交數	下月份 可造成數	下月份 請發飭造令數	下月份 抵補欠交數免發飭造令	下月份 增減產量或免造之理由	擬具辦法
1	擦槍器具	套	欠10,000	2,000	—	欠2,000	因趕造去年欠交數量並待廿三廠供造皮盒本月份不及造交	欠12,000	12,000	2,000	12,000		
									(假定廿三廠皮盒能如期供給)				
2	六公分迫擊砲	門	欠650	50	—	欠50	因趕造去年欠交數量本月份不及造交.	欠700	700	100	700		
3	六公分迫砲彈	顆	—	35,000	35,000	—		—	35,000	35,000	—		
4	三七公分破甲彈	〃	—	5,000	—	欠5,000	缺引信，尚未裝配.	欠5,000	5,000	5,000	5,000		
5	中正式步槍撞針	個	欠10,000	—	—	—	在驗收中.	欠10,000	10,000	—	—		
6	六公分迫砲備件	套	—	10	—	欠10	已造成，如何裝箱在請示中.	欠10	10	10	10		
7	信號彈銅殼	個	—	10,000	—	欠10,000	待廿五廠銅皮料.	欠10,000	10000	10000	10000		
									(假定廿五廠銅皮料能如期供給)				
8	擦槍器布袋	〃	—	1,540	—	欠1,540	在製造中.	欠1,540	1,540	—	—		
9													
10													

附註：(1)本表各欄務須詳填不得遺漏列在渝各廠於每月廿五日前造具二份逕寄製造司考工科(2)外埠各廠在每月廿五日前先行電告但此表仍須詳填二份隨下旬成品旬報表併寄
(3)擬具辦法欄係由主管部份填寫

核示 左列第　項已在擬具辦法欄簽註敬乞 鑒核

34 2 24
203

製造－2043－200－33.9.18.整／專

廠長　　工處務長　　作課業長　　成庫品長　　製表　　填表日期 34 年 1 月 31 日

軍政部兵工署第十工廠主要出品數量報告表　中華民國三十四年二月至三月份作字第 26 號

項	械彈名稱	單位	上月累積交數量或多繳數量	本月份 飭造數量	本月份 可造成數	本月份 欠交或多交	本月份 未能造成欠交之原因	總共欠交數	下月份 可造成數	下月份 請發飭造令數	下月份 抵補欠交數免發飭造令	增減產量或免造之理由	擬具辦法
1	擦槍器具	套	欠12,000	2,000	2,000	—	10,000套已全部完成待廿三廠代造底盤，2,000套待3/8"螺絲已請撥	欠12,000	14,000（假定廿三廠底盤能如期供給）	2,000	12,000		
2	六公分迫擊砲	門	欠700	100	650	—	因趕造去年欠交650門，一二月份另件造足不及裝配	欠150	250	100	150		
3	六公分迫砲彈	顆	—	35,000	20,000	15,000	已造成在驗收中	欠15,000	50,000	35,000	15,000		
4	三·七公分破甲彈	〃	欠5,000	5,000	—	5,000	因受電力影响彈頭不及淬火	欠10,000	15,000（假定電力不受影响）	5,000	10,000		
5	中正式步槍撞針	個	欠10,000	—	7,470	—	欠2,530個已呈　署請免造	欠2,530	—	—	—		
6	六公分迫砲另件	套	欠10	10	—	10	已造成如何裝箱在請示中	欠20	30	10	10		
7	信號彈鋼殼	個	欠10,000	10,000	—	10,000	已造成請驗中	欠20,000	30,000	10,000	20,000		
8	擦槍器布袋	〃	欠1,540	—	—	—	在製造中	欠1,540	1,540	—	—	34 3 9 收 2-0-3-(1)	
9													
10													

附註：(1)本表各欄務須詳填不得漏列在渝各廠於每月廿五日前造具二份逕寄製造司考工科(2)外埠各廠在每月廿五日前先行電告但此表仍須詳填二份隨下旬成品旬報表併寄
(3)擬具辦法欄係由主管部份填寫

核示：渝工(卅四)發字第〇四四二號 左列第　項已在擬具辦法欄簽註敬乞 中華民國卅四年三月　日

製造—2043—200—33.9.18.整ノ專

廠長　工務處長　作業課長　成品庫長　製表　填表日期 34 年 2 月 28 日

軍政部兵工署第十工廠主要出品數量報告表　中華民國三十四年三月至四月份作字第 27 號

項	械彈名稱	單位	上月累積欠交數量或多繳數量	本月份 飭造數量	本月份 可造成數	本月份 欠交或多交	本月份 未能造成欠交之原因	本月份 總共欠交數	下月份 可造成數	下月份 請發飭造令數	下月份 抵補欠交數免發飭造令	下月份 增減產量或免造之理由	擬具辦法
1	擦槍器具	套	欠12,000	—	4,000	—	待廿三廠代造底盒.	欠8,000	視底盒能否交來而定.				
2	六公分迫擊砲	門	欠150	—	—	—	半成品已齊在裝配中	欠150	300	150	150		
3	六公分迫砲彈	顆	欠15,000	35,000	40,000	—	已造成，因飭造令發下較遲，不及驗收.	欠10,000	45,000	35,000	10,000		
4	三·七公分破甲彈	〃	欠10,000	—	10,000	—		—	10,000	10,000	—		
5	六公分迫砲另件	套	欠20	—	—	—	在裝箱中	欠20	30	10	20		
6	信號彈銅壳	個	欠20,000	—	—	—	已造成，函請應用化學研究所來取.	欠20,000	30,000	10,000	20,000		
7	擦槍器布袋	〃	欠1,540	—	—	—	待料.	欠1,540	—	—	—		
8													
9													
10													

附註：(1)本表各欄務須詳填不得漏列在渝各廠於每月廿五日前造具二份逕寄製造司考工科(2)外埠各廠在每月廿五日前先行電告但此表仍須詳填二份隨下旬成品旬報表併寄
(3)擬具辦法欄係由主管部份塡寫

34 4 17
2-0-3-(一)

製造—2043—200—33.9.18.鏊/專

廠長　工務處長　作業課長　成品庫長　製表　塡表日期 34 年 3 月 31 日

核示
左列第　項已在擬具辦法欄簽註敬乞
工(卅)發字第〇七二七號
中華民國卅四年四月十一日

軍政部兵工署第十工廠主要出品數量報告表　中華民國三十四年四月至五月份作字第 28 號

項	械彈名稱	單位	上月累積欠交數量或多繳數量	本月份 飭造數量	可造成數	欠交或多交	未能造成欠交之原因	總共欠交數	下月份 可造成數	請發飭造令數	抵補欠交數免發飭造令	增減產量或免造之理由	擬具辦法
1	擦槍器具	套	欠8,000	—	920	—	待廿三廠分廠代造皮盒	7,080	視廿三廠皮盒能否送到而定	—	—		三月份補下飭造令數,未列表內,擬於日後繼續造補
2	六公分迫砲	門	欠150	—	—	—	正在驗收中	150	275	125	—		
3	六公分迫彈	顆	欠10,000	35,000	30,000	欠5,000	截至四月份止所飭造者已全部造成,因飭造令直至三月底方到,不及繳驗	15,000	無把握	35,000	—	因缺乏適當材料	
4	三七破甲彈	〃	—	—	5,000	多5,000		—	—	—	—		
5	六公分迫砲另件	套	欠20	—	—	—	在裝箱中	20	30	10	—		
6	信號彈銅壳	個	欠20,000	—	20,000	多20,000		—	—	—	—		
7	擦槍器布袋	〃	欠1,540	—	—	—	待料	1,540	—	—	—		
8	八號電氣雷管	〃	—	10,000	—	欠10,000	製造中	10,000	10,000	—	—		
9													
10													

附註：(1)本表各欄務須詳塡不得遺漏列在渝各廠於每月廿五日前造具二份逕寄製造司考工科(2)外埠各廠在每月廿五日前先行電告但此表仍須詳塡二份隨下旬成品旬報表併寄
(3)擬具辦法欄係由主管部份塡寫

製造—2043—200—33.9.18.整〆專

廠長 [簽名]　工務處長 [印]　作業課長 [印]　成品庫長 [印]　製表 [印]　塡表日期 34年 5月 4日

3247 / 203

核示

渝工(卅四)務字第〇九三〇號

左列第 項已在擬具辦法欄簽註敬乞

中華民國卅四年五月初三日

軍政部兵工署第十工廠主要出品數量報告表　中華民國三十四年五月至六月份作字第 29 號

項	械彈名稱	單位	上月累積欠交數量或多繳數量	本月份 飭造數量	可造成數	欠交或多交	未能造成欠交之原因	總共欠交數	下月份 可造成數	請發飭造令數	抵補欠交數免發飭造令	增減產量或免造之理由	擬具辦法
1	擦槍器具	套	7080	2,000	880	1120	待廿三廠代造皮盒	8,200	2,000	2,000	—		三月份補發飭造令數已月呈請註銷本表未列入
2	六公分迫砲	門	150	125	300	多175		多25	125	150	—		
3	六公分迫彈	顆	15,000	40,000	40,000	—	已造成飭造令發下過遲不及解交	15,000	55,000	40,000	15,000		
4	三七破甲彈	〃	多5,000	5000	5000	—		多5,000	—	5,000	—		
5	六公分迫砲另件	套	20	10	—	10	已裝箱在驗收中	30	40	10	30		
6	信號彈銅殼	個	—	30,000	—	30,000	已造成壳請應用化學研究所未收中	30,000	40,000	10,000	30,000		
7	擦槍器布袋	〃	1,540	—	—	—	前待材料現料已到在製造中	1,540	1540	—	—		
8	八號電氣雷管	〃	7,500	35,000	—	35,000	已造成10000請驗中	42,500	10,000	—	—		
9													
10													

34 6 22
203

附註：(1)本表各欄務須詳填不得遺漏列在渝各廠於每月廿五日前造具二份逕寄製造司考工科(2)外埠各廠在每月廿五日前先行電告但此表仍須詳填二份隨下旬成品旬報表併寄
(3)擬具辦法欄係由主管部份填寫

製造－2043－200－33.9.18.整／專

廠長　工務處長　作業課長　成品庫長　製表　填表日期 34年6月5日

渝工(四)肇字第一三四二號
左列第　項已在擬具辦法欄簽註敬乞
核示

中華民國卅四年六月十三日

軍政部兵工署第十工廠主要出品數量報告表　中華民國三十四年六月至　月份　第 30ゅ號

項	械彈名稱	單位	上月累積欠交數量或多繳數量	本月份 飭造數量	本月份 可造成數	本月份 欠交或多交	本月份 未能造成欠交之原因	總共欠交數	下月份 可造成數	下月份 請發飭造令數	下月份 抵補欠交數免發飭造令	下月份 增減產量或免造之理由	擬具辦法
1	戀槍器具	套	8200	2,000	2200	多200	欠交之數待皮袋運到後即可陸續繳交	8,000	4,000	2,000	2,000		
2	六公分迫砲	門	多25	150	150	—		多25	125	150	—		
3	六公分迫彈	顆	15,000	40,000	40,000	—	欠交之數已造成在解繳中	15,000	55,000	40,000	15,000		
4	三七破甲彈	〃	多5,000	—	—	—		多5,000	—	5,000	—		
5	六公分迫砲另件	套	30	10	—	10	已造成請驗中	40	100	60	40		下半年度應造數60套擬請一次發給飭造令以利解繳
6	信號彈銅壳	只	30000	10,000	30000	多20000	已造成	10,000	20000	10,000	10,000		
7	戀槍器布袋	只	1,540	—	1,540	多1,540		—	—	—	—		
8	八號電氣雷管	只	42,500	—	—	—	已造成30000余呈請驗收中	42,500	30000	—	—		
9	六公分迫砲練習彈	顆	—	6,000	2,000	4000	規定在六七八三月分期造交	4,000	2,000	—	—		
10	六公分練習彈藥包	只	—	96000	32,000	64000	〃	64,000	32,000	—	—		

附註：(1)本表各欄務須詳填不得漏列在渝各廠於每月廿五日前造具二份運寄製造司考工科(2)外埠各廠在每月廿五日前先行電告但此表仍須詳填二份隨下旬成品旬報表併寄
(3)擬具辦法欄係由主管部份填寫

核示：左列第　項已在擬具辦法欄簽註敬乞核示
字第1662號

製造—2043—200—33.9.18.整／專

廠長 [signature]　工務處處長　作業課課長　成品庫庫長　製表　填表日期 34 年 7 月 2 日

軍政部兵工署第十工廠主要出品數量報告表　中華民國三十四年六月至七月份　字第30□號

項	械彈名稱	單位	上月累積欠交數量或多繳數量	本月份 飭造數量	本月份 可造成數	本月份 欠交或多交	本月份 未能造成欠交之原因	本月份 總共欠交數	下月份 可造成數	下月份 請發飭造令數	下月份 抵補欠交數免發飭造令	下月份 增減產量或免造之理由	擬具辦法
1	六公分迫砲填沙彈	顆	——	——	6,500	多6,500		多6,500	——	7,000	——		試砲用械彈消耗數量擬請迅發飭造令以資結束
2													
3													
4													
5													
6													
7													
8													
9													
10													

核示：左列第　項已在擬具辦法欄簽註敬乞

附註：(1)本表各欄務須詳填不得漏列在渝各廠於每月廿五日前造具二份逕寄製造司考工科(2)外埠各廠在每月廿五日前先行電告但此表仍須詳填二份隨下旬成品旬報表併寄

(3)擬具辦法欄係由主管部份填寫

0040

製造－2043－200－33.9.18.警ノ專

廠長　工務處長　作業課長　成品庫長　製表　填表日期 34年7月3日

軍政部兵工署第十工廠主要出品數量報告表　中華民國三十四年七月至八月份作字第 31 號

項	械彈名稱	單位	上月累積欠交數量或多繳數量	本月份 仿造數量	本月份 可造成數	本月份 欠交或多交	本月份 未能造成欠交之原因	本月份 總共欠交數	下月份 可造成數	下月份 請發仿造令數	下月份 抵補欠交數免發仿造令	下月份 增減產量或免造之理由	擬具辦法
1	機槍器具	套	8,000	2,000	6,000	多4,000	待皮袋造到後即可陸續繳交	4,000	4,000	2,000	2,000		
2	六公分迫砲	門	多25	150	200	多50	——	多75	100	150	——		
3	六公分迫彈	顆	15,000	60,000	30,000	30,000	材料不足仿造量過多無法造交	45,000	視材料而定	50,000	——		
4	三七破甲彈	〃	多5,000	——	——	——	——	多5,000	——	5,000	——		
5	六公分迫砲品件	套	40	60	——	60	已造成請驗中	100	100	——	——		
6	信號彈銅殼	只	10,000	10,000	10,000	——	已造成	10,000	20,000	10,000	10,000		
7	八號電氣雷管	〃	42,500	——	——	——	已造成30000套呈請驗收中	42,500	30,000	——	——		
8	六公分迫砲練習彈	顆	4,000	——	2,000	多2,000	規定在六七八三月分期造交	2,000	2,000	——	——		
9	六公分練習彈藥包	只	64,000	——	32,000	多32,000	〃	32,000	32,000	——	——		
10	六公分迫砲填火藥	顆	多6,500	7,000	1,900	5,100	——	多1,400	——	——	——		

核示：渝工(出)發字第一六四三號 左列第 項已在擬具辦法欄簽註敬乞

34 6 9
2 ∧ 3

附註：(1)本表各欄務須詳填不得遺漏列在渝各廠於每月廿五日前造具二份逕寄製造司考工科(2)外埠各廠在每月廿五日前先行電告但此表仍須詳填二份隨下旬成品旬報表併寄
(3)擬具辦法欄係由主管部份填寫

製造—2043—200—33.9.18.整/專　廠長 [signature]　工務處長　作業課長　成品庫長　製表　填表日期 34年8月1日

軍政部兵工署第十工廠主要出品數量報告表　中華民國三十四年八月至九月份作字第 32 號

項	械彈名稱	單位	上月累積欠交數量或多繳數量	本月份 飭造數量	本月份 可造成數	本月份 欠交或多交	本月份 未能造成欠交之原因	本月份 總共欠交數	下月份 可造成數	下月份 請發飭造令數	下月份 抵補欠交數免發飭造令	下月份 增減產量或免造之理由	擬具辦法
1	擦槍器具	套	6000	800	2720	多1920	待皮盒完成後即可造繳裝交	4080	4880	800	4080		
2	六公分迫砲	門	50	105	150	多45	已造成請驗中	5	110	105	5		
3	六公分迫彈	顆	45000	24000	80000	多56000	——	多11000	20000	24000	——		
4	三七破甲彈	顆	——	5000	5000	——	——	——	——	——	——		
5	六公分迫砲另件	套	110	——	——	——	已造成請驗中	110	110	——	——		
6	信號彈銅壳	只	10000	15000	20000	多5000	已造成繳交中	5000	5000	——	5000		
7	8#電雷管	只	42500	——	30000	多30000	在製造中	12500	12500	——	——		
8	六公分迫砲練習彈	顆	2000	——	——	——	已造成繳交中	2000	2000	——	——		
9	六公分練習彈藥包	只	32000	——	——	——	仝上	32000	32000	——	——		
10	六公分迫砲填沙彈	顆	多1400	——	——	——	——	多1400	——	——	——		

附註：(1)本表各欄務須詳填不得漏列在渝各廠於每月廿五日前造具二份逕寄製造司考工科(2)外埠各廠在每月廿五日前先行電告但此表仍須詳填二份隨下旬成品旬報表併寄
(3)擬具辦法欄係由主管部份填寫

34 10 8
2-0-2-(1)

製造—2043—200—33.9.18.整ノ專

廠長　工務處長　作業課長　成品庫長　製表　填表日期 34年9月6日

核示
左列第 字第一九九四號 項已在擬具辦法欄簽註敬乞 核示

軍政部兵工署第十工廠主要出品數量報告表

中華民國三十四年九月至十月份作字第33號

項	械彈名稱	單位	□月累積欠交數量或多繳數量	本月份 飭造數量	本月份 可造成數	本月份 欠交或多交	本月份 未能造成欠交之原因	本月份 總共欠交數	下月份 可造成數	下月份 請發飭造令數	下月份 抵補欠交數免發飭造令	下月份 增減產量或免造之理由	擬具辦法
1	擦槍器具	套	4080	—	—	—	4000套已造成一月公待大署驗收	4080	5680	1600	4080	九月份飭造令未發內800套補諾月份	
2	六公分迫砲	門	5	105	100	5	——	10	115	105	10		
3	六公分迫彈	顆	多11000	24000	30000	多6000	——	多17000	20000	24000	—		
4	六公分迫砲另件	套	110	—	—	—	已造成數月之久待大署驗收	110	110	—	—		
5	信號彈銅壳	枚	5000	—	—	—	已造成待應化所領用	5000	5000	—	—		
6	八號電雷管	只	12500	—	—	—	在製造中	12500	12500	—	—		
7	六公分迫砲練習彈	顆	2000	—	2000	多2000	——	—	—	—	—		
8	六公分練習彈藥包	只	32000	—	32000	多32000	——	—	—	—	—		
9	六公分迫砲填沙彈	顆	多1400	—	866	多866	——	多2266	—	—	—		
10													

附註：(1)本表各欄務須詳填不得漏列在渝各廠於每月廿五日前造具二份逕寄製造司考工科(2)外埠各廠在每月廿五日前先行電告但此表仍須詳填二份隨下旬成品旬報表併寄
(3)擬具辦法欄係由主管部份填寫

核示 左列第 項已在擬具辦法欄簽註敬乞

渝工(鐵)字第2045號 203

製造—2013—200—33.9.18.整ノ專

廠長　工務處長　作業課長　成品庫長　製表

填表日期 34年10月9日

33 10 20

1 11 17

85

軍政部兵工署第十工廠三十三年度械彈製造分月進度預定計劃表 三十三年十月二日造

械彈名稱	預定數量	一月	二月	三月	四月	五月	六月	七月	八月	九月	十月	十一月	十二月	備考
三七破甲彈	四萬五千發	五千發	一萬	一萬	一萬	一萬								
擦槍器具	二萬四千套	八千套	八千	八千										
六公分迫擊砲	九百門				一百門	一百	一百	一百	一百	一百	一百	一百	一百	
六公分迫砲彈	十八萬發				二萬發	二萬	二萬	二萬	二萬	二萬	二萬	二萬	二萬	

86

軍政部兵工署第十工廠三十三年下半年度械彈加造預定數目表　三十三年十月日送

械彈名稱	加造數量	預定實施狀況	備考
六公分迫擊砲	五十門	預定年底交出	
六公分迫砲彈	四萬發	預定自九月份起每月各繳一萬發	
元藥包	六萬發	預定九月底交出	九月底已全部完成待驗收
擦槍器具	一萬六千套	預定自九月份起每月送繳四千套	
一公斤爆發管	二千個	預定十一月底交出	
七九步槍擊針	一萬枚	預定十二月底交出	

軍政部兵工署第十工廠三十三年度械彈製造實施狀況表 三十三年十月八日造

械彈名稱	總計應繳數量	截至九月底止實施狀況	十月至十二月預定實施狀況	困難情形	備考
三七公分破甲彈	四萬五千發	已繳一萬發	至十二月底全部繳足	[illegible]常紫銅管料來源困難補充不易須另行設法材料代替改變實驗工作	
六公分迫砲	一千三百五十門	已繳七百門	十月及十一月各繳二百門十二月繳二百五十門	最近以各廠迫砲構造究行統一致零件多有更改機器設備須要增添	
				致礙進展	
六公分迫砲彈	三十八萬發	已繳二十六萬發	每月繳三萬發	砲彈引信銅料來源不足急需接濟否則有停工待料之慮	
擦槍器具	四萬套	已繳一萬四千套另有二千套已造成尚未驗收	每月繳五千套		
元形藥包	六萬個	已繳一萬個另有五萬個已造成尚未驗收			
一公斤爆發罐	二千個	另件已大部完成待裝配	十一月及十二月各繳一千個		
七九步槍擊針	一萬個	已陸續趕造	十二月底繳出		

88

軍政部兵工署第十工廠三十二年度械彈製造欠繳數量表

三十三年十月一日造

械彈名稱	欠繳數量	欠繳原因	備考
六公分迫擊砲	四百門	砲上另件計有二百餘件之多在未正式出品以前每種另件須有充分之轉手數量在不妨礙預定計劃中其他出品之原則下調度工作抽暇準備實非易事尤其原設計尚有缺點須本廠自行解決予以改良致費事費時阻礙進度卅二年未能交出	預定於三十三年補繳
六公分迫擊砲彈	九萬發	本廠向無翻砂設備而彈壳鑄製工作甚需經驗短期內不易走上軌道加以技術人員不敷分配原有機器性能不同須加改造新添機器精度太差影響效率砲彈設計尚有缺點與應予改良致進展費時卅二年未能交出	預定於三十三年補繳
信號槍彈	四萬發	停造	不再繼續造繳

兵工署第十工厂为报告预计增产及所需器械情况致兵工署的代电（一九四五年二月二十二日）

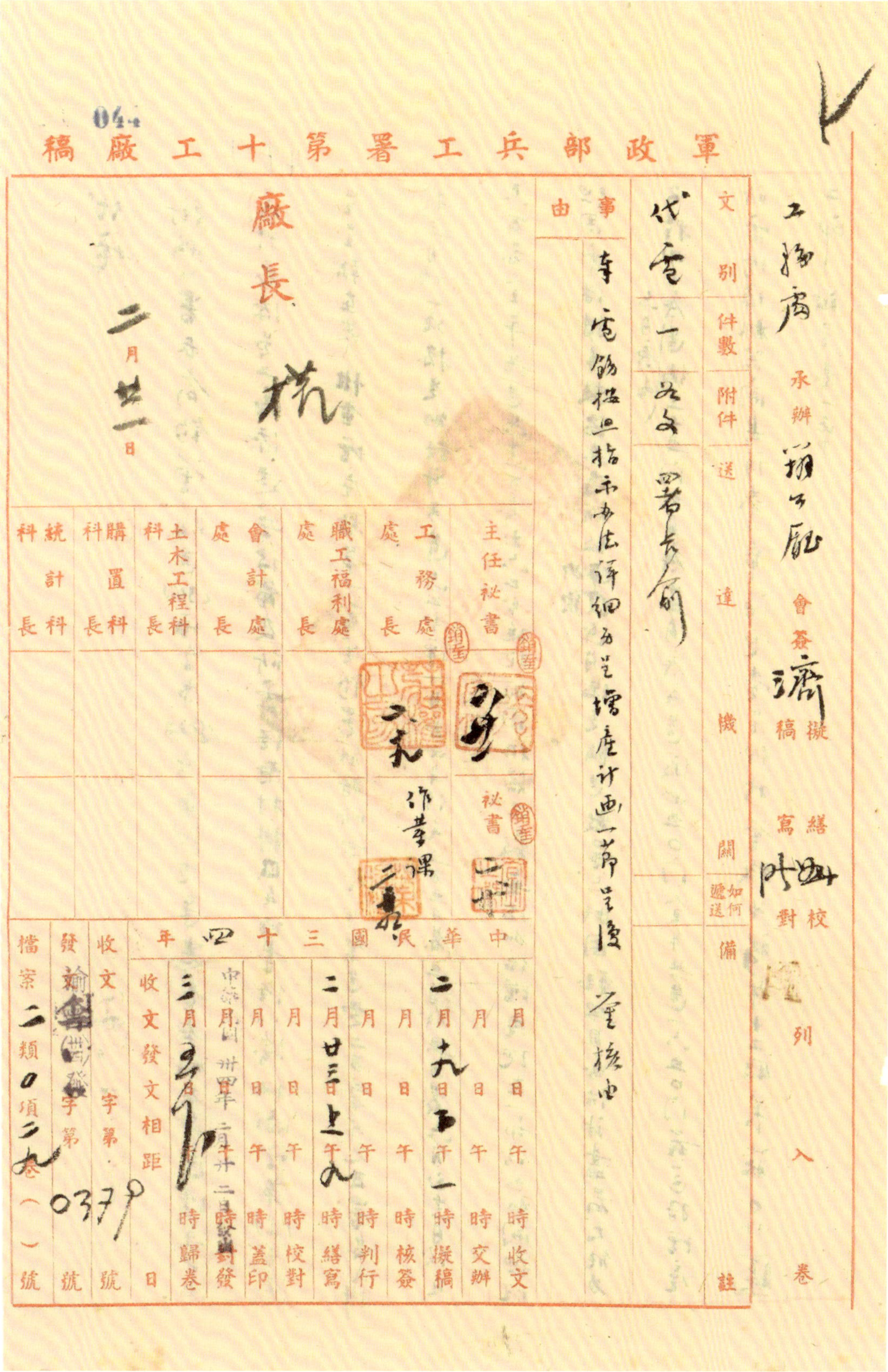
軍政部兵工署第十工廠稿

文別：代電
件數：一
附件：如文
送達機關：署長俞
事由：奉電飭格照指示方法詳細分呈增產計畫一節呈復鑒核由

承辦：工務處
會簽
擬稿：濟
繕寫
校對
列入卷

廠長：杭
二月廿一日

主任秘書
工務處處長
職工福利處處長
會計處處長
土木工程科科長
購置科科長
統計科科長
秘書

中華民國三十四年
收文：月 日 午 時
交辦：月 日 午 時
擬稿：二月十九日下午一時
核簽：月 日 午 時
判行：月 日 午 時
繕寫：二月廿三日上午九時
校對：月 日 午 時
蓋印：月 日 午 時
封發：卅四年二月廿二日
歸卷：三月五日
收文發文相距 日
收文 字第 號
發文 渝 字第 0337 號
檔案 二類 0 項 二九 卷（一）號

44-1

代电

（衔略）署长俞钧鉴：密造（34）丙字第1812号鱼代电奉悉。查本厂本年度增产计划

关于应添员工、应添建筑设备及所需经费材料，曾分项详经以密秘两字第161号签

呈，呈报在卷。兹查增产数量一节，前钧署饬将所需全部制造费二万三千万元及署发材料

于三月份一次拨足，则该计所造六公分弹一月至四月份每月三万五千发，五月份五万发，六月至十二月份每月

八万发，全年共造六十一万发。至八公分迫击砲，则因机器不敷，无法加倍增产，现在一部份已加开夜班，

但因零件转手数尚未充裕，故[illegible]逐月编足，饬造数量亦属困难。目前估计尽最大能力

可于四月底（六月底各）造足三七五门，九月底、十二月底各造足四五〇门，全年共造一六五〇门。兹为增产

所需增添机器，开具详表一份，随电赍呈，仰祈鉴核为祷。第十工厂厂长庄权叩[illegible]

工卯 附呈表一份

第十二廠三十四年度增產計劃應增機器器械數量表

機器名称	主要尺寸(規格)	數量	單價	總價	来源	備考
小冲床	~~冲床座與冲模座距190公厘~~ 来回8-60公厘 每10-24吋	3部	250,000	750,000	本國購買	
切口機	松式	1"	100,000	100,000	自製	
縫級機	勝家出品	2"	80,000	160,000	本國購買	
小剪刀機	能剪厚度⅛"	1"	100,000	100,000	自製	
滚彈機		2"	50,000	100,000	" "	
印字機		2"	50,000	100,000	" "	
天秤	力量(重量) 200公分 精度 0.1公分	3架	30,000	90,000	本國購買	
冲天爐	3噸 ~~爐徑800~~	1座	2,000,000	2,000,000	自製	
六呎車床	~~頂針高200公厘~~ ~~頂針距1000公厘~~ 6'	10部	300,000	3,000,000	本國購買	

平銑床	床面=200x600 m/m ~~上下尺寸=180 m/m~~	2部	500,000	1,000,000	本國購買	
木鉋床	可鉋厚度3/8"—1" ~~台面寬500 m/m~~	1"	300,000	300,000	"	
筍頭機	燕尾筍形式	2"	500,000	1,000,000	"	
元鋸床	可鋸厚度1" 台面654x850 m/m	2"	50,000	100,000	自製	
枱鑽床	鑽徑=0-12.5 m/m φ ~~鑽距=70 m/m~~	5"	50,000	250,000	本國購買	
落地鑽床	鑽徑=30 m/m ~~鑽距=550 m/m~~	3"	300,000	900,000	"	
木車床	~~旋徑高=200 m/m~~ ~~旋徑距=840 m/m~~ 6'	1"	150,000	150,000	自製	
打水機	1415 Liter/min	1"	300,000	300,000	本國購買	
方棚	200 KVA	1座	3,000,000	3,000,000	"	

兵工署关于下发兵工署第十工厂一九四五年应制主要械弹数量表致庄权的代电（一九四五年四月九日）

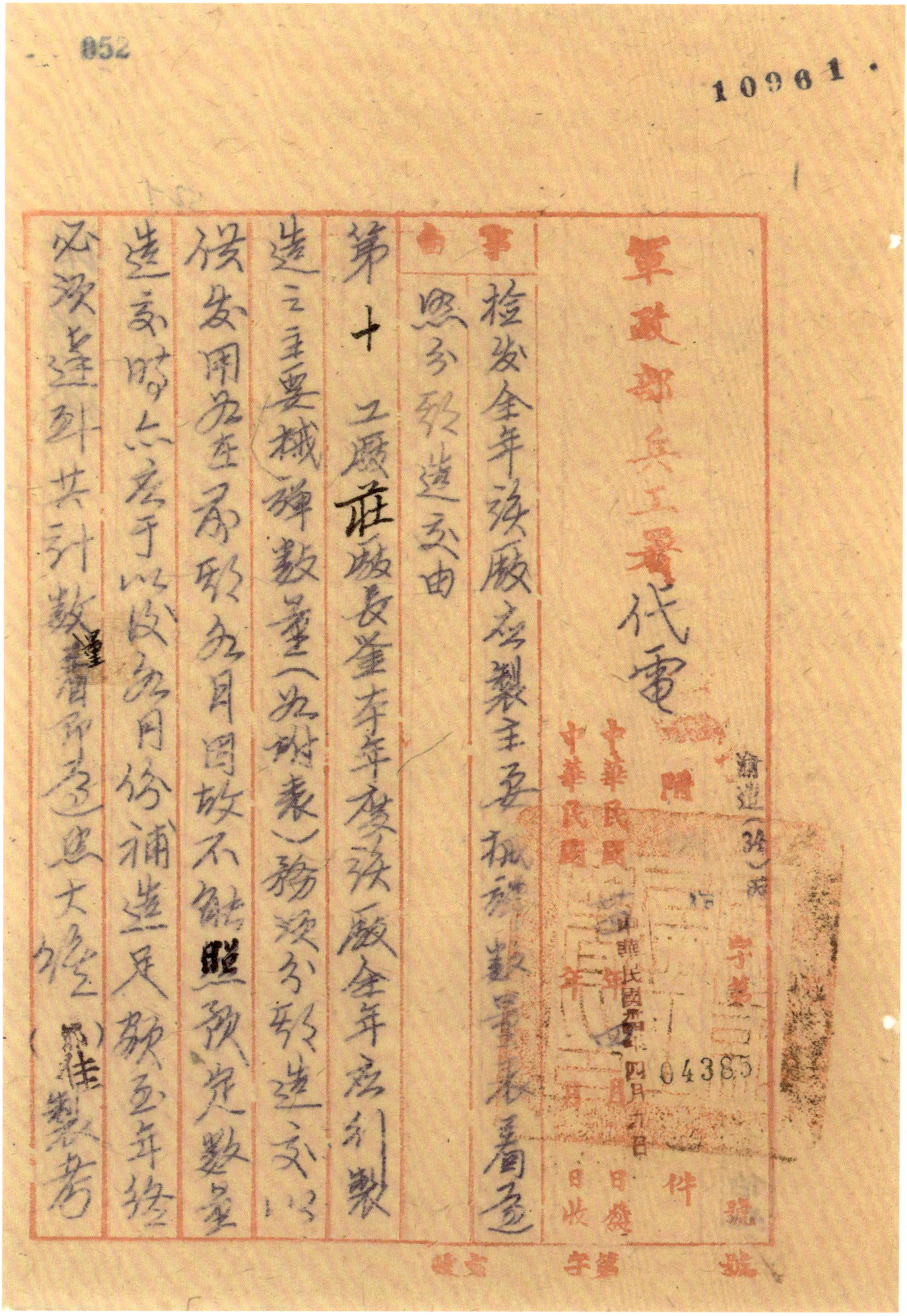
052

10961

軍政部兵工署代電

事由：檢發全年該廠應製主要械彈數量表希遵照分期造交由

第十工廠莊廠長董：本年度該廠全年應行製造之主要械彈數量（如附表）務須分期造交以俾發用，如在前期各月因故不能照預定數量造交時，亦應于以後各月份補造足額，至年終必須達到共計數量，着即遵照為要。俞大維（卯佳）製發秀

附件

渝造（34）字第　號

中華民國　年　月　日發

中華民國　年　月　日收

04385

527

附表一份

校对 宋伯和

05[illegible]

第十廠

名稱 / 月份	六公分迫擊砲	六公分迫砲彈	備攷
1	125.	35,000	
2	〃	〃	
3	〃	〃	
4	〃	〃	
5	〃	50,000	
6	〃	60,000	
7	150.	〃	
8	〃	〃	
9	〃	〃	
10	〃	〃	
11	〃	〃	
12	〃	〃	
合計	1,650.	610,000	

兵工署第十工厂一九四五年度弹药武器造交统计表（一九四七年）

55

00055 三十四年度本廠彈藥武器造交統計表

軍政部兵工署第十

名　　稱	單位	本廠全年造交數	附
六公分迫擊砲	門	2,070	內650門係補去年欠交數量
六公分迫擊砲彈	顆	447,000	
六公分迫擊砲練習彈	〃	16,766	
三七破甲彈	〃	25,000	
擦槍器具	套	29,240	內10,000套係補去年欠交數量
信號彈銅殼	枚	150,000	
迫砲另件	套	600	
八號雷管	枚	45,000	
迫砲藥包	〃	96,000	
步鎗擊針	〃	7,470	係補去年欠交數量

廠長

工務處長

作業課長

製表

1122—1000—35.6.20.統／專

（四）机器原料

蔡其恕关于在德国订购机器设备材料情况致庄权的函（一九三七年十二月二十日）

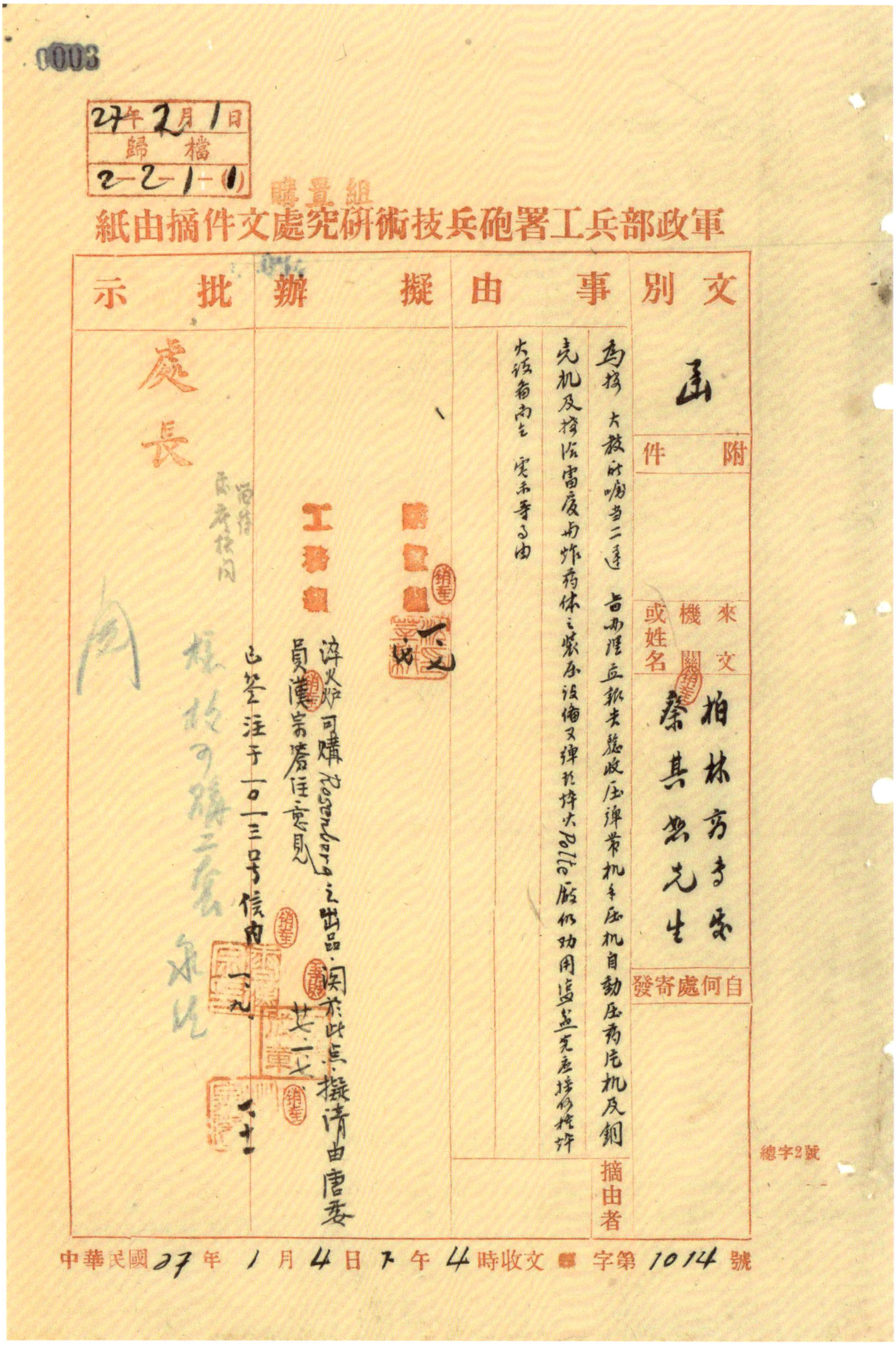
0003

27年2月1日
歸檔
2-2-1-1

購置組

軍政部兵工署砲兵技術研究處文件摘由紙

文別	函
附件	
來文機關或姓名	柏林方秉恕先生
自何處寄發	

事由：為接大教所囑查二達 函西厚益報告聽取壓彈帶機手壓機自動壓藥虎機及銅殼機及擦活雷管兩炸藥体之裝壓設備又彈托焊火Polte廠仍功用造並完全接妥情形大致奉函 實希察照由

摘由者

擬辦：淬火炉可購Rosenberg之出品，關於此點，擬請由唐委員漢宗簽注意見
正簽注于一〇一三號信內 一·九
廿一·七

批示：處長
函 府核閱
根據可購二套
兼侃

總字2號

中華民國27年1月4日下午4時收文　字第1014號

照行專函長官我兄鈞鑒：十一月廿二日曾呈一函，諒邀
台閱。今日承收到砲校三六七字第一九九二號
大教，敬悉一切。所囑事當由一一遵辦，后（?）辦理務求迅速進行，俾早完成。弟
於此一月間，除往Hartex驗收壓彈帶機一部、Niles手壓機四部、Kilian自
動壓藥片機一部及Polte鋼壳機五部外，曾於十二月初偕王鎮（?）君專往
Köln與Düren兩廠接洽雷管與炸藥體之裝壓設備。十五日弟又往
Grimma接洽，以資比較。現在各廠報價已來，計
Meissner全部雷管設備41800μ，火帽壓機二部4900μ，又Bleiacid
全部製造設備（17340μ外加Lizenz 5000μ）。以上三者即擬訂購，後者尚待與
王君商酌後再行決定。
Hechtenberg之炸藥體裝壓設備共約33560μ，Grimma則僅需25000μ，
前者有四部壓機壓法比較謹慎，後者則僅用二部壓機，亦待商洽即行
訂購。又弟此次往Polte時，又曾詳談彈頭烘乾事宜，該廠仍主用鹽
浴Salzbad。據該廠所訂Rosenberg之烘爐尚未運到試用，故無從比較究
竟應採用何種烘乾設備。Rosenberg之爐應否即行訂購，尚乞
電示為盼。王張二兄因此間訂貨繁多，時往各處驗收，近今在外未
歸。且此間亦有事多人少，不敷支配之苦也。Pittler之機器RBII28四部與
RCII36五部又須驗收，弟准明日前往故（?）
大教所囑各事，須待驗收後即行趕辦。所稱工具樣板材料以及必要零件等
需款請撥，敬請預先籌劃一條，如得有款，俾或有約購預訂，然後當即電呈，
俾得迅速進行也。如若干零件及必要材料可由國外購得，則重要機器於明年
三月底均可交貨，設屆時交通無困難，則下半年或可試造矣。查二生的樣板此間
尚遺留一箱（此事請與丸鶴（?）兄詳談），可見國內必有全套。是否尚需再訂
購二全副又工具樣板，亦係重要，應否訂購，均請
電示。又查二生的所用之Fertigungspläne, Stücklisten, Arbeitspläne u. Maschinen-
zeichnungen für die zur Fabrikation erforderlich Maschinen, sowie Stück-
listen für die Fabrikationslehren, also die Unterlagen für die anzubietenden
vollständige Fabrikationseinrichtung der 2 cm Munition. 已均由Solothurn
送至中國（根據Solothurn一九三五年二月廿一日來信）。此種材料於將來製造上十
分重要，特此奉聞。專此，敬請
勛安

弟 穆其穎（?）鞠躬 十二月廿日

有

28

蔡其恕关于在德国订购机器设备材料情况致庄权的函（一九三八年二月十八日）

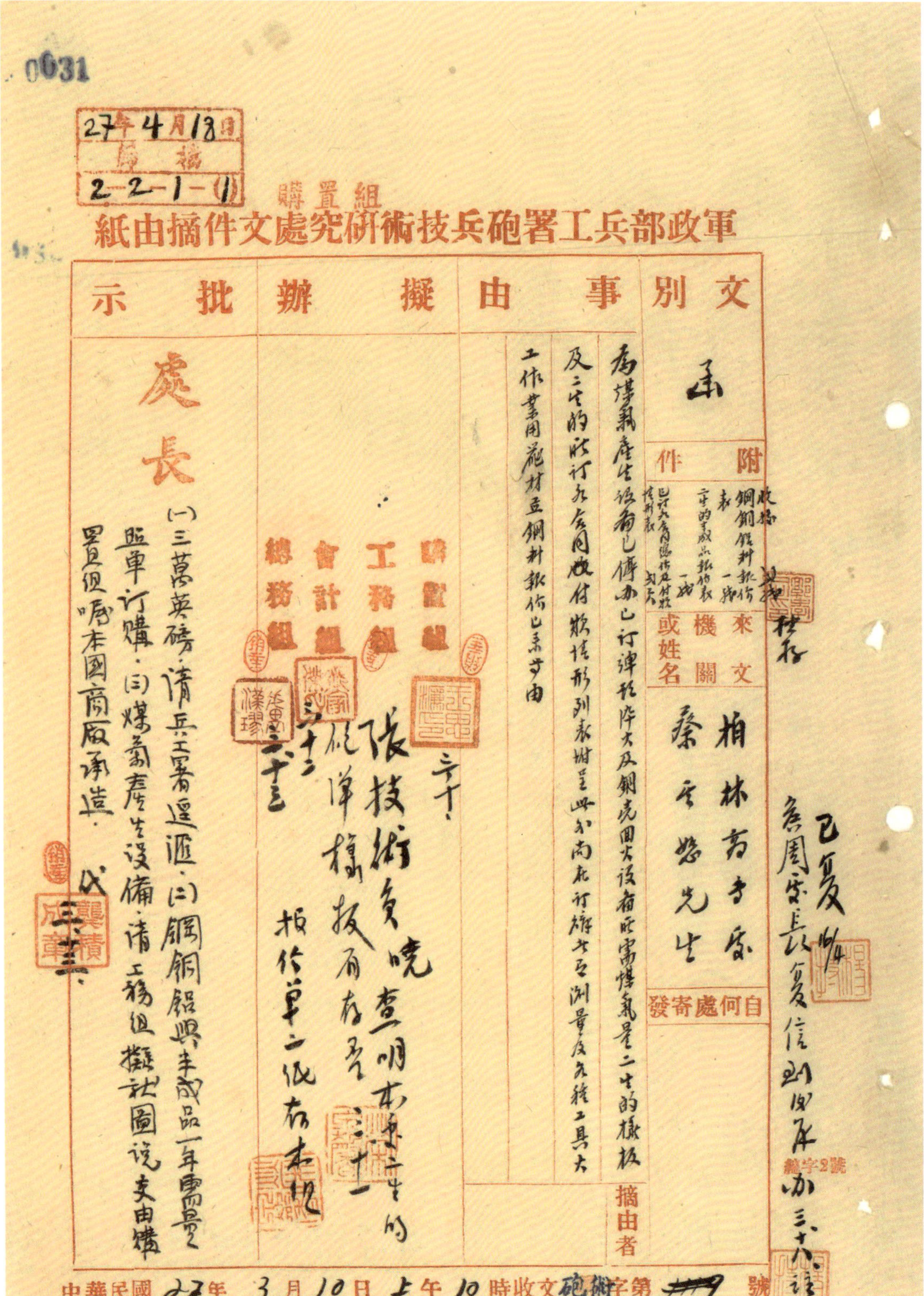
0031

27年4月18日 2-2-1-(1)

購置組

軍政部兵工署砲兵技術研究處文件摘由紙

文別	函
附件	收據 鋼銅鋁料報價表一份 二吨的煤氣產品報價表一份 已訂大宗機器設備材料交貨情形表一份
來文機關或姓名	柏林 高子原 蔡其恕先生
自何處寄發	
事由	為煤氣產生設備已傳辦已訂津托泮大及銅壳回火設備所需煤氣量二吨的樣板及二吨的所訂各項交付狀情形列表附呈此外尚在訂辦者至測量及各種工具大工作業用範材並銅料報價已未手由
擬辦	張技術員晓查明本案二吨的煤洋樣板有存否 三、十一 報作第二低存本組 六、十 三、十三
批示	處長 (一)三萬英磅，請兵工署匯匯。(二)鋼銅鋁與半成品一年需量，照單訂購。(三)煤氣產生設備，請工務組擬就圖說交由購置組嘱本國商廠承造。 代 三、十二

已復 周處長 復信 辦 三十八註

中華民國27年3月10日上午10時收文砲術字第八五五號

32

慕尹處長吾兄鈞鑒：二月四日曾呈一函，諒邀
台閱。二月十日
奉電及兵技三六三號大教，均已敬悉。煤氣發生設備已遵
上言停辦，者已訂購頭等大及銅壳回火設備所需煤氣量每小時約
200 cbm mit einem unteren Heizwert von 1200 W.E. 謹以呈
聞。三件的樣板已備，某商廠報價，該廠未即取決，須十個月始能
交貨，報價單亦須兩星期後方能寄來。茲除與某商廠接洽
外，又與Hommel及Hahn + Kolb接洽，以前者須有圖樣，後者可承辦。
後者謂若有詳明之Stückliste，彼可代設法圖樣之事，該項Stückliste
國內必有（見弟十二月廿日函），謹請由航郵寄下（如有圖樣更好），則
弟可交與該商等分別報價，以便擇其價廉與交貨期均可較早者，則不至
則被由某商廠承辦。軍兵技三六三號所囑將收支概況抄呈
一事，茲將二十六年所訂各合同付款情形表附呈。此外尚在訂購中者有
測量及各種應用工具約八千馬克，火工作業用器材約一萬七千馬克
者。三生的彈殼現已經匯到，者計五萬九千四百十四馬克，餘款現已交付，此款尚在
所請續匯三萬馬克待用甚急，謹請設法匯出，以利進行。鋼料報價已
來，茲將鋼銅鋁料及半成品所得報價列表奉呈，以便參考。
臥奉
電令，弟與王維留至五月底返國，自當遵命。此間訂購事似可告
一段落，唯重要機器亦已大半交貨。既奉
命留德協同籌劃，乃
晤尋求機會研習兵工之實際情形，惟德國環境不佳，不審
能否如願也。專此敬呈，謹請
安

弟齊焌敬上
廿七年二月十八日

另附付款情形表二紙、報價表二紙，又弟與王維收據各一紙，敬請
轉交會計組為感

66

二月十八日抄

已訂各合同總價及付款情形表

第一頁

合同號數	廠名	机器種類	部數	合同總價	已付款項	未付款項	交貨情形
826	Sylbe + Pondorf	自動木車床	1	a 1218,32	£ 80.8.4	訖	已交貨運出
827	Pittler	自動車床等	42	a 453771,13	£ 20730.10.2	146651,50	29部已運出 8部已交貨 5部二月底驗收
827 Nachtrag	〃	電開関	13	325,00		訖	
830	Georg Reicherter	硬度試驗器	1	a 834,70	£ 51.16.10	〃	已運出
838	Polte	二生的銅壳机	13	a 130000,00	£ 9450.16.7	〃	〃
849	Hahn + Kolb	Index自動車床	15	a 96372,00	£ 4935.8.10	28354,31	6部已運出 9部已交貨
849 Nachtrag	〃	附件		1465,35	£ 81.17.3	448,18	
861	Wafios	做彈簧机	1	a 3429,00	£ 258.6.7	訖	已運出
866	Fritz Werner	三七銅壳机	21	a 150000,00	£ 5470.-.5	67500,00	五月中交貨
867	Rheinmetall Borsig	彈頭試压机	2	a 16335,00	£ 539.2.2	a 8167,50	1部已運出 1部四月初交貨
868	Cordes + Slinter	工具磨床	2	a 1060,80	£ 70.-.5	訖	已運出
870	Hartex	彈頭磨床	2	a 39587,00	£ 2709.4.7	〃	〃
871	Hahn + Kolb	Index工具附件		a 13127,65	£ 654.17.10	4073,99	係合同849
883	Albert Obermaser	馬達	1	a 171,50	£ 10.13.3	訖	已交貨
884	Hahn + Kolb	銑床鑽床等	19	a 15264,80	£ 1114.15.11	訖	〃
884 Nach. I	〃	附件工具		a 152,10		〃	〃
884 Nach II	〃	〃		275,00	£ 22.2.9	〃	〃
884 Nach III	〃	〃		354,00	£ 28.9.10	〃	〃
884 Nachtrag	〃	〃		126,50	£ 10.3.7	〃	〃
900	Siemens	Index用馬達	15	£ 94.10.-	£ 80.6.6	〃	係合同849
905	Müller + Montag	車彈帶車床	7	a 15190,00	£ 527.8.7	a 7595,00	二月底交貨
988	Hartex	压彈帶机	1	13184,00	£ 1034.5.4	訖	已運出
989	Siemens	彈帶車床用馬達	7	£ 65.18.6	£ 65.18.6	〃	係合同905
1159	Polte	二生的緊口机	1	3150,00	£ 126.19.4	1575,00	五月中交貨
1217	Kilian	压葯片機	1	1070,00	£ 86.5.2	訖	已運出
1218	Schuler	偏心反手扳压机	26	21535,00	£ 578.13.3	14537,00	三月底交貨
1228	Paul Blell	15t 压机	2	7666,00	£ 310.17.5	3833,00	九月中交貨
1232	Krupp Grussoner	粗磨細磨	2	£ 57.15.-	£ 57.15.-	訖	已運出
1233	Hahn + Kolb	彈簧試驗机	1	520,00	£ 21.1.3	260,00	已交貨

附註：除特別註明者外皆以馬克為單位有a字者係aski馬克

二月十八日抄

已訂各合同總價及付款情形表

第二頁

合同號數	廠名	机器種類	部數	合同總價	已付款項	未付款項	交貨情形
1239	Hahn + Kolb	四桿鑽床	1	1056,60	£ 85.–.9	訖	已交貨
1239 Nachtrag	〃	附件		207,00		207,00	〃
1240	〃	量台等		3385,00	£ 239.13.4	420,00	大部份已交貨
1246	Boley + Leinen	小車床	3	2730,00		2730,00	已交貨
1254	Robert Todt	小鑽床	15	2633,25	£ 212.7.3	訖	已運出
1282	Polte	二生的冲餅附件		1575,00		1575,00	三月中交貨
1284	Nitsche	螺絲鑽床	5	2828,00	£ ~~2750,00~~ 221.11.11	78,00	已運出
1288	Niles	压机等	11	16685,00	£ 763.16.7	7230,00	4部已運出 餘六月中交貨
1290	Paul Blell	12t压机	1	2520,00	£ 67.19.3	1680,00	十月中交貨
1291	Siemens	馬達	1	£ 6.3.–		£ 6.3.–	已交貨
1304	G. Boley	小車床	1	870,00		870,00	五月中交貨
1316	Kuhlmann	精細天秤	1	350,30	£ 28.4.10	訖	已運出
1335	Polte	三七緊口燒口机	2	5285,00	£ 213.–.5	2642,50	七月中交貨
1349	Niles	Fadenapparat等		2305,00	£ 92.18.2	1152,50	八月中交貨
1359	Siemens	Zündmaschine		$ 51,20	£ 10.5.5	訖	已運出
1361	Hahn + Kolb	車床車視孔机	3	~~5883,00~~ 5369,00	£ 216.2.11	2684,50	三月底交貨
1365	A.E.G.	螺丝鑽床用馬達	5	£ 12.5.–	£ 12.5.–	訖	已運出
1369	Hahn + Kolb	工具磨床	2	1442,00	£ 58.2.6	721,00	二月底交貨
1370	〃	曲線試驗器	1	622,00		622,00	七月中交貨
1372	Polte	三七燒口机附件		400,00		400,00	屬合同1335
1384	Max. Friedrich	球磨	2	730,00		730,00	五月中交貨
1395	Johann Krall	離心力試驗器	5	ÖS 7650,00		ÖS 7650,00	三月底交貨
1405	Hechtenberg	炸药体設備		32262,00		32262,00	六月中交貨
1418	A.E.G.	Schulen用馬達	8	£ 40.4.–		£ 40.4.–	屬合同1218
1420	Siemens	小馬達	16	£ 67.2.3		£ 67.2.3	五月中交貨
1422	Jasse	拌和桶	4	798,00		798,00	三月底交貨
	Burberg	雷管裝压設備		62500,00		62500,00	付定金後五個月
	Hahn + Kolb	淬火炉回火炉		20072,50		20072,50	四個月後

附註：ÖS 奧國先令

68

龚积成关于指示二一公分厂进行事项及订货事宜致蔡其恕的笺函（一九三八年四月十七日）

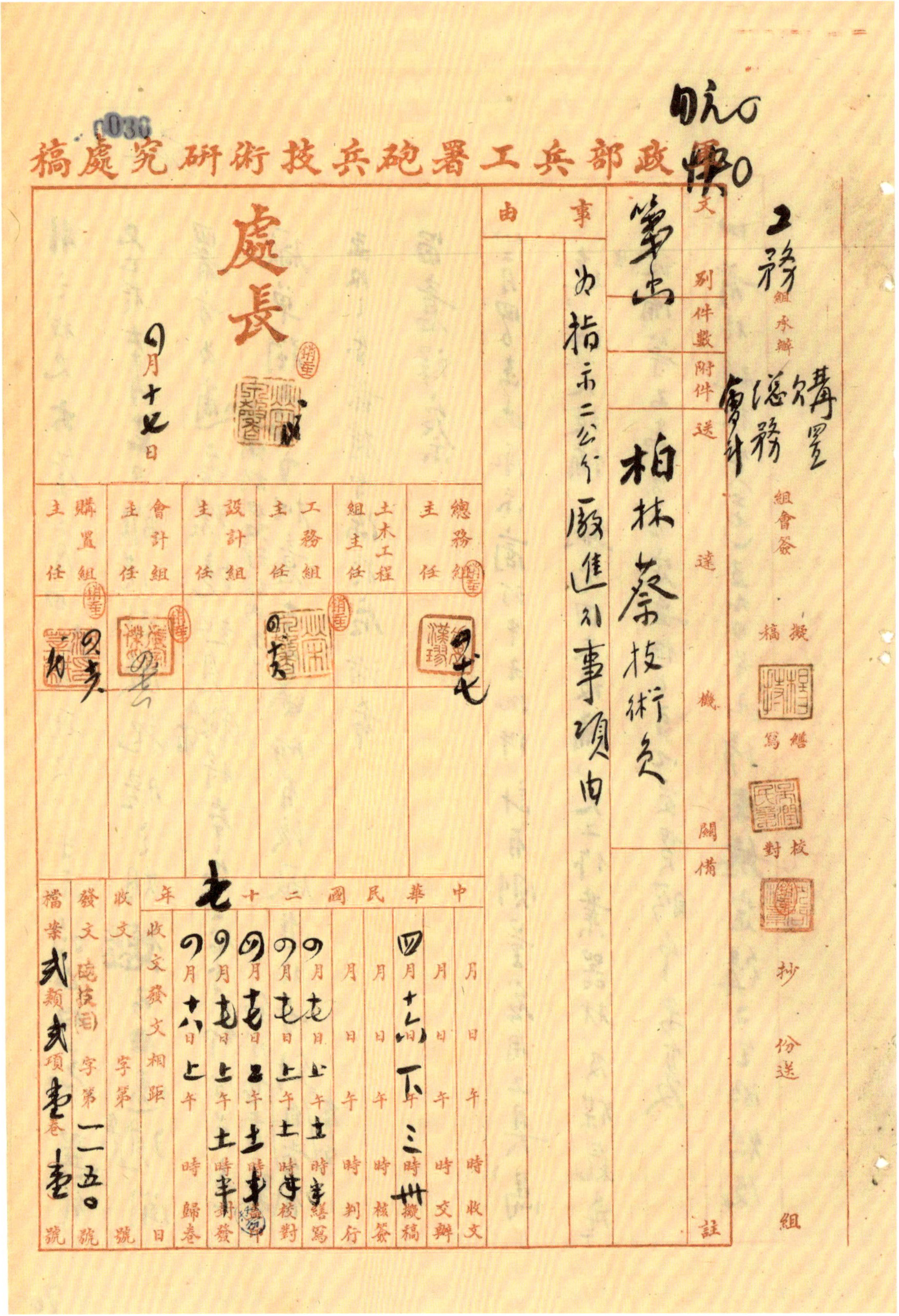
政部兵工署砲兵技術研究處稿

處長 四月十七日

總務組主任	土木工程組主任	工務組主任	設計組主任	會計組主任	購置組主任

事由：為指示二公分廠進行事項由

文別：箋函

送達機關：柏林蔡技術員

承辦組：工務

會簽組：購置 總務 會計

擬稿 繕寫 校對

中華民國二十七年

收文	擬稿	核簽	判行	繕寫	校對	封發	歸卷	收文發文相距
月日午時	四月十六日下午三時卅	月日午時	月日午時	四月十七日上午十一時	四月十七日上午十一時半	四月十七日上午十一時半	四月十八日上午 時	日

收文 字第 號

發文 臨技字第一二五〇號

檔案 貳類貳項壹卷壹號

36-1

彬之我兄大鑒：二月四、六日兩次手示均已收悉。巽弟

兄已於本月十二日離港赴歐，把晤之期當不甚遠矣。現閱

署方為適應環境起見，擬由弟將本案之公分部分另立一

廠單獨工作，並擬於最短期內出品，方擬意本案以所有該廠進行方針自當有 仰承意旨 畧 本案

多改之處，茲特分陳於后，諸希

留意詳察。

(1)二月四日來函承示商訂中各機件，計有測量應用工具、馬

達、淬火設備、銅殼圓大設備、火工作業器材、及煤氣產

生設備等，不知曾否定妥，何日可以交貨，盼即示復。

(2)前於砲技字(二七)五九〇號函請在德定購之生[illegible][illegible]況

70

设备之套不能有合式安全煤气发生炉本拟在国内自制现因缺乏材料难以进行故决定仍在欧洲定购

用途专供五件同所用无烟煤热力每公斤约为五六〇〇加路里所含（约）百分之二十以上为粘结性

附图请詧

（三）二公分砲弹、铜钢铅等（一年用材料）原料及其他必需材料另单呈请

除购一年用数量之款项当即由本署筹汇（请查示）

（四）铜壳用铜料仍由本厂自行冲制熔制外（在国内采购）另汎行备订购（请即）

（四）二公分厂用刀具（三个月）请预购之（以及其他九个月）用之工具钢亦应购齐

（五）炸药件及雷管件亦请购备三个月用料以便迅速开工（管器）

（六）此后再设法购二药自制（所需）

（一）制造工具机器应添购分全国向机器厂定中 上述行

37

总字1-2号

71

371

×（四）營箱暫用人02机器可復購

上各項材料應需
料項若干希即
見示以便呈署請匯
二公分砲彈廠備机費
所現不拘札一百六十
范圍之內其餘需用
机器可放手採
購為也
月十八日大公報
英之模擬圖樣
不無方法取得

二月十六日來函請匯之三萬英鎊已於本年一月廿二日由四者
交匯豐商業銀行備用金內總劃付想已收到倘未望示及
現在抗戰日烈彈藥供應因急日益迫切署方部屬各廠
四者方面實望本兄及兩公分廠早日成立有所供獻我保障
兄在歐工作告一段落後即與王銓兄早日返國準備襄贊助
專此佈達即頌
旅祉
弟龔00謹啟

兵工署炮兵技术研究处关于已购二公分各机器运输情形致兵工署的呈（一九三八年五月一日）

查本厂二分厂砲弹厂全部机器，约有一百六十余部，其中大部分可于本年五月间在德交货，仍邮运。现在进行订购中者，尚有压药机及检验机器具等。亦因此间枪弹厂本分厂之所有铜壳机，与该厂枪弹配合使用之工具，自制造机器、铜壳圆火炉、煤气发生炉等，自有，不必重行选购，以资充实设备。

又查已备二分厂各机器中，已有六十一箱运到株洲，七十二箱暂存香港埠，其数约占一半。所有各机器运输情形，理合造具附表，呈请

鉴核备查。谨呈

署长 俞

附表一份

全衔 庄○

砲兵技術研究處砲彈廠已購各機器運輸情形表

合同號數	承辦廠商	機器名稱	部數	運輸情形
八二六	Sykes & Rendorf	自動木車床	一	已到本廠
八二七	Pittler	自動車床等	四二	內廿七箱已到廠 內九箱於十一月間到港
八二七坩件	〃	電開関	一三	內八箱於四月間到港
八三〇	Georg Reichardt	硬度試驗器	一	內一箱於四月間到港
八三八	Pollé	二生的銅壳机	十三	內八箱已到廠 內五箱二月間到港
八四九	Hahn & Kolb	Index 自動車床	十五	內七箱已到廠
八四九坩件	〃	坩件		內十二箱四月間到港
八六一	Wafios	做彈簧機	一	一箱於二六年九月間到港

281

八六六	Fritz Werner	三七銅壳機	廿一	本年五月內可以交貨
八六七	Rheinmetall Borsig	彈頭試壓机	二	內二箱於二月間到港
八六八	Cordes + Sluiter	工具磨床	二	全已到齊
八七〇	Karlcik	彈頭磨床	二	仝右
八七一	Hahn + Kolb	Index 工具附件		與合同八〇九号自動車床同時到港
八八二	Albert Obermaser	馬達	一	四箱於二月到港
八八四	Hahn + Kolb	銑床及鑽床等	一九	十四箱於三月間到港 附件及工具全
九〇〇	Siemens	Index 用馬達	十五	並與合同八〇九号全案
九八八	Karlcik	壓彈帶機	一	一箱於二月間到港
九〇五	Müller + Montag	車彈業車床	七	二月底交貨

軍政部兵工署砲兵技術研究處

132

0020

九八九	Siemens	彈帶車床用馬達	七	
一一五九	Pollé	二生的紧口机	一	本年五月中可以交货
一一二七	Kilian	壓药片机	一	一箱於五月間到港
一一二八	Schuler	偏心及手扳壓机	三十六	三月[illegible]底交货
一三一八	Paul Blell	十五頓壓機	二	本年九月中可以交货
一三三二	Krupp Gruesonwerk	粗磨細磨	二	全已到安
一三三三	Hahn & Kolb	彈藥試驗机	一	已交货
一三三九	〃	四桿鑽床	一	已交货
一三三九附件	〃	附件		一箱於三月間到港
一三四〇	〃	量台等		一箱於二月間到港 一箱於四月間到港

133

29-1

一二四六	Boley & Leinen	小車床	三	內三箱於四月間到港
一二五四	Robert Todd	小鑽床	十五	全已到安
一二八二	Pollé	二生的冲鉼坩件		三月中交貨
一二八四	Pilsche	螺丝鑽床	五	內五箱於本年二月間到港
一二八八	Quiles	壓機等	十一	內二箱於本年二月間到港
一二九〇	Paul Blell	十二噸壓機	一	本年十月中可以交貨
一二九一	Siemens	馬達	一	已交貨
一三〇四	G. Boley	小車床	一	本年五月中可以交貨
一三一六	Kuhlmann	精细天秤	一	內一箱於二月間到港
一三三五	Pollé	三七緊口炮口机	二	本年七月中可以交貨

軍政部兵工署砲兵技術研究處

134

0030

一三四九	Giles	Fadenapparat等		本年六月中可以交貨
一三五九	Siemens	Ründmaschine		已運出
一三六一	Hahn & Kolb	車床輥字機	三	本年三月底交貨
一三六五	A. E. G.	螺絲鑽床用馬達	五	已運出
一三六九	Hahn & Kolb	工具磨床	二	二月底交貨
一三七〇	〃	曲綫試驗機	一	本年七月中交貨
一三七二	Polte	三切燒口机附件		合同#1335號附件
一三八〇	Max. Friedrich	球磨	二	本年五月中交貨
一三九五	Johann Kralle	離心力試驗器	五	三月底交貨
一四〇五	Mecklenburg	炸藥作設備		本年六月中可以交貨

135

30-1

一四一八	A. E. G.	Schuler用馬達	八	合同#1218子附件
一四二〇	Siemens	小馬達	十六	本年五月中交貨
一四二二	Drais	拌和桶	四	三月底交貨
	Burberg	雷管装壓設備		付定金後五個月交貨
	Hahn & Kolb.	淬火爐回火爐		付定金後四個月交貨

軍政部兵工署砲兵技術研究處

136

荣泉馨关于炮弹厂进行计划及所需购置机料致蔡其恕的笺函（一九三八年五月三日）

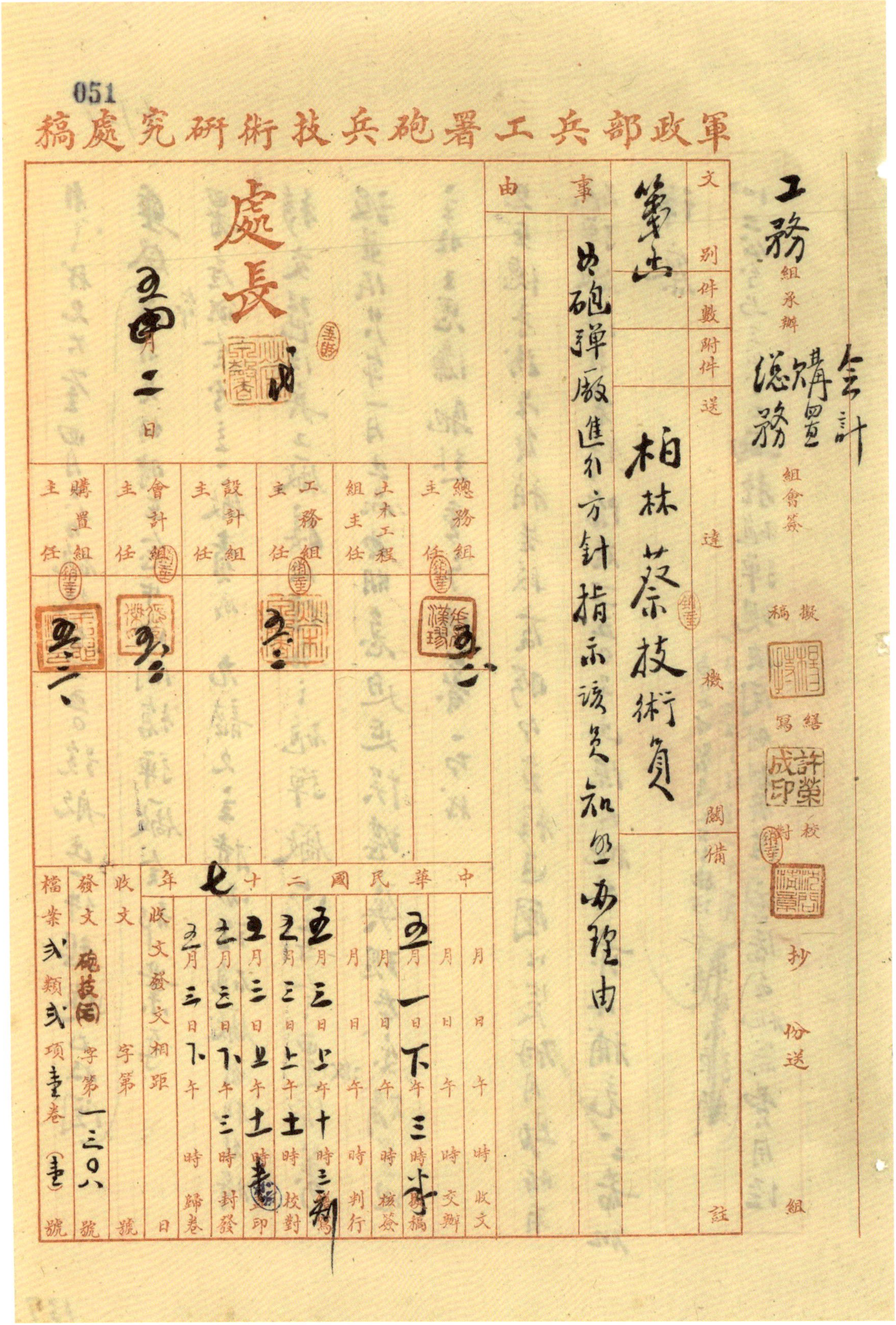

051

軍政部兵工署砲兵技術研究處稿

文別：箋函

事由：為砲彈廠進行方針指示該員知照由

送達機關：柏林蔡技術員

處長　五月二日

總務組主任　五、二
土木工程組主任
工務組主任　五、二
設計組主任
會計組主任　五、二
購置組主任　五、二

承辦：工務組
會簽：會計、購置、總務

擬稿　繕寫：許榮成印　校對

中華民國二十七年

擬稿：五月一日下午三時
核簽：月　日　午　時
判行：月　日　午　時
繕寫：五月三日上午十時三刻
校對：五月三日上午十一時
蓋印：五月三日上午十一時
封發：五月三日下午三時
歸卷：五月三日下午　時

發文：砲技（函）字第一三〇八號

檔案：戈類戈項（圭）卷（圭）號

51-1

敬之我兄大鑒：四月十六日砲技字一五〇號航函一件想邀已收閱

垂詧。進行各節時在念中。此間槍彈廠全部業奉

委座命令分立二廠，責成　九韶兄主持辦理；砲廠新機行將

移交巴江兵工廠接收，俾余之砲彈廠亦奉令遷渝籌

設，並限卅年一月出品，以期急迫，延悮堪虞。現本處派員購置地

主任王恩濂馳赴重慶統籌一切。我

兄在德事務當能稍告段落，應即早程返國，以資襄助。所有

砲彈廠進行方針，除於一五〇號函陳大概外，茲再補充一二：

詳察

以二公分與三公分七兩種砲彈現決同時製造（每小時製造二公分砲彈三千發及三公分七砲彈一千發）（製彈頭），並添購各機器費用經

137

051 51-2

已呈请兵工署拨三〇万英镑汇存商[illegible]以便随时

动用希 允就近请示李座速予订购

(二)砲弹厂制造工具用机器及修理用普通工作机器均须充分添

购力求完备本案已另文呈署请加拨二万英镑作购置上项

及其他因分设而需添配之机器及设备

机器费用最好拨发现款以免延时日并请将应添之

机器名单及应需厂房地位图等早日寄来用利筹设 以便着手建筑

(三)铜壳烘烤炉与煤气发生炉等及其应需之厂房建筑所需尺寸

以利筹设

六公分砲弹材料及半成品等可即订购黄铜等价格甚高遇有可靠订购 将每座厂房

(四)前承允赠一厂之厂房尺寸均已接到现请酌加工具收发室

三七公分战防砲弹一年用材料除铜壳铜外并请一併订购款项已呈请拨汇

及半成品收藏室地位为[illegible]

总字1-2号
2000页5.5.25

138

51-3

一

二公分砲彈廠應需電力由重慶電廠供給故本處不願自備動力機電[illegible]

（五）關於適當尺寸之黃銅條擬請商洽本分向加拿大或美國各商申及自來水設備材料均已備文

（六）詢價並作比擬鋼料鉛料及其他特種尺寸之銅料則仍在洽

材料試驗室 訂購 以資迅速

（八）本處已購有拉力機一部、硬度試驗機兩部均已運到兵工署材料試驗所

（十）本處二十七一年用材料除銅殼銅料外請即定購 有詳單另呈 如再需其他必需材料可酌量訂購於價值較貴而不常應用之儀器則擬商向彈道研究所借用也

（七）銅殼與白藥仍由鞏縣兵工分廠之槍彈廠代為供給

（附）二公分砲彈廠應需各數之近約若干希開單示以便及早招募

（九）署令砲彈廠明年一月內出品而[illegible]事實上不能辦到查各機件自港運川約需運程二月請

購之購置及其機器安裝均於訂購各機器時預為 期及籌算注意及事[illegible]

（十一）關於砲彈廠明年一年用材料費經由本處估計就緒一併呈請核

~~本處二十七年[illegible]鑄[illegible]~~ 鑄內除銅殼銅

139

052

鋼料由署核給

料、通材料委會在港採購外料均擬委託商亨安公司辦理

除申請陳明伯所定之材料核發時須另請核定外

以資熟手 敬聞 鈞核

謹祈

鑒核

第　廠○○謹上

140

蔡其恕关于在德国订购机器设备材料情况致荣泉馨的笺函（一九三八年五月二十七日）

重要

軍政部兵工署砲兵技術研究處文件摘由紙

文別	箋函
附件	表四紙
來文機關或姓名	柏林蔡其恕
自何處寄發	
事由	函告原訂砲彈機、器決力謀減少專造一種補充機器則有各種困難等由
摘由者	易吴
擬辦	總務組　工務組　會計組　購置組
批示	處長　購置組查明1581號函　六、十一　代

總字　號

中華民國二七年六月十一日下午四時五十收文砲術字第一九九九號

象賢吾兄賜鑒：三月廿五日函暨四月十九日至九啟兄一函，諒已均
台閱。茲此間自於四月廿六日奉　庚申50號電後，即急切趕辦，隨接砲
技一二五〇號訓令，始悉一切。惟當時仍僅有二生的車三生的製造之設備，直至
三七之製造機器未到，此間難以開始。署長有命，工具設備及材料等在在不同，故究以二生的與
造何種不可預先確定，乃急電　署中請示，復奉諭謂二生的砲彈須
將來仍繼續製造之。我
兄電示一三〇八號補充大小設中亦謂二公分與三七兩種砲彈現決同時製造，又需
二生的與三七同時並進，機器購置三萬餘鎊已存　署，令准予追加云云，且之
在目前環境之下，補充機器確定非易事，惟原訂機器能力僅明年造一種而
(一)此間須待鋼到方可開始，訂購因此間無款可墊，以及全欲也。
(二)德國能否再供給機器至一問題，最近德政府密令廠商停止供給中
國，雖尚設法在德購備，惟補充三日需德國須已有者，通用訂購甚難，似仍
須在德國訂購，有無困難尚不可知。
(三)即使訂購不成問題，交貨期必在一年以上，可以預卜。因此
照行兄決定仍照原定計劃暫時專造一種，待添購機器運到後再行
兩種補充。此間三七圖樣有手射 Pak Tak 破甲（有曳光）及榴彈（無曳光）
車床已依照國內設備擬造，惟高射榴彈之引信及鋼彈頭之自動
再三向德國索取該項圖樣，並請國內設法索取，大約不同，此間不可得
令
照行兄亦以環境惡劣，索圖事尚未得，故此間不擬與手射 Pak Tak 之
有圖，依圖三七高射砲樣板惟須依照圖樣自行設法製作，又有不同之樣板
來電飭三七訂三生的及三七材料與 Pak Tak 材料及半成品以及訂
再鋼料已訂，亦須訂購，附件設備三萬五千鎊，約計十三萬鎊
照行亮悉，工具樣板及設備廠設內外，又工具樣板一萬五千鎊
工具三萬鎊，須請　署匯，惟國內購買二萬鎊，此項材料費約三個月
已一併電　署，請匯款，何日能到，尚不可知　署中二
184

可知欲訂無錢不訂則延誤時日尤其是樣板及工具樣板廠机器交貨
期長不即訂購將來恐生困難也 弟前呈廠房圖樣內已有銅壳
烘洗室不審合式否 銅壳烘炉長6,8公尺寬1,3公尺洗蝕工作用人工
並無机器但亦頗佔地位也 煤氣發生炉尚在接洽中有一家圖
樣廠房大小長八公尺寬四公尺 該炉僅能用焦煤發氣渝地有焦
煤否 請即電 示

大教所稱兵器試驗室所購器材已有詳單寄未奉 諸所謂詳
單是否指砲技二六字一五八一號函中第一節之四種 此間除此以外別
無收到 請再詳示為感 至於此間擬添各項机器名單及其應需廠
房地位各類工匠名額等待下次奉函時再行詳呈 現在國內工作
已至何種地步 務懇詳示 不勝感激 尚此敬呈 即請
大安

弟 秦其怨敬呈
廿七年五月廿七日

另附53號來電 囑辦之材料表四紙 敬祈察收

廠中諸同仁請代致候

再國內辦購硝硫酸可不生問題否 亦請覆示 此間估計
每日需用 硝酸 (1,52) ~50 kg ×360 = 18,000
硫酸 (1,84) ~70 kg ×360 25,200

63-1

185

二生的破甲各零件材料表

零件名稱	圖號	材料名稱	材料規格	材料式樣尺寸	每年需料*	備註
Geschoßkörper	SSM 2/1 E-1	K.L. geglüht		Stange 7/8" φ	30000 m	
Sprengkörper	2/1 E-2	Nitropenta			1000 kg	
Außenkapsel	2/1 E-3	Al 99	DIN 1712 Blatt 3	Band 33 mm breit 0,4 " dick	12000 m	
Innenhütchen	2/1 E-4	" "	" "	" 27 mm breit 0,1 " dick	1500 m	
Sprengladung	2/1 EU 2	Trizinat			15 kg	
"	"	Bleiazid			150 kg	
Plättchen	2/1 E-5	Seiden			20 m^2	國內自備
Papierring	2/1 E-6	Schirting			40 m^2	
Scheibe	2/1 E-7	Kork		Blech 1 mm dick	50 m^2	
"	2/1 E-8	MS 63	DIN 1709	Band 20 mm breit 0,5 " dick	2000 m	
Zünderkörper	EZ 14173 f	VCN 35 h	DIN 1662	Stange 3/4" φ	15000 m	
Verzögerungsstück	EZ 11977 b	Bondur	HgN 12240	" 8 mm φ	4000 m	
Pulver	EZ 11982 b	Schwarzpulver			250 kg	
Nadel	EZ 11978	MS 58	DIN 1709	Stange 5 mm φ	3000 m	
Schlagbolzen	EZ 11980	MS 58	" "	" "	4000 m	
Dichtungsring	EZ 30952	C-Cu	" 1708	Band 37,5 mm breit 0,2 " dick	4000 m	
Bodenschraube	EZ 14164	St. Az	" 266	Stange 3/8" φ	3000 m	
Abscherdraht	EZ 11979	WBz 6	" 1705	Draht 0,7 mm φ	4000 m	
Lichtspurhülse	EZ 17303	MS 63	" 1709	Rohr 7 mm aφ 6 " iφ	7000 m	
Lichtspur	"	見二生的榴彈			500 kg	
Abschlußplatte	EZ 23741	Zelluloid		Blech 0,3 mm dick	40 m^2	
Zündhütchenhülse	SSM 2/2 E-7	C-Cu	DIN 1708	Band 19 mm breit 0,35 " dick	2000 m	
Anstichplatte	2/2 E-8	C-Cu	" "	Band 8 mm breit 0,1 " dick	1500 m	
Abschlußring	2/2 E-9	C-Cu	" "	同上	附上	
Deckplatte	2/2 E-10	Papier			10 m^2	
Zeitzündsatz	2/2 EU 3				20 kg	成分比例待实驗後決定

* 二生的破甲每八小時出一千每年以360日計，亦再顧慮廢料，故每年需料約以400000枚爲標準

186

三七榴彈(無曳光)零件材料表

零件名稱	圖號	材料名稱	材料規格	材料式樣尺寸	每年需料*	備註
Geschoßkörper	928665	Mn 3V		Stange 1½" ϕ	20000m	
Führungsring	923328	D-Cu	DIN 1708	Rohr 44,7 mm a ϕ / 36,7 " i ϕ	6000m※	
Sprengkörper	928666	Trotyl			4000kg	
Scheibe	928667	Kork		Blech 1,5 mm dick	160m²	
Sprengkapselhülse	SSM 3/2 E-9	MS 58	DIN 1709	Stange 11 mm ϕ	6000m	
Innenhülse	3/2 E-10	MS 63	" "	Band 34 mm breit / 0,4 " dick	1600m	
Innenhütchen	3/2 E-11	" "	" "	" 33 mm breit / 0,1 " dick	1600m	
Intial-Friktionssatz	3/2 E U 2				75kg	成分比例待實驗後決定
Nitropenta	"	Nitropenta			110kg	
Zünderkörper	EZ 11272	MS 58	DIN 1709	Stange 1¼" ϕ	10000m	
Einsatzstück	EZ 11273 α	" "	" "	" 22 mm ϕ	3500m	
Nadelstück	EZ 15468 α	Lantal		" 7 " "	2000m	
Nadel	EZ 15469	St Az	DIN 266	" 5 " "	4000m	
Spiralfeder	EZ 1649	Verzinnter Stahldraht		Draht 0,3 mm ϕ	20000m	
Sicherungsklappe	EZ 4429	MS 58 B halbhart	DIN 1776	Profilstange	6000m	
Stift	EZ 4700	Neusilber		Draht 1,2 mm ϕ	7000m	
Bandfeder	EZ 4702	W Bz 6 federhart	DIN 1779	Band 3,8 mm breit / 0,3 " dick	15000m	
Stöpsel	EZ 11864	Esche				國內自備
Platte	EZ 11276	MS 63	DIN 1709	Band 25 mm breit / 0,1 " dick	1200m	
Gewindestift	DIN 553	MS 58	" "	Stange 3 mm ϕ	1500m	
	附	三七平射銅	殼零件	材料※表		
Patronenhülse	911875	MS 72	DIN 1709	Rondel 100 mm ϕ / 8,5 " dick	400000枚	
Zündschraube	EZ 11544-1	MS 58	" "	Stange 11/16" ϕ	8000m	
Einsatzschraube	EZ 11544-2	" "	" "	" 9 mm ϕ	6000m	
Abschlußscheibe	" " -3	MS 63	" "	Band 20 mm breit / 0,5 mm dick	2000m	
Pulver	EZ 11544	Schwarzpulver			2200kg	
Beiladung	928940	"			附上	
Beutel	"	Seide				國內自備
Treibladung	915360	無烟藥			72000kg	
Abschlußdeckel	928941	Säurefreie Papier		Blech 1 mm dick	1500m²	

* 三七榴彈每八小時出五百每年以360日計赤再顧慮廢品故每年需料約以200000枚為標準

※ 榴彈與破甲同故每年需料約以400000枚為標準

181

三七破甲各零件材料表

零件名稱	圖號	材料名稱	材料規格	材料式樣尺寸	每年需料*	備註
Geschoßkörper	928661	K.L. geglüht		Stange 1½" φ	24000 m	
Sprengkörper	928663	Nitropenta			2000 kg	
Außenkapsel	S5M 2/1 E-3	Al 99	DIN 1712 Blatt 3	Band 33 mm breit 0,4 " dick	6000 m	
Innenhütchen	2/1 E-4	" "	" "	" 27 mm breit 0,3 " dick	750 m	
Sprengladung	2/1 E ll 2	Trizinat			8 kg	
"	"	Bleiazid			75 kg	
Plättchen	2/1 E-5	Seide			10 m²	國內自備
Scheibe	EZ 11572	Kork		Blech 1 mm dick	40 m²	
"	EZ 11573	MS 63	DIN 1709	Band 25 mm breit 1 " dick	1200 m	
Dichtungsring	EZ 13833	D-Cu	" 1708	Rohr 28 mm aφ 22 " iφ	1500 m	
Zünderkörper	EZ 11993d	St 45·61 geglüht	" 1661	Stange 1⅛" φ	10000 m	
Verzögerungsstück	EZ 14230	Bondur	HgN 12240	" 9 mm φ	2000 m	
Pulver dazu	EZ 14231	Schwarzpulver			110 kg	
Nadel	EZ 11992	MS 58	DIN 1709	Stange 7 mm φ	1800 m	
Schlagbolzen	EZ 12330	MS 58	" "	" 7 " "	2500 m	
Zündhütchenhülse	S5M 2/2 E-7	C-Cu	" 1708	Band 19 mm breit 0,35 " dick	1000 m	
Anstichplatte	2/2 E-8	"	" "	" 8 mm breit 0,1 " dick	750 m	
Abschlußring	2/2 E-9	"	" "	仝上	附上	
Deckplatte	2/2 E-10	Papier			15 m²	
Zeitzündsatz	2/2 E ll 3				10 kg	成分比例待實驗後決定
Abscherdraht	EZ 11981	WBz 6	DIN 1705	Draht 0,7 mm φ	3000 m	
Zylinderstift	EZ 11988e	C-Cu	" 1708	" 1,5 " φ	2000 m	
Bodenschraube	EZ 14643	St·70·11	" 1611	Stange 5/8" φ	3000 m	
Abschlußplättchen	EZ 19825	Zelluloid		Blech 0,3 mm dick	40 m²	
Lichtspurhülse	EZ 15666	MS 63	DIN 1709	Rohr 10,1 mm aφ 9 " iφ	10000 m	
Leuchtsatz	"	見二生的榴彈			720 kg	

065

* 三七破甲每八小時出五百每年以360日計亦再顧慮廢品每年需料約以200000枚為標準

188

二生的榴彈各零件材料表

零件名稱	圖號	材料名稱	材料規格	材料式樣尺寸	每年需料	備註
Geschoßkörper	S5M 3/1 E-1	Mn 3V geglüht		Stange 7/8" φ	55000 m	
Führungsring	1/2 E-2	D-Cu	DIN 1708	Rohr 25 mm aφ, 19,8 " iφ	10000 m ※	
Bodenschraube	3/1 E-2	St 70.11	" 1611	Stange 5/8" φ	10000 m	
Anfeuerungssatz		見下 Leuchtsatz			附 Leuchtsatz	
Pulverplatte	1/2 E-5	Celluloid		Blech 0,3 mm dick	150 m^2	
Sprengkörper	3/1 E-3	Nitropenta			2400 kg	
Scheibe	3/1 E-4	Pappe		Blech 0,3 mm dick	200 m^2	
Leuchtkörperhülse	3/1 E-5	MS 60	DIN 1709	Rohr 11,1 mm aφ, 9,1 " iφ	40000 m	
Leuchtsatz	3/1 EU 1	Ba-Superoxyd, Ba-Nitrat, Mg-Pulver			共 4000 kg	混合比例須實驗後方可決定
Detonatorhülse	3/1 E-6	MS 58	DIN 1709	Stange 7 mm φ	10000 m	
Scheibe	3/1 E-7	MS 58	" "	" 5 " "	3000 m	
Pulver	3/1 EU 2	Schwarzpulver			150 kg	
Zünderkörper	3/2 E-1	MS 58	DIN 1709	Stange 3/4" φ	20000 m	
Kopfschraube	3/2 E-2	MS 58	" "	" 14 mm φ	12000 m	
Fliehbacken	3/2 E-3	MS 58	" "	Profilstange	10000 m	
Bandfeder	3/2 E-4	WBz 6	" 1705	Band 2,9 mm breit, 0,2 " dick	40000 m	
Stößel	3/2 E-5	Esche				國內自備
Abschlußplättchen	3/2 E-6	MS 63	DIN 1709	Band 18 mm breit, 0,1 " dick	4000 m	
Gewindstift	3/2 E-13	MS 58	" "	Stange 3 mm φ	4000 m	
Nadelstück	3/2 E-7	Lautal		" 6 " "	6000 m	
Nadel	3/2 E-8	St A Z	DIN 266	" 4 " "	10000 m	
Sprengkapselhülse	3/2 E-9	MS 58	DIN 1709	" 11 " "	24000 m	
Innenhülse	3/2 E-10	MS 63	" "	Band 34 mm breit, 0,4 " dick	6500 m	
Innenhütchen	3/2 E-11	MS 63	" "	" 33 mm breit, 0,1 " dick	6500 m	
Initial-Friktionssatz	3/2 EU 2				300 kg	成分比例待實驗後決定
Nitropenta	3/2 EU 2	Nitropenta			450 kg	
Patronenhülse	S5M 1/1 D-1	MS 72	DIN 1709	Rondel 52,5 mm φ, 10 " dick	1200000 枚 ※	
Pulverbeutel	1/1 E-3 u 4	Seide			14000 m^2 ※	國內自備
Treibladung	1/1 E	無烟藥 Ncl			45000 kg ※	
Beiladung	1/1 E	Schwarzpulver			1200 kg ※	

* 二生的榴彈每八小時出二千枚每年以360日計亦再顧慮廢品故每年需料約以800000枚為標準

※ 榴彈與破甲同故每年需料約以1200000枚為標準

189

蔡其恕关于在德国订购机器设备材料情况致荣泉馨的函（一九三八年八月二日）

68-1

泉馨吾兄鈞鑒：七月廿三日呈奉一函，附房屋圖樣一紙，諒已收到。前日接到砲校二一九七號大教，敬悉一切。二公分及三七鋼売用鋼餅已在此間訂妥，發射藥及半成品尚在接洽中。現在德國做事之慢，真令人又氣又急，弟原已訂定八月十八日離歐之船票，恐又有行不得也之苦，只得延期矣。茲奉上火工部份工作程序及工人預計表等四紙，所述机器及設備均已在此間訂購，惟裝箱部份之設備未辦，因前遵一一五〇號第七項之所示也。所需工人不必專門工人（除少數機械工作外），不妨臨時招募，惟應需桌椅櫃架之數，則非短時所能立辦，如能預先籌办則更妥也。弟現正編製在德已經訂購之机器物件表，編就當即奉呈，自知遺漏必多，且不熟悉何者在國內尚能办到，故最好在返國過港時能得悉中實尚需何物，作一補充訂購（外滙可由此間所請款項中撥滙一部份），則或可較為周全也。專此敬呈，請

勛安

弟 蔡其恕 拜

八月二日

檢存權榮
敦先送安

008

069

火工部分工作程序及所需工人預算

（按每日造二生的開花曳光彈2000個破甲曳光彈1000預算）

部分名稱	工作程序	所需机器及設備	所需工人
I. 黄色剂製造部	1. 藥品磨碎及篩	磨机、粉鼓及篩子等	2
	2. 混合	混合鼓、毛刷、天秤等	2
	3. 烘乾	烘架	1
	4. 黄色剂初压	双用手压机及模子等	4
	5. 〃〃〃再〃	仝	4
	6. 〃〃〃压紧	油压机及模子等	8
	7. 截短	車床	4
	雜工		2
II. 銅壳装火帽及装黄射藥部	1. 縫藥口袋	拟包給他人	
	2. 火帽藥配及压	手压机及模子等	（此種火帽拟由他廠代制或由他處購買）
	3. 火帽装入銅壳	手压机	2
	4. 火帽塗膠	細毛刷	1
	5. 装引火藥		3
	6. 縫引火藥袋		6
	7. 装黄射藥	天秤及漏斗	6
	8. 銅壳底压字	手搬压字机	1
III. 彈頭引信装配部	1. 装撞針	手压机	2
	2. 装彈簧及飛翔等	手鑷及飛翔試驗机	7
	3. 装引信上段		1
	4. 車引信形	車床	1
	5. 輓字	輓字机	1
	6. 鑽駐螺孔及車螺丝	小鑽床及車螺丝机	3
	7. 上駐螺		2
	8. 装配木頭	手鉎沙紙等	3

691 66

	9. 装顶片及收口	收口机	2
	10. 顶片涂胶		2
	11. 装雷管		2
IV. 起爆管部	1. 压引延期药	双用手压机	4
	2. 镟延期药	小镟床	6
	3. 压药块	压药机	1
	4. 装配完成		4
V. 前炸曳光弹装配部	1. 装曳光管於底螺	手压机	2
	2. 曳光管底螺上入弹体	手旋起子	2
	3. 压引火药	油压机及模子	4
	4. 装防潮药片	手压机	2
	5. 涂防潮胶水	旋转设备	2
	6. 弹体压字	轧字冲机	1
	7. 装起爆管及炸药体		3
	8. 装引信	扳手	2
	9. 擦光及涂漆	涂漆旋转机	5
VI. 弹头装入铜壳部	1. 弹头铜带下部涂漆	仝上	2
	2. 弹头装入铜壳及收口	收口机	2
	3. 铜壳及弹带涂油		3
VII. 弹底引信装配部	1. 压延期药	双用手压机	2
	2. 镟延期药	小镟床	2
	3. 装曳光管於底螺	手~~旋起子~~压机	1
	4. 曳光管底螺上入弹体	手旋起子	1
	5. 压引火药	油压机	2
	6. 装防潮药片	手压机	1

069-2 128

	7.	塗防潮膠水	旋轉設備	1
	8.	裝火帽於火帽座及收口		2
	9.	裝火帽座及裝母剪斷絲		2
	10.	裝引期藥柱		1
	11.	火帽製造	手压机及模子等	4
Ⅷ、破甲彈壳彈裝配部	1.	彈体洗淨		1
	2.	裝炸藥体	手压机	2
	3.	裝雷管		1
	4.	裝底引		1
	5.	彈頭擦光及塗漆	塗漆旋轉机	2
	6.	彈帶下部塗膠		1
	7.	裝彈頭於銅壳並收口，	收口机	2
	8.	定心帶及銅壳塗油		2
Ⅸ、硝化噴特製造部	1.	準備酚及硝化洗淨，	硝化器及鹹酸器	2
	2.	精製及烘乾	精製鍋及烘箱等	1
	3.	混合	混合机	1
Ⅹ、炸藥体压製部	1.	裝藥及压藥	水压机及模子等	10
Ⅺ、雷管製造部	1.	裝藥及压藥	水压机及模子等	8
	2.	篩分及檢驗	篩子等	3
	3.	其他雜工		4
	4.	氮化鉛製造及管理烘房		1

火工厂房计分以下数部　三 6913

I、发光剂制造部｛压粉室，混合室，存发室，烘药室，发光药装压室，截短室

II、引信及底火装配部

III、药筒（铜壳）装药室　附储存室一所

IV、延期药鑽压室

V、弹头装配部

VI、研究及试验室

VII、硝化喷特及氮化铅制造室

附烘房二所，精制室一所，混合室一所

VIII、炸药体压制部（建筑图如寄回之Hechtenberg所设计之G287）

IX、雷管制造部（总图如寄回之Messner所设计之7853SK及图样63745）

X、装箱部

以上各部厂房自I至IX之尺寸或图样均已先后寄回惟第VII内之精制室一所现因厂家尚未将分渣器所需厂房之高送来故该厂房尺寸尚不能定规

关于装箱部所需厂房之大小请酌量建筑之

所需库房（火药库，军械库，材料库）计有下列数所

1. 无烟药库（须能容100吨即约能存一年须量）
2. 炸药库（须能容20-30吨）
3. 黑药库（须能容5-10吨）
4. 成品库（军械库）
5. 化学药品储存库（材料库）

附注：各火药库宜建在山地或可避飞机视线之处，与其他各工作厂至少须有200m以上之距离

舒洪钧关于炮兵技术研究处现存昆明、海防、仰光各地之机料数量与最近运输状况报告书（一九四〇年三月十三日）

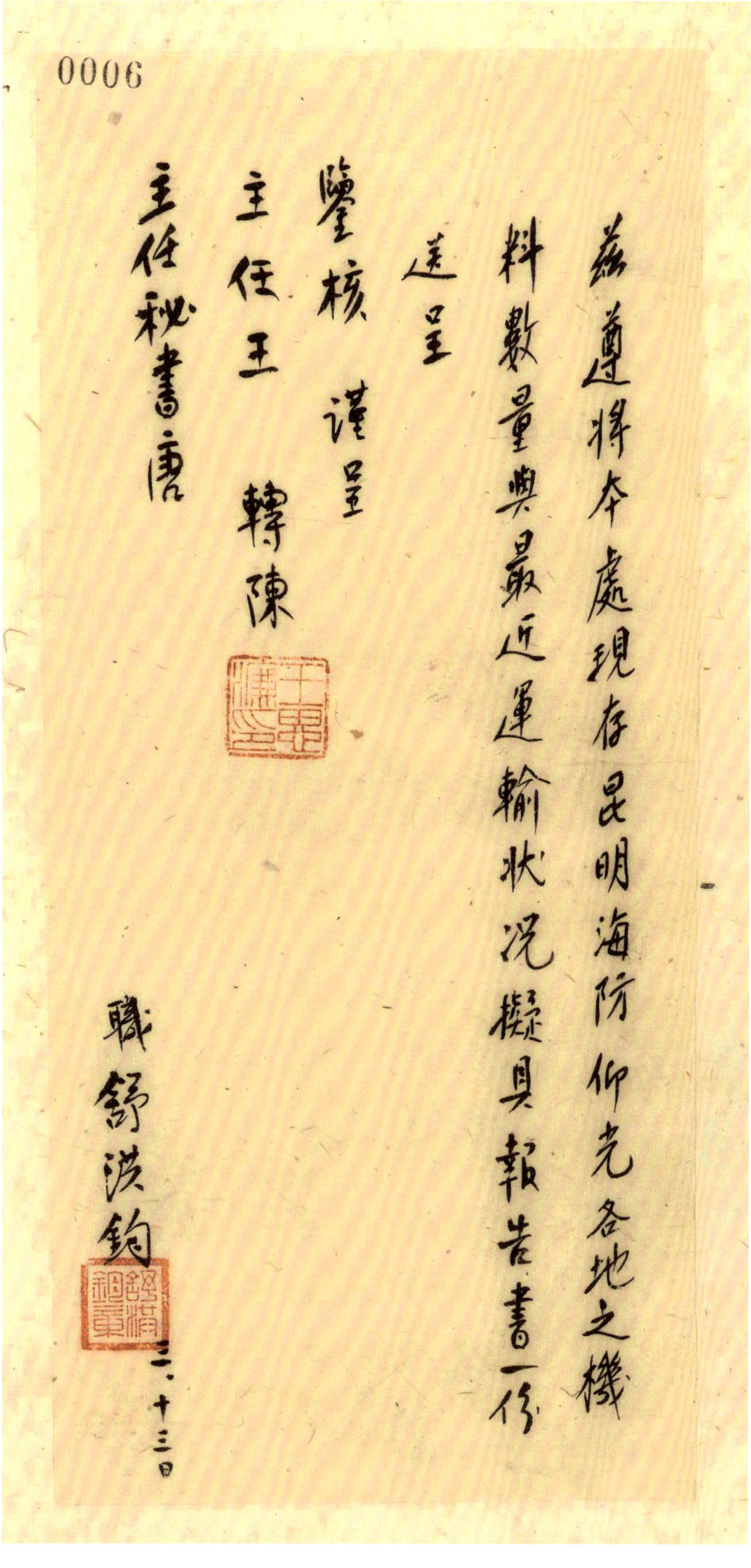

0006

兹遵将本处现存昆明海防仰光各地之機

料數量與最近運輸狀况擬具報告書一份

送呈

鑒核 謹呈

主任王 轉陳

主任秘書唐

職舒洪鈞

三、十三日

本處現存滇越仰光各地之机料數量與最近輸運狀況

查本處分砲弾廠全部机器材料均自國外訂購運回國内自滬戰發生以来所有由歐洲裝輪運華之机料均以香港一埠為卸貨及轉運樞紐迨廣州淪陷廣九粵漢兩鐵路運輸中斷故由歐運華之貨物改在海防仰光兩埠為卸貨地點此後取道昆明内運而運輸上則不免遲緩積壓待運之數量日漸增加茲將本處現存上述各地尚未運回之机料數量分列如后

一、海防　本處現存海防之机料共計約六百七十餘噸（内材料佔百分之八十五以上）自去年十月底以後越南政府實行禁運德貨出口兩月以来滯防德貨無法内運最近交涉結果已得越督准許放行第一批到防德貨共四千噸，在此數額中屬于本處之物資凡五百餘噸，其運輸办法支配如下：(1)最急待用之机料中以二十八噸裝卡車逕運重慶；(2)次急待用之机器百餘噸運往昆明；(3)鋼料鋼料四百餘噸則先運至河口、開遠暫存，緒續轉昆。

二、仰光　本處現存仰光之机料共約二百二十餘噸（內各種火藥佔百分之九十以上），已有一部份運至臘戍、遮放等地，在運昆途中。

三、昆明　本處現存昆明之机料共約六百四十餘噸，向由西南運輸處撥車轉運來渝，惟兵工署所屬各廠運存昆明

0009

之机料為数甚鉅輸運極感遲緩不得不另行設法以圖補救除本處有自備卡車五輛每次僅能運回急需机料约十一二噸外現正設法分向各商運公司接洽並已得復興公司同意撥車代運望能將本處存昆机料源源運來趕運出品俾早日完成當前之重要任務

6

兵工署炮兵技术研究处现有及未到机器数量表（一九四〇年三月）

0016

炮兵技術研究處現有及未到機器數量表

二十九年三月 日填報

機器名稱	已裝數量(部)	未到數量(部)	備註
自動車床	26		
六角車床	36	40	
普通車床	72	5	
冲床	19		
鑽床	36		
磨床	7	5	
銑床	11	2	
刨床	2		

13

0017

16

銑床	2	1	
剪床	1		
鋸床	1		
空心床		1	
刻字机	3		
弹引試壓机	2		
壓弹带机	1	1	
捲弹簧机	1		
引信捲口机	3		
試迴轉速度机	5		

0018

2cm.高射机关机	1	
3.7cm. 〃 〃		1
[redacted]2cm.炮关机	1	
3.7cm. 〃 〃		1
鍛2机	1	
鼓风机	1	
电　灯	14	
探　灯	1	
底火灯		3
发动机		1

15

2

0019

油壓机	5		
扎壓机		7	
壓药饼机	1		
小手扳机	18	10	
双人手扳机	10		
弹簧手扳机	2		
乾燥器	1		
離心机	1		
拌和机	1		
磨药机	2		

16

0020

混合鼓	4		
硝化锅		1	
蒸油锅		1	
滤油机		1	
分油机		1	
滤锅		1	
整直锅		2	
轧压机		1	
试压机		1	
剪铁压机		1	

17

3

0020
0021

離心辨試机		2	
縫衣机	2		
40匹馬力发電機	1		
150匹〃 〃	2		
煤气发生炉	3		
2300伏及350伏配電板	17		
14000伏配電板	2		
变壓器	2		
鍋炉	1		
给水机	2		

馬達 248
電话总机 1
電话 27

兵工署炮兵技术研究处为检送机器统计表致兵工署制造司的笺函（一九四〇年五月三日）

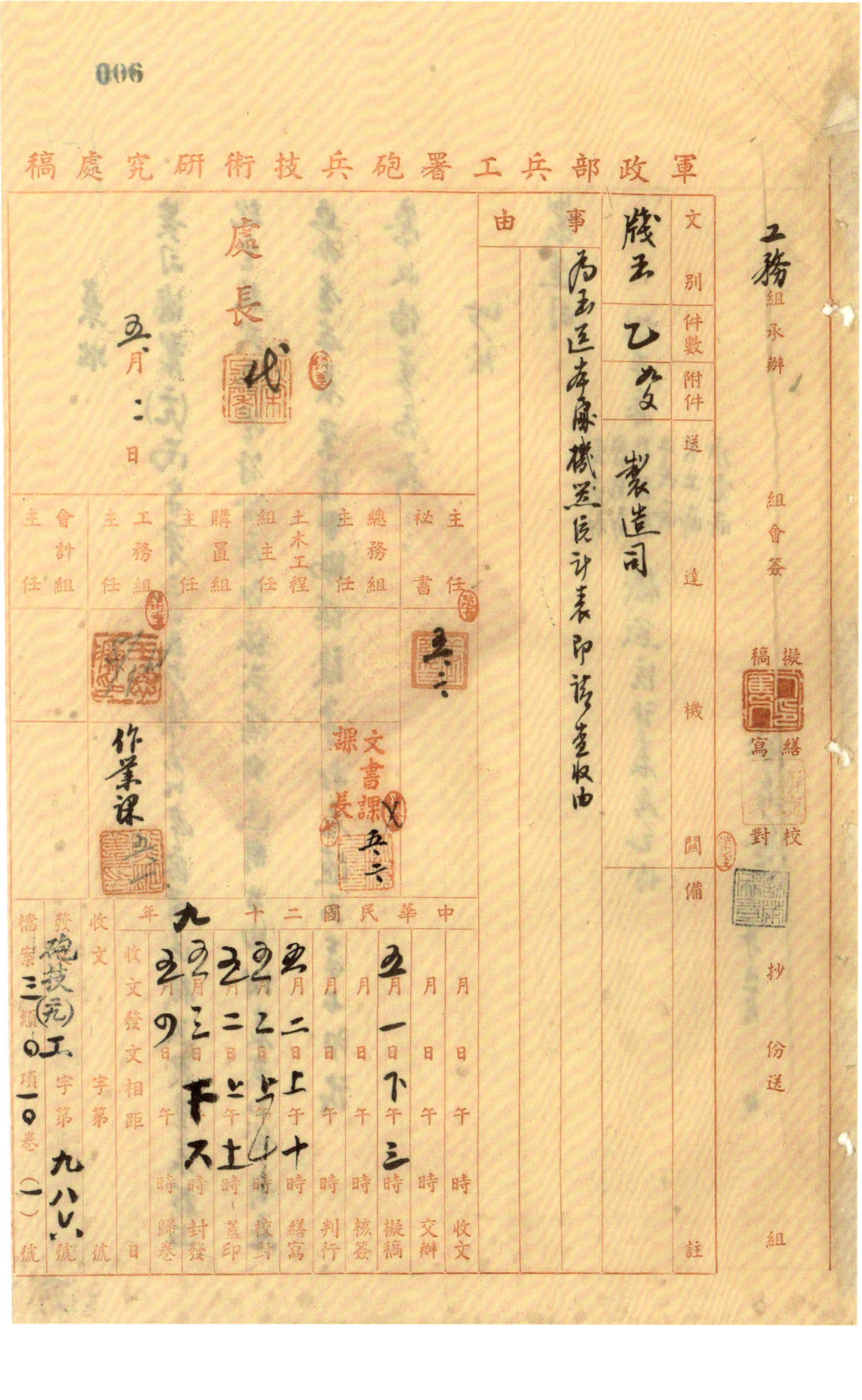
006

軍政部兵工署砲兵技術研究處稿

文別	牋函
件數	乙
附件	乙份
送達機關	製造司
事由	為函送本處機器統計表即請查收由

處長 五月二日

主任秘書 五、六

工務組主任

作業課

文書課長 五、六

工務組承辦

擬稿 繕寫 校對

中華民國二十九年

收文	擬稿	交辦	核簽	判行	繕寫	校對	蓋印	封發	收文發文相距	歸卷
月 日 午 時	五月一日下午三時	月 日 午 時	月 日 午 時	月 日 午 時	五月二日上午十時	五月二日上午十時	五月二日上午十一時	五月三日下午六時		五月四日

收文 字第 號

發文 砲技（元）工字第九八八號

檔案 三類 〇工 項 一〇 卷（一）號

案准

貴司渝製(元)丙字第三〇五七號函，以本廠前送機器數量表核與統一格式未盡符合，屬即依式填列送[illegible]等由，附表式乙份，自應照辦。查本表業經[illegible]辦填竣，相應隨函奉上，即請

察收備查為荷！

此致

製造司

附本廠 銅殼部、彈引部、引信部、工具所、火工所、水電所 機器統計表各乙份

廠名啓 廿九年五月 日

民国二十九年
2月二日

砲技處机器统计表

銅壳部

名稱	數量	程式	性能	主要尺寸	備考
压机	1	压膝立式	用以冲餅冲碟 压力400公噸 馬力5.5KW 每小時冲碟 2000枚 冲盂1500枚	来回 70mm 冲模座480×600m/m 冲模座与冲头 距離 255m/m	
引伸机	1	拐臂卧式	二公分銅壳第一及第二 次引伸馬力7.5KW 每小时约1800件	来回 300m/m 可容最大直徑 36m/m	
引伸機	1	拐臂卧式	二公分銅壳第三第四第五 次引伸馬力7.5KW	来回 460m/m 可容最大直径 36m/m	
截長机	1	双座式	第一及第二次截長 馬力2.2KW 每小时可截3000枚	可容最大直径 30.2m/m 可容最大長度 160m/m	
压底机	1	压膝卧式	整底及第一次压底 馬力5.5KW 每小时可压1600枚	可容最大直径30.2m/m 来回 290m/m	
压底机	1	压膝卧式	第二次压底用 馬力5.5KW 每小时可压1200枚	可容最大直径26.8m/m 来回 287m/m	
收口機	1	压膝卧式	馬力3.7KW 每小时可出1700枚	可容最大直径27.1m/m 来回 345m/m	
車底机	2	半自動式	用以車底車口及車槽 馬力3KW 每小时可出650枚	可容最大直径27.1m/m 可容最大長度150m/m	
鑽孔机	2	双孔式	用以鑽火眼 馬力0.55KW 每小时可出350枚	可容最大直径27.1m/m 可容最大長度150m/m	
修孔机	1	单孔式	此机用以修鑽火眼 馬力0.2KW 每小时可鑽120枚	可容最大直径27.1m/m 可容最大長度150m/m	
燒口机	1	半自動式	燒口用 馬力0.52KW 每小时可燒1800枚	可容最大直径27.1m/m 可容最大長度150m/m	
压机	1	拐臂立式	三七銅壳冲餅冲盂 馬力22KW 每小时可冲1500枚	来回 220m/m 冲模座 420×630m/m 冲模座与冲头座间 最近距離 230m/m	
引伸机	2	压膝卧式	第一次至第五次引伸 馬力22KW 每小时可出750枚	来回 550m/m 可容最大直径 60m/m	
截口車床	5	頂桿式	第一第二次截口及光口 馬力0.55KW 轉數330 每小时可截100枚	可容最大直径 48m/m 夾頭中心高 132m/m 頂桿与夾頭最大 距離 230m/m	
压底机	1	压膝卧式	第一第二次压底 馬力20KW 每小时可压500枚	可容最大直径 48m/m 可容最大長度 250m/m	

007

砲技處机器統計表

銅殼部（二）

名稱	數量	程式	性能	主要尺寸	備考
收口机	1	屈膝卧式	用以收口 馬力3.5KW 每小時可出750枚	可容最大直径45.8m/m 〃〃〃〃長度250m/m	
車底車床	5	轉頭式	轉頭架可裝工具七件 馬力0.55KW 車頭轉數330 每小時可車30枚	可容最大直径 45.8m/m 夾頭中心高 130m/m 頂桿與頭間最大距離 570m/m	
螺丝鑽床	1	立式	馬力1.1KW 轉數160/250/400 每小時出250枚	最大行程 80m/m 鑽座 500×700m/m	
燒口机	1	六座式	馬力0.8KW 每小時可燒150枚	可容最大口径 37.7m/m 〃〃〃〃底径 54m/m	
內膛拋光机	2	双頭式	馬力0.55KW 轉數900轉	可容最大直径 45.8m/m 〃〃〃〃長度 250m/m	
外面拋光机	3	單頭式	外面拋光 每小時70枚 馬力0.55KW 轉數900	可容最大直径45.8m/m 〃〃〃長 250m/m	
車床	1	双桿式	馬力1PS	可容最大直径150m/m 可容最大長度600m/m	
工具磨床	1	双輪式	馬力0.5PS 轉數2800	最大砂輪直径160m/m	

008

砲技處机器統計表

彈頭部

名稱	數量	程式	性能	主要尺寸	備考
五桿自動机	7	料桿式	車頭轉數十二級 136→1140 %/min 馬力11 KW 最多可裝工具十件	料桿最大直徑44 m/m 最長車長 150 m/m	
單桿自動机	2	料桿式	車頭轉數十二級 360→2000 %/min 馬力5.6 KW 可裝刀具四件	最大直徑 38 m/m 最長車長 50 m/m	
六角車床	17	盤頭式	車頭轉數正倒順各8級 37→990 %/min 馬力4 KW 可裝刀具十六件	最大直徑 45 m/m 最長車長 360 m/m	
彈帶車床	6		車頭轉數六級自150→1130 %/min 馬力0.7 KW 可裝刀具兩件	頂針高 140 m/m 頂針距 500 m/m	
輾字機	1	立式	二公分彈頭輾字 馬力0.5 KW 每时可輾1500枚	最大直徑30 m/m 〃〃長度 100 m/m	
磨床	2	無頂針式	調動輪轉數八級自十六-116 %/min 馬力16.5 KW	最大直徑 75 m/m 最小直徑 4 m/m	
二公分壓力試驗机	1	牽自動式	最高壓力250 at 每小时可壓720枚 同时試壓數十二枚	最大升降 35 m/m	
三公分七壓力試驗机	1		最高壓力250 at 每小时可壓130枚 同时可四枚試壓	最大升降40 m/m	
壓彈帶机	1		最高壓力150 at 每小時可壓350枚	能壓直徑 21 m/m ф 38 m/m ф	
車床	1	双桿式	馬力0.5 PS	頂針高 120 m/m 頂針矩 850 m/m	
工具磨床	1	双輪式	馬力0.75 KW 轉數2800 %/min	可裝最大砂輪 300 m/m ф	

砲技處機器統計表

引信部

名稱	數量	程式	性能	主要尺寸	備考
五桿自動車	1	料桿式	車頭轉數11级自164—1140 馬力1.5PS 可装刀具十種	最大直径44m/m 最長車度150m/m	
四桿自動車	1	料桿式	車頭轉數26级自210—2650 馬力3.5PS可装刀具八種	最大直径22m/m 最長車度130m/m	
單桿自動車	3	料桿式	車頭轉數八级自450—2400 馬力3PS 可装刀具十種	最大直径1" 最長車度2 3/8"	
單桿自動車	3	料桿式	車頭轉數八级自550—3200 馬力3PS可装刀具十種	最大直径3/4" 最長車度2 3/8"	
單桿自動車	5	料桿式	車頭轉數八级自700—4000 馬力3PS可装刀具十種	最大直径½" 最長車度2 3/8"	
單桿自動車	2	料桿式	車頭轉數十级自950—7500 馬力3PS可装刀具十種	最大直径5/16" 最長車度1 9/16"	
單桿自動車	2	料桿式	車頭轉數十级自750—6000 馬力3PS可装刀具五種	最大直径3/8" 最長車度1 9/16"	
小鑽床	2	双鑽式	車頭轉數十四级2000—15000 馬力0.2KW 可装鑽頭两个	最大可鑽4.5m/mφ 上下長度40m/m	
小鑽床	5	單鑽式	車頭轉數四级2000—15000 馬力0.2KW	最大可鑽4.5m/mφ 上下長度40m/m	
多桿鑽床	1	多鑽式	轉數1420 馬力0.518KW 可装鑽頭12个	最大直径12m/mφ 鑽程 50m/m	
螺絲鑽床	1	立式	轉數3级 2000—500 馬力0.37KW	鑽頭最大直径M16 最長鑽程60m/m	
小銑床	7		馬力0.5KW	銑台尺寸250×110 上下尺寸140	
六角車床	7	盤頭式	轉數24级58—1500 馬力4-5PS 可装刀具16件	最大直径34m/m 最長削程200m/m	
六角車床	4	盤頭式	轉數八级 310—4200 馬力3-3.7PS可装刀具12件	最大直径26m/m 最長削程150m/m	
六角車床	3	盤頭式	轉數八级150—1750 馬力3-3.7PS 可装刀具12件	最大直径34m/m 最長削程150m/m	
盤彈簧機	1	自動式	每分鐘可出60件馬力0.74KW	最大彈簧直径20m/mφ	
小冲床	8	揚臂式	馬力1.05PS 轉數135 最大冲力6400kg	最大来回8—60 冲頭与台面最大距離190	
小車床	4		車頭轉數三级1250—2500 馬力0.33KW	最大直径10 最長削程90 頂針高125 頂針距230	
工具磨床	2	双輪式	馬力0.5PS 轉數2800	最大砂輪直径160	
收晶小車床	2	單桿式	馬力1PS	頂針高150m/m 頂針距600m/m	
收晶小車床	1	双桿式	馬力1PS	頂針高150m/m 頂針距600m/m	
木車床	1	自動式	車引信中木推用每十時出1200枚	最大直径19m/mφ 最長削程60m/m	

010

砲技處機器統計表

火工所

名稱	數量	程式	性能	主要尺寸	備考
螺絲鑽床	5			可鑽0-6$\frac{m}{m}$中	
輥字機	1				
車弧形車床	2				
迴轉試驗器	5			每分鐘可轉二萬轉	
收口機	3				
縫紉機	4				
小鑽床	18			可鑽0-6$\frac{m}{m}$中	
手板機	18				
压力機	2		压力最大至600kg	~~最大压力[illegible]kg~~	
雙振機	12		最大压力800kg	〃	
上引信入弾机	1				
油压機	3		最大压力150噸		
油压機	2		最大压力15噸		
緊口機	1				
漆弾機	4				
点膠機	1				
小車床	4				
粗混合機	2				
细混合機	2				

砲技處機器统计表

火工所（一）

名稱	數量	程式	性能	主要尺寸	備考
碎药機	1				
暖風機	1				
拌药機	1				
離心機	1				

7-5

7-5

砲技處机器统计表

工具所

名稱	臺	程式	性能	主要尺寸	備考
順昌車床	11	双桿单独發動	1HP	顶針高150m/m 頂針距600m/m	工具一所
S.B.車床	9	双桿单独發動	0.5HP	顶針高120m/m 顶針距850m/m	
大車床	1	三桿单独發動	3.7-5KW	顶針高200m/m 顶針距1300m/m	
WEBO V3 鑽床	1	立式单独發動	0.15-1KW	2-16m/m φ	
WEBO V6 鑽床	1	立式单独發動	1.9-3KW	6-40m/m φ	
TOOT 鑽床	2	立式单独發動	150W	0-6m/m φ	
工具磨床	1	双輪式	850W 1400转	砂輪直径300m/m φ	
大車床	2	卧式		550φ×3000m/m	工具二部
大車床	1	卧式		400φ×2000m/m	
大車床	2	卧式		400φ×1000m/m	
車床	3	卧式		280φ×1000m/m	
車床	7	卧式		270φ×600m/m	
牛頭刨床	1	立式		500×1000m/m	
龍门刨	1	卧式		600×3000m/m	
銅床	1	立式		1000×300m/m	
銅床	1	立式		600×200m/m	

砲校處機器統計表

工具所（三）

名稱	數量	程式	性能	主要尺寸	備考
銑床	1	立式		500×500×1500m/m	工具二部
銑床	1	萬能		170×530×1500m/m	
銑床	1	萬能		150×500×1000m/m	
銑床	1	齒輪		最大齒輪直徑1000m/m	
磨床	1	萬能		350φ×800	
樣板磨床	1	分發動式	馬力1.5PS 傳動馬達¼PS 吸塵馬達0.11KW	最小3m/m 最大500m/m	精製部
萬能磨床	2	分發動式	馬力2PS 傳動馬達0.5PS 傳動工作台馬達0.5PS	1100×175m/m	
中螺絲車床	1	自動式	~~[illegible]~~	~~[illegible]~~	
刻字機	1		馬力175W	最大1:1 最小1:50	
圓磨床	1	分發動式	馬力6PS 傳動馬達¼PS	240φ×800	
內圓平面磨床	1		馬力3PS 傳動馬達1PS、¼PS、¼PS各一	10φ—150φ圓孔 深度300m/m	
精密量外徑機	1	臥式		0.001—100m/m	
風錘	1	立式	錘重65kg	錘程195m/m	鍛工部
剪料機	1			可剪60φ、52φ、20m/m角	工具所材料庫
鋸床	1		1.1KW	可鋸250m/mφ 250φ	

006

砲技處機器統計表

工具所（三）

名稱	數量	程式	性能	主要尺寸	備考
盐淬火炉	1		35KW 1350°C	六角炉腔对面 距離220m/m 深320m/m	
單室淬火炉	1	矽棒式	25KW 1350°C	500×350×300 m/m³	
双室淬火炉	1	低温 普通電阻 高温 矽棒式	15KW 900°C 25KW 1350°C	兩室均為 500×350×300m/m³	
油淬火炉	1	普通電阻	14KW 300°C	炉腔 350ϕ 深 600m/m	

7-8

7-8

005

砲技處机器統計表

水電所

名稱	數量	程式	性能	主要尺寸	備考
車床	2	双桿車獨發動	1 HP	顶针高150m/m 顶针距600m/m	
煤氣机	2	四衝程	150 HP		
交流發電机	2	GE	120 KW		
勵磁机	2	GE	8.5 KW		
煤氣發生炉	3	Gallisha	150 HP		
火油機	2		6 HP		其中一只缺少零件
幫浦	2	離心式		6"φ-5"φ	
幫浦	1	離心式		4"φ-3"φ	
幫浦	1	離心式		2"φ-1½"φ	
压縮空氣机	2				
柴油机	1	二衝程式	40 PS		
交流發電机	1	Siemens	48 KW		
勵磁机	1	Siemens	1.65 KW		

兵工署第十工厂一九四二年度制造费购置机器点收清册（一九四二年）

002

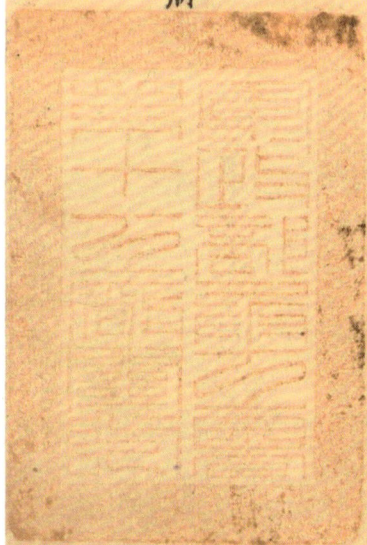

兵工署第十工廠三十壹年度製造費購置機器點收清册

003

兵工署第十工廠三十一年度製造費購置機器類收清冊

品名	數量	單位	售貨廠別	備註
高壓離心鼓風機	二	只	順昌鐵工廠	
傾側式熔鐵爐	二	只	仝右	
柒號葉氏式鼓風機	一	部	仝右	

報告 卅二年五月十一日於工務處呈

謹呈者泉馨奉命實地檢查材料庫危險品之儲藏及火工工作情形遵於四月三十日午后二時會同警衛隊隊長易善述稽查組稽查員姚吟秋唐孟非等至第五六七各所及各材料庫詳為視察茲謹將經過情形陳述如下

第五所所存TNT及Nitropenta炸藥體成品及藥粉均已移存材料庫

龍洞灣十三號藥庫內所存不合格及壓壞之雷管即於是日下午全數運出廠外棄置江中壓炸藥體及壓雷管工場因本年上半年度出品已足數暫行停工製造雷汞工場亦因成品過多業已停止工作該處尚存已烘乾之雷汞六公觔超過規定存

28-1

量已饬其仍浸入水内以免危险

第六所压药包工场因机件损坏暂停工作工场内未存有炸药

甚危险压火帽工场正在工作各工作地点所存药量甚少尚合

规定惟稍欠清洁经已饬令注意矣化学品库内所存化学

物品皆非危险品之属惟存有旧空箱及芦席等物颇易

引火已饬送材料库存放较为妥当也

第七所弹头装配间约存三七装药炮弹一千余发此系每日

转手之数无法再行减少另存有已经署派员验收完毕之

装箱三七炮弹二万发因无饬造令不能缴库以致工作地

位极感狭窄且屋内生有焊锡火炉尤殊危险以后拟规定

該處存彈數量最多不得超過一五千發以防意外
材料庫龍洞灣第十三號藥庫存TNT、二十四噸方藥色九噸
及Nitropenta炸藥體約三百公觔第十一號十二號庫存三七及二公分
砲彈發射藥十八噸迫彈發射藥六噸此庫有數處漏水已
飭將藥箱移置乾燥地位又該庫洞頂蓋土工作已由工政課
辦妥惟四周尚待開挖水溝藉免雨水漏入洞內龍洞灣十五
號黑藥庫現祇存硫磺氯酸鉀曳光劑等並無黑藥存儲
屋內尚屬乾燥惟門牆現裂縫經已飭工修理老虎溝十四
號山洞藥庫存三七發射藥十噸槍藥二百公觔該洞鋪有地
板尚稱乾燥埡口警衛大隊部前十七號藥庫存有黑藥

29-1

二幢屋内亦有地板放置尚合规定大队部后面十八号药库存放三七破甲弹雷管及自造八号雷管该屋铺有地板清洁乾燥存放方法尚合规定以上情形理合缮具报告呈请

鉴核谨呈

厂长庄

工务处长处长荣泉馨 呈

阅 杭 二、十七

兵工署第十工厂为填报一九四四年度作业计划及所需正、副材料数量表致兵工署的呈（一九四三年八月三日）

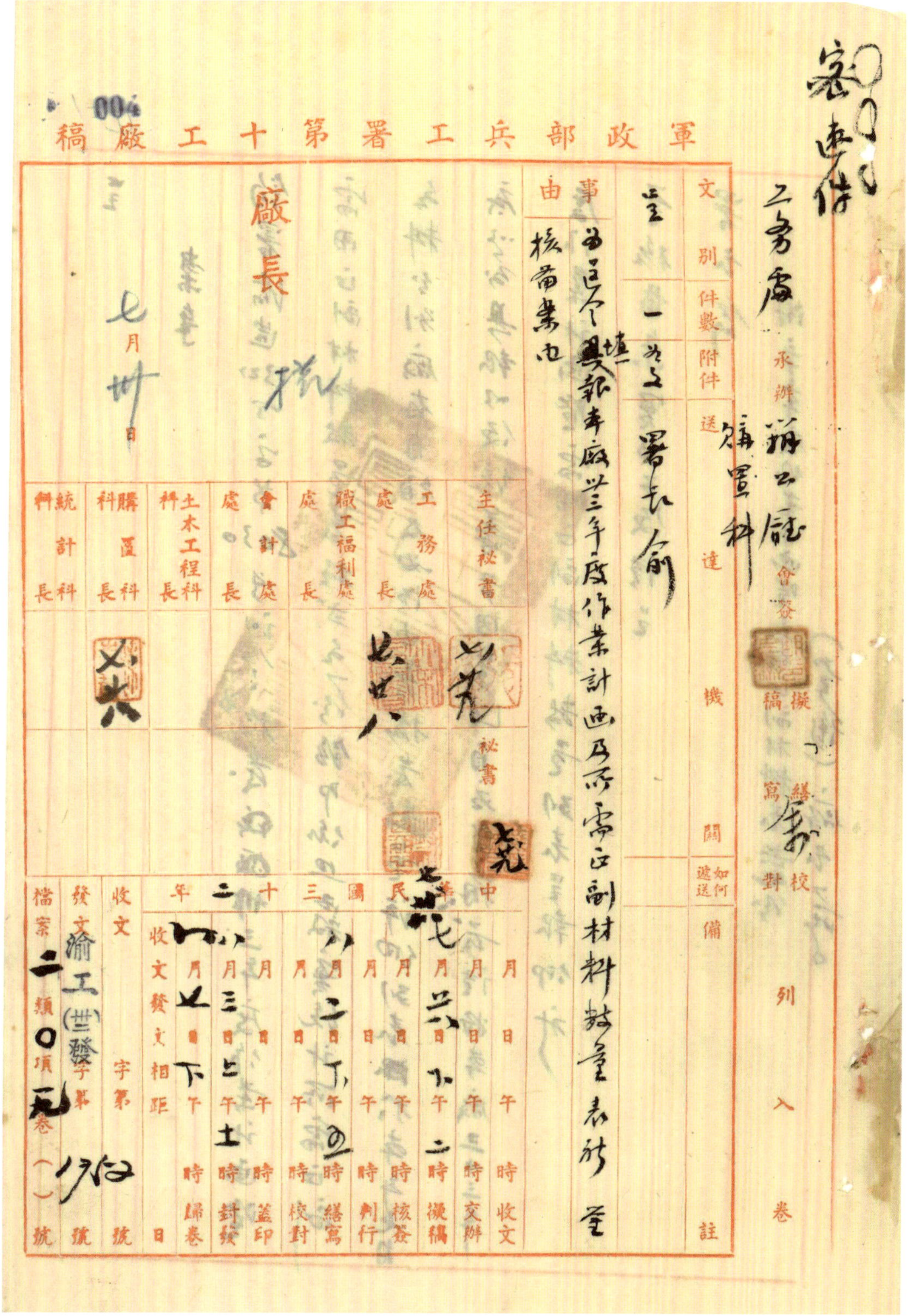
軍政部兵工署第十工廠稿

文別：呈
件數：一件
送達機關：署長俞
事由：為呈送填報本廠卅三年度作業計画及所需正副材料數量表仰祈鑒核備案由

廠長

七月卅日

中華民國三十二年

呈

案奉

钧署渝造（32）丁字第8030号训令，为检发编拟三十三年度作业计画暨需用正副材料数量表格式，令仰饬即依照严密实统计所需正副各料，分别厂存自购及必须由署拨发数量详细列表，限于本年七月底以前呈报，以便统筹，等因。奉此，自应遵办。兹谨将本厂三十三年度作业计画暨需用正副材料数量列表呈报，仰祈

鉴核备案，实为公便。谨呈

署长俞

附三十三年度作业计画暨需用正副材料表各一份

（全衔）厂长丁〇

第十二廠三十三年度需用正料數量表　（一）

製品名稱：蘇羅通三公分七榴彈

材料名稱	規格	單位	每六萬發所需材料數量	廠中現存材料數量	自行籌備數量	必需署中供給數量	備攷
薄綢		m²	480	無	自籌		廠中現存材料數量係估計本年底可餘數量已[illegible]後廠內必需署中供給數量
細洋線		m	60,000	〃	〃		
綢線	1mm中	m	90,000	〃	〃		
黑藥		kg	280	無〃		3000	
三七無烟藥		〃	12,240	31850	已足		
TNT		〃	1,290	11672		40000	〃
雷汞		〃	32	無	自做		
氯酸鉀		〃	5	1999	已足		
硫化銻		〃	6	95	已足		
硝化噴特		〃	34	無	自做		
黄漆		〃	15	123	自籌		
紙板	1mm厚	m²	240	無	自籌		
紙	0.025mm厚	〃	9	〃	〃		
三七黄銅餅	100中×8.5mm	kg	37,620	77661	已足		
紫銅板	12mm厚	〃	6000	無		12000	〃

007

7-1

錳鋼條	1½"φ	〃	58,740	79,116	已足		
鋼條	5φ	〃	180	無		8200	〃
鋁合金條	7mmφ	〃	72	94	已足		
特形黃銅條		〃	360	無		360	請一廠或五十廠代壓
黃銅條	11/16"φ	〃	2,640	4132		1200	
〃	9mmφ	〃	516	487		1000	
〃	1½"φ	〃	22,500	32,916		192000	
〃	22mmφ	〃	3,780	1,665		5500	
〃	3mmφ	〃	20	269	已足		
〃	〃 〃	〃	924	無		6000	
黃銅皮	0.2mm厚	〃	15	54	已足		
〃	0.4 〃	〃	87	483	〃		
〃	0.1 〃	〃	24	419	〃		
〃	0.36 〃	〃	72	無	自軋		
白銅絲	1.2mmφ	〃	24	〃		30	
鍍鋅鋼絲	0.3 〃	〃	4	〃		5	
軟木片	1.5mm厚	m²	66	〃	自籌		
梨木		kg	489	無	〃		
木板	¾"厚	m²	3468	無	〃		
〃	½" 〃	〃	2160	〃	〃		
〃	⅝" 〃	〃	2520	〃	〃		

（一）

材料名稱	規格	單位	每六萬發所需材料數量	廠中現存材料數量	自行籌備數量	必需署中供給數量	備攷
木板	1"厚	m³	336	無	自籌		
〃	1½"〃	〃	522	〃	〃		
洋釘	1"	Kg	66			見副料表	見副料表
〃	1½"	〃	216			〃	〃
〃	1¾"	〃	66			〃	〃
牛膠		〃	30		自籌	〃	〃
棕繩	½"φ	〃	240		〃		〃
〃	5m/mφ	〃	120		〃		〃
鋅鉛皮	0.25m/m厚	〃	4500	無		9000	

008

第十二厰三十三年度需用正料數量表 （二）

製品名稱：蘇羅通三公分七破甲彈

材料名稱	規格	單位	每六萬發所需材料數量	厰中現存材料數量	自行籌備數量	必需署中供給數量	備攷
薄綢		m²	492	見正料表(一)	自籌		
細洋線		m	60,000	〃 〃	〃		
綢線		〃	90,000	〃 〃	〃		
黑藥		kg	319	〃 (一)		見正料表(一)	
三七無烟藥		〃	11,880	〃 (一)	已足		
雷汞		〃	22	〃 (一)	自製		
氯酸鉀		〃	5	〃 (一)	已足		
硫化銻		〃	3	〃 (一)	〃		
硝酸鋇		〃	102	700	自籌		
過氯化鋇		〃	162	無		200	
鎂粉		〃	108	無		1000	
硝化噴特		〃	622	見正料表(一)	自製		
洋漆片		〃	48	700	已足		
黑漆		〃	15	59	〃		
白漆		〃	4	126	〃		

紙	0.025㎜厚	m²	9	見正料表(一)	自籌		
〃	0.04 〃	〃	12	無	〃		
紙版	1㎜厚	〃	30	見正料表(一)	〃		
三七黃銅餅	100×8.5㎜	Kg	37620	〃(一)	已足		
紫銅板	12㎜厚	〃	6,000	〃(一)		見正料表(一)	
鎳鉻鋼	1½"φ	〃	69,540	94,902	已足		
炭素鋼	1⅜"φ	〃	16,570	7,514		14000	
〃	5/8"φ	〃	1,164	1,394	已足		
鋁合金條	9㎜φ	〃	1020	181	已足		
黃銅條	11/16"φ	〃	2,640	見正料表(一)		見正料表(一)	
〃	5/16"φ	〃	348	無		1000	
〃	10㎜φ	〃	210	〃		210	
〃	9 〃	〃	516	見正料表(一)		見正料表(一)	
〃	7 〃	〃	198	450	已足		
〃	5 〃	〃	108	117	已足		
黃銅皮	0.2㎜φ	〃	15	見正料表(一)	已足		
〃	0.4 〃	〃	24	〃(一)	已足		
〃	0.5 〃	〃	45	無		8200	
黃銅管	10.4㎜/9.1㎜φ	〃	163	444	已足		
紫銅皮	0.3㎜厚	〃	200	無		200	
〃	0.35 〃	〃	21	162	已足		

(二)

材料名稱	規格	單位	每六万發所需材料數量	廠中現存材料數量	自行籌備數量	必需署中供給數量	備攷
紫銅皮	0.1m/m厚	kg	2	90	已足		
青銅絲	0.7m/m中	〃	4	無		4	
鉛皮	0.4m/m厚	〃	72	659	已足		
〃	0.3〃	〃	6	無	自軋		
軟木片	1〃	m²	18	見正料表(一)	自籌		
燈影戲片		〃	18	55kg	已足		
木板	3/8"厚	〃	3469	無	自籌		
〃	1/2"〃	〃	2160	〃	〃		
〃	5/8"〃	〃	2520	〃	〃		
〃	1"〃	〃	336	〃	〃		
〃	1 1/4"〃	〃	522	〃	〃		
洋釘	1"	kg	66			見副料表	~~見副料表~~
〃	1 1/2"	〃	216			〃	〃
〃	1 3/4	〃	66			〃	〃
牛皮膠		〃	30		自籌		〃
棕繩	1/4"中	〃	240		〃		〃
〃	5m/m中	〃	120		〃		〃
5#鉛皮	0.25m/m厚	〃	4500	見正料表(一)		見正料表(一)	

第十二廠 三十三度需用正料數量表 (三)

製品名稱：六公分迫击砲

材料名称	規格	單位	每三千门所需材料數量	廠中現存材料數量	自行籌備數量	必需署中供給數量	備攷
SWG25#彈簧鋼丝	0.51Φ	Kg	4	670	已足		
" 19# "	1.02Φ	"	24	49	"		
" 18# "	1.22Φ	"	13	321	"		
" 16# "	1.63Φ	"	16	109	"		
" 14# "	2.03Φ	"	600	116		500	
" 8# 硬鋼	4.06Φ	"	100	無		100	
" 3# "	6.4Φ	"	400	28		400	
碳 鋼	5/8"Φ	"	1660	無		2200	
"	3/4"Φ	"	1300	"		1300	
"	7/8"Φ	"	2500	"		2500	
"	1"Φ	"	3600	2000		1600	
"	1⅛"Φ	"	5000	891		見正料表(二)	
SWG10#軟鋼	3.25Φ	"	160	無		160	
SWG 9# "	3.66Φ	"	50	"		50	
" 8# "	4.06Φ	"	200	"		200	
" 6# "	4.88Φ	"	260	"		260	
" 3# "	6.4Φ	"	1340	"		1340	
" 2# "	7.01Φ	"	300	"		300	
" 0# "	8.23Φ	"	100	"		100	
" 3/0# "	9.48Φ	"	520	"		520	
軟 鋼	1/2"Φ	"	2,600	1500		1100	
"	5/8"Φ	"	440	500	已足		
"	3/4"Φ	"	1,540	236		1350	
"	7/8"Φ	"	1,400	187		1250	
"	1"Φ	"	1,720	3013	已足		
"	1⅛"Φ	"	7,000	120,000		99000	
"	1⅜"Φ	"	13,200	無		13200	
"	1½"Φ	"	6,000	"		6000	
"	2"Φ	"	9,600	"		9600	
"	3"Φ	"	13,000	15,000	已足		
"	1"中	"	750	200		600	
"	1/2"×1"	"	200	無		200	
"	1/2"×1"	"	800	"		800	
"	3/8"×1¼"	"	1,200	"		1200	
"	3/8"×1½"	"	2,000	"		2000	
SWG24#黑鉄皮	0.56	"	200	"		200	

010

（三）

材料名稱	規格	單位	每三千門所需材料數量	廠中現存材料數量	自行籌備數量	必需署中供給數量	備攷
SWG19#黑鐵皮	1.02	kg	400	1200	已足		
〃16 〃	1.63	〃	80	82,000		30000	
SWG14# 〃	2.03	〃	7,000	4,000		4000	
〃12# 〃	2.64	〃	3,000	無		3000	
〃11# 〃	2.95	〃	8,000	〃		8000	
〃10# 〃	3.25	〃	440	17000	已足		
〃10#樣板鋼	3.25	〃	80	500	〃		
砲管	3/32"中	〃	34000	32533	可夠		
水管	1½"	〃	900	無		900	steel pipe
〃	3/4"	〃	2000	〃		2000	extra strong steel pipe
〃	3/4"	〃	1,000	無		1000	Double extra strong steel pipe
〃	1/2"	〃	3400	無		3400	steel pipe
鋼球	1/8"中	粒	3600	8340	已足		
細三角鋸刀	6"	把	3,000	無		3000	
黃銅條	1/4"中	kg	60	〃		70	
〃	5/16"中	〃	500	見正料表(一)		見正料表(二)	
〃	3/8"中	〃	700	3600	已足		
〃	3/4"中	〃	200	無		220	
〃	7/8"中	〃	3000	見正料表(一)		見正料表(一)	
〃	1"中	〃	1000	2344	已足		
〃	1⅛"中	〃	2000	34		2000	
〃	1¼"中	〃	2400	見正料表(一)		見正料表(一)	
〃	1⅜"中	〃	2000	8905	已足		
〃	1½"中	〃	1500	6873	已足		
〃	1⅝"中	〃	3000	2943	可夠		
黃銅皮	0.3	〃	20	159	已足		
〃	0.5	〃	900	無		見正料表(二)	
〃	0.8	〃	60	〃		60	
〃	1	〃	640	〃		640	
〃	2.5	〃	600	〃		600	
紫銅條	3/16"中	〃	160	〃		160	
〃	1/4"中	〃	60	〃		60	
〃	1⅛"中	〃	300	〃		300	
紫銅皮	1	〃	60	60	已足		
黃銅		〃	7200	無		7200	
鋁		〃	6600	4000		2600	
玻璃管	8中	m	400	無	自籌		
軟木	~~6公分厚~~	m³	10	〃	〃		
硬木	60公分厚	〃	300	〃	〃		
柏木	3/8" 〃	〃	7200	〃	〃		

(三)

材料名称	規格	單位	每三千門所需材料數量	廠中現存材料數量	自行籌備數量	必需署中供給數量	備考
柏木	5/8″	m²	2400	無	自籌		
〃	7/8″	〃	7200	〃	〃		
〃	1″	〃	10500	〃	〃		
牛皮		〃	1600	〃	〃		
帆布		〃	140	〃	〃		
猪鬃		Kg	400	〃	〃		
蔴線	1吋	m	20000	〃	〃		
棕繩	3/4吋	〃	4800	〃	〃		
洋釘	1″	Kg	28			見副料表	見副料表
〃	1¼″	〃	84			〃	〃
〃	1½″	〃	112			〃	〃
〃	2½″	〃	100			〃	〃

第十工廠三十三度需用正料數量表 （四）

製品名稱：六公分迫砲彈

材料名稱	規格	單位	每五十万發所需材料數量	廠中現存材料數量	自行籌備數量	必需署中供給數量	備攷
黄銅條	1⅛"中	吨	200	見正料表(一)		見正料表(一)	假定应用本廠新設計引信
〃	¾"中	〃	20	〃 (三)		〃 (三)	
〃	⅝"中	〃	12	14	可够		
〃	⅜"中	〃	15	見正料表(三)		見正料表(三)	
〃	½"中	〃	3	無		〃	
黄銅絲	1中	Kg	900	117		800	
黄銅皮	0.7厚	吨	6	無		6	
〃	0.5〃	Kg	1700	〃		見正料表(二)	
紫銅皮	0.06〃	〃	15	〃		15	
鳥丁鋼	1⅛"中	吨	212	見正料表(三)		見正料表(三)	
黑鉄皮	⅛"厚	〃	90	〃 (三)		〃	
獵槍彈壳		枚	550,000	200,000		350000	
發射藥		吨	7.5	10	已足		
黑藥		〃	1.8	見正料表(一)		見正料表(一)	
TNT		〃	50	〃 (一)		〃	
土硝		〃	35	無		36	
生鉄		〃	800	〃		800	
柏木板	⅝"厚	m²	45,000	〃	自籌		
鉛皮	14"×20" 馬口鐵皮	張	32,500	50,000	已足		假定僅引信裝包裝鉛皮箱
薄綢		m²	3600	見正料表(一)	自籌		
細洋線		m	500000	〃	〃		
黄漆		kg	500	〃	〃		
洋釘	1"	〃	600			見副料表	
〃	1¼"	〃	2400			〃	
〃	1¾"	〃	968			〃	

第十二廠三十三年度需用正料數量表　　（五）

製品名称：擦槍器

材料名称	規格	單位	每五万套所需材料數量	廠中現存材料數量	自行籌備数量	必需署中供給數量	備攷
擦紗		kg	100	~~無~~		100	
白布		匹	60	17	自籌		
銲錫		kg	500	無		見副料表	
黄銅條	9Φ	〃	380	見正料表(一)		見正料表(一)	
彈槽刷		个	50,000	無	自籌		
鋼條	5Φ	kg	8,000	〃		見正料表(一)	
黄銅板	6%厚	〃	4,000	〃		4000	
鍍鋅鉄絲	1.65(16#)	〃	250	〃		見副料表	
猪鬃		〃	200	〃	自籌		
黄銅條	11Φ	〃	4,900	〃		見正料表(一)	
黄銅皮	0.5	〃	4,250	〃		〃 (二)	
羊皮	2%厚	m^2	100	〃	自籌		
黄銅條	3/8"Φ	kg	2140	見正料表(四)	可向		
草綠帆布		匹	500	無	自籌		
擦鈕		付	55,000	〃	〃		
線		團	1,200	〃	〃		
棉紗帶		把	1,000	〃	〃		
木板	3/4"厚	m^2	850	〃	〃		
〃	3/8" 〃	〃	600	〃	〃		
〃	1" 〃	〃	60	〃	〃		
洋釘	1"	kg	6	〃		見副料表	~~見副料表~~
〃	1½"	〃	26	〃		〃	~~〃~~
〃	1¾"	〃	11	〃		〃	~~〃~~
牛皮膠		〃	80	〃	自籌		~~〃~~
棕繩	3/8"Φ	〃	50	〃	〃		~~〃~~

第十工廠三十三年度需用正料數量表　　（六）

製品名称：信號彈

材料名称	規格	單位	每三十万發所需材料數量	廠中現存材料數量	自行籌備數量	必需署中供給數量	備攷
鎂粉		Kg	810	無		見正料表(二)	
硝酸鋇		"	900	500	自籌		
氯酸鉀		"	1800	見正料表(一)	已足		
草酸鍶		"	460	無		460	
鋁粉		"	60	"		60	
氯酸鋇		"	1850	"		1850	
白腊		"	300	"	自籌		
小粒黑葯		"	2400	"		見正料表(一)	
洋漆片		"	500	見正料表(二)	已足		
硫磺		"	100	150	已足		
羊毛氈		m^2	210	無	自籌		
黄銅皮	3.3%厚	吨	48	"		48	
槍彈底火売		枚	300,000	"		300000	
黄銅皮	0.5%厚	Kg	1300	見正料表(四)		見正料表(二)	
𩣑蔥紙	1%厘	m^2	31--	無	自籌		
桑皮紙		"	2100	"	"		
黄腊		Kg	500	"	"		
木板	3/8"厚	m^2	1300	"	"		
"	5/8""	"	900	"	"		
"	1""	"	100	"	"		
洋釘	1"	Kg	10			見副料表	~~見副料~~
"	1 1/2"	"	40			"	"
"	1 1/2"	"	16			"	"
牛皮膠		"	120		自籌		"
棕繩	3/8"中	"	75		"		"

014

第十二廠三十三年度需用副料數量表

材料名称	單位	全年需用數量	廠中現存數量	自行籌備數量	必需署中供給數量	備攷
3"Φ 低炭素鋼	Kg				500	本表係估計本年底可餘數量而明年度尚感不敷者應予添購之數量
3½"Φ 〃	〃				500	
4"Φ 〃	〃				500	
4½"Φ 〃	〃				500	
5"Φ 〃	〃				500	
6"Φ 〃	〃				500	
7"Φ 〃	〃				500	
8"Φ 〃	〃				500	
½"Φ 高炭素鋼	〃				500	已包括在正料表（三）内
¾"Φ 〃	〃				500	
1¼"Φ 〃	〃				500	
1½"Φ 〃	〃				500	
2"Φ 〃	〃				500	
2½"Φ 〃	〃				500	
½"Φ 藍牌鋼	〃				100	
⅝"Φ 〃	〃				100	
¾"Φ 〃	〃				100	
⅞"Φ 〃	〃				100	
1½"Φ 〃	〃				200	
1¼"Φ 〃	〃				200	
2"Φ 〃	〃				200	
2½"Φ 〃	〃				200	
3"Φ 〃	〃				300	
3½"Φ 〃	〃				300	
4"Φ 〃	〃				300	
2¼"Φ 紫牌鋼或冲摸鋼	〃				500	
4½"Φ 〃	〃				500	
5½"Φ 〃	〃				500	
6"Φ 〃	〃				500	
⅝"Φ 鋒鋼	〃				200	
¾"Φ 〃	〃				300	
⅞"Φ 〃	〃				300	
1"Φ 〃	〃				300	
1¼"Φ 〃	〃				200	
1½"Φ 〃	〃				200	
2½"Φ 〃	〃				200	
3"Φ 〃	〃				200	
#20 鍍鋅鉄絲	〃				500	

010

材料名称	單位	全年需用數量	廠中現存數量	自行籌備數量	必需署中供給數量	備攷
#18 鍍鋅鉄絲	Kg				500	
#16 〃	〃				500	
#9或10# 〃	〃				1,500	代電銲絲用
純錫	〃				1000	
1" 洋釘	〃				1000	
1½" 〃	〃				3500	
2½" 〃	〃				500	
3" 〃	〃				500	
5" 〃	〃				100	
6" 〃	〃				50	
7" 〃	〃				50	
薄滑潤油	加侖				2000	
水柏油	Kg				300	
白凡士林	〃				100	
变壓器油	加侖				300	
D.T.E.特油	Kg				5,000	
#0 砂布	張				2,000	
1½# 〃	〃				1000	
#2 〃	〃				1000	
#1 砂紙	〃				1000	
#2 〃					1000	
⅝" 鋼號碼	付				10	
3/16" 〃	〃				10	
¼" 〃	〃				10	
⅝" 鋼字模	〃				4	
3/16" 〃	〃				2	
¼" 〃	〃				2	
12" 粗扁銼	把				60	
8" 〃	〃				24	
4" 細扁銼	〃				36	
4" 扁油光銼	〃				24	
5" 粗三角銼	〃				12	
6" 〃	〃				12	
8" 〃	〃				12	
4" 細方銼	〃				36	
6" 方油光銼	〃				12	
8" 細半元銼	〃				24	
#0 3½" 什錦銼	付				10	
#2 4" 〃	〃				10	
6m/m 方車刀(鋒鋼)	支				500	

材料名稱	單位	全年需用數量	廠中現存數量	自行籌備數量	必需署中供給數量	備考
8m/m方車刀(鋒鋼)	支				500	
12m/m "	"				500	
12" 鋼鋸條	打				360	
20" "	"				10	
3/8"-5/8"螺絲絞板	付				6	
白油石	塊				12	4"或6"三角或方條均可
粗黄油石	"				24	
細黄油石	"				24	
#3皮帶扣	打				10	
#15 "	"				20	
#25 "	"				50	
#27 "	"				5	
80P牛皮紙	張				500	
加炭淬火鹽	Kg				200	
氯化鈣	"				100	
酒精	加侖				5000	
硫酸	Kg				3000	
燒碱	"				2000	
漂白粉	"				1000	
5/8"×6木螺絲釘	羅				200	
1/2"×7 "	"				200	
2" "	"				20	
代柴油	加侖				3000	
2m鋼皮捲尺	只				10	
150m/m鋼皮尺	"				50	
硼砂	Kg				100	
螢石	"				500	
火泥	"				1000	
1/16SWG膠皮銅線	M				2000	
1/18SWG "	"				10000	
7/20SWG "	"				2000	
23#漆包線	Kg				10	
33# "	"				5	
38# "	"				2	
42# "	"				2	
5A鎔線盒	只				200	
#16鎔線	卷				10	
#18 "	"				10	
#22AWG鎳鉻抵抗線	Kg				5	
#24 " "	"				5	

材料名称	單位	全年需用數量	廠中現存數量	自行籌備數量	必需署中供給數量	備考
#26 A.W.G. 鎳鉻抵抗線	kg				3	
#28 〃 〃	〃				1	
5W 燈泡	只				100	
40W 〃	〃				1000	
75W 〃	〃				500	
100W 〃	〃				200	
1" 鉸鏈	付			100		
1 1/2" 〃	〃			200		
2" 〃	〃			200		
食料用菜油	kg			20,000		
製冷卻油用菜油	〃			10,000		
桐油	〃			1000		
生牛油	〃			500		
松香水	〃			200		
白磁漆	〃			100		
紅磁漆	磅			10		
藍〃〃	〃			10		
凡立水	加侖			100		
紅丹粉	kg			100		
薑黄	〃			40		
黄腊	〃			1000		
白腊	〃			1000		
牛皮膠	〃			500		
皮帶膠	〃			10		
20" 木鋸條	根			12		
22" 〃	〃			12		
50" 〃	〃			100		
10丈×2.2尺白粗布	匹			100		
草紙	張			20,000		
麻線	kg			100		
1/4" 麻繩	〃			200		
3/8" 〃	〃			200		
1/2" 〃	〃			200		
5/8" 〃	〃			200		
1" 〃	〃			500		
1 1/2" 〃	〃			500		
5 m/m 棕繩	〃			300		
1/4" 〃	〃			600		
5/16" 〃	〃			100		
3/8" 〃	〃			200		

材料名稱	單位	全年需用數量	廠中現存數量	自行籌備數量	必需署中供給數量	備考
5/8" 棕繩	kg			100		
3/4" 〃	〃			200		
1/2" 〃	〃			200		
石膏粉	〃			100		
土石膏	〃			100		
明礬	〃			3000		
洋線	團			5000		
各16裝焊錫膏	听			4		
話筒炭片	片			24		
瓷磁夾	付			10,000		
3" 灣脚磁瓶	只			200		
20A平角保險	只			100		
西令	只			600		
5A膠木開關	只			600		
牆壁灯頭	只			100		
開關灯頭	〃			200		
普通灯頭	〃			400		
15A閘刀開關	〃			100		
3" 圓木板	塊			1000		
白紗帶	捲			50		
絶電紙	張			10		

兵工署第十工厂渝建费、制造费购置机器清册（一九四三年十月十五日）

軍政部兵工署第十工廠

渝建费购置机器

32年10月15日　第1頁

~~29年~~

28年

1.绕线机两部　71000

2.电动机　11262.30　验收单#206

29年

1.福英蔡#620式圆珠轴承10只　$5136

2.½HP 940RP 小马达 3只 @1220.-　$3660.-　验收单#2313

3.1 〃 950RP 〃 6只 @1330.-　$7998.-　〃

4.2HP 1440RP 〃 10只 @1451.-　$14510.-　〃

5.3HP 〃 RP 〃 6只 @1617.-　$9702.-　〃

6.5HP 〃 RP 〃 4只 @2255.-　$9020.-　〃

7.滚轮 一只　$277.-

8.2½t ford卡车4辆　$19393.84　（加运费$31.77）

9.5t fargo卡车1辆　$8283.41

10.ford卡车4辆配胎　$362.20

11.fargo卡车配胎及零件　$203.09

12.[illegible]式铣床附加及[illegible]1部　$510.-

13.汽车胎 34×7 1只　$86.02

14.卡车1辆装配车身　$3412.32

15.又卡车零件一批　$277.41

~~30年~~

~~3年(国币部分)~~ 30年　65400.- ✓（另加运费$193.-系总费支）

1.圆盘锯零件4套　$~~[illegible]~~.-　验收单#2152

2.1吋 钻床 3部　$24000.- ✓　〃 #404

3.2尺车床2部　$32800.- ✓　〃 #432（另加运费$510.-系总费支）

4.吊车10吨起重摇车二部　$8400.- ✓

5.2尺车床2部　$32800.- ✓　〃 #527

6.中央设院序代购 2尺车床4部　$83582.49

31年

1.购2尺车床2部　$52000.-　验收单#60

2.上川 TL 2630立式六角车床5部　$210000.-　〃 #206（另运费$25.5）

3.〃 〃 〃 10部　$100000.-　〃 #3216 #3223

軍政部兵工署第十工廠

32年 10月 15日　　　　　　　　　　　第 2 頁

4. 車用車床及機器一批	$126,000.—	照收算第5215、5216、5202、5209 ✓
5. [illegible]6呎車床6部	$411,000.—	〃 5204 ✓
6. 車用6呎車床5部	$252,000.—	✓ ✓
7. 昆明中一電焊機及附件	$140,000.—	〃 31/4/21
8. 6呎[illegible]車床附零件1份	$18,000.—	〃 31/4/27
9. [illegible]研磨機1部	$87,642.—	〃 4324/3

32/10/18

8

29年 [illegible]机字电机一具及附件 $4100.— [illegible] 2240

軍政部兵工署第十工廠

製造費結轉帳

年　月　日　第　頁

29年

1. 合钢[illegible]机 1部 $8000.—
2. [illegible]一部 $16000.— 除[illegible] #229
3. #3石印机一架 $17(?)720 ″ #375

30年

[illegible]机 2部 $1360.00
″ ″ $1480.— 除[illegible] #2359 #2360
石印[illegible]机及附件 $2220.— 除[illegible](?) #36
~~[illegible] $[illegible]400.— ″ #[illegible] [illegible] 195.—~~
[illegible]机一部 $2600.— ″ #204
″ 三部 $7500.— ″ #121
[illegible] 2台 $1400.— ″ #217
[illegible]机一部 $1400.— ″ #426
[illegible]印机一部 $14850.— ″ #472 #473
[illegible]268[illegible]
字[illegible]1套 $2428.— ″ #485
~~[illegible]三部 $[illegible] ″ #464~~
~~[illegible]2部 $3280.— ″ #[illegible] [illegible] 8510.—~~
[illegible]240[illegible] $2290.— ″ #486
260[illegible]1架 $1914.— ″ #477([illegible])
100 ″ ″ $3150.— ″ #491
[illegible]机 2部 $1580.— ″ #417
~~[illegible] $8400.— ″ #[illegible]~~
~~[illegible]2部 $3280.— ″ #427~~
[illegible] 一部 $18000.— ″ 246
板木船 二艘 $3200.— ″ 3(三)#8
小木船 一 ″ $700.— ″ 3(三)#44
木船 二 ″ $2400.— ″ 236
1941式[illegible]
2箱 $13569(?).— ″ #429
5[illegible]一箱[illegible] $8[illegible].— ″ [illegible] #511
[illegible] ″ 2441
[illegible]一箱 $1000.— ″ 443
″ ″ ″ 二箱 $7300.— ″ #74
[illegible] 1只 $10.— ″ 73
[illegible] 20件 $4591.79 ″ 79

軍政部兵工署第十工廠

年　月　日　　　　第　頁

31年　1600.-　600.-

1. 蓝布紫车套、防空外车胎 1付	8/2,600.-	餘収算	4/36
2. 木船 1艘	8/ 1600.-	〃	4/60
3. 柏木舟艇 活船 1艘	8/ 17,729.10	〃	4/223
4. 油箱2座 工料及運力	8/ 11,227.-	〃	4/38
5. 〃　〃　〃	8/ 11,227.-	〃	4/46
6. 交流發電機	8/ 7,000.-	〃	4/112

32/10/18

10

兵工署第十工厂为报送一九四二年上半年订购机器清册请派员验收致兵工署的呈（一九四三年十月）

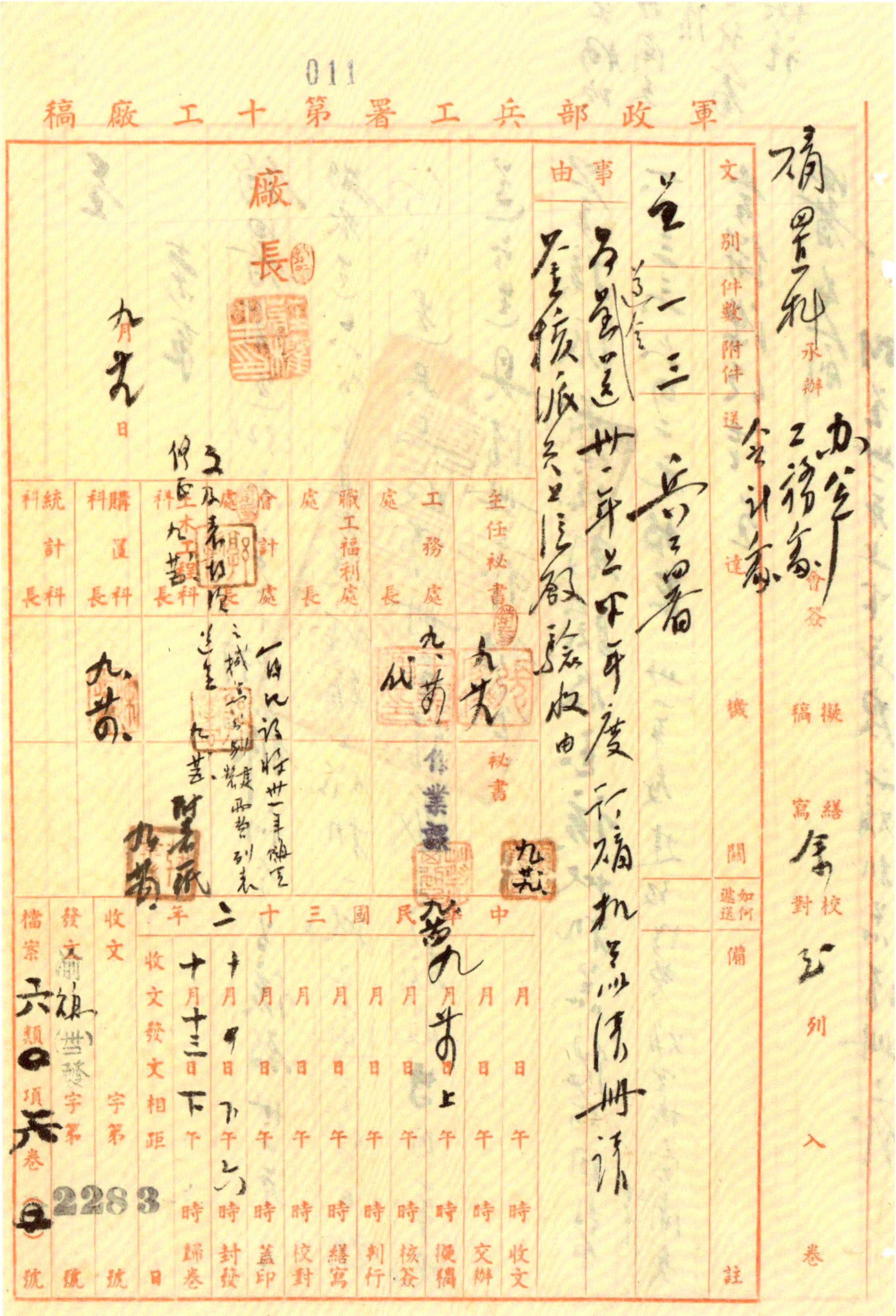

11-

呈

案奉

鈞署渝造(32)丙字第11533號訓令為該廠卅一年份

制衣造六〇八〇〔通〕電總計續工作机一批已逾交貨日期

仰即造具收清冊呈請派員驗收等因奉此

遵即造具清冊三份附呈

鑒核派員來廠驗收至該批機器係作國幣

一〇三三六〇〇之二元增在卅一年度建設經費類興機械工業費開支

合併陳明請查

署長俞

附呈卅一年上下年度訂購機器清冊三份

在何項目開支請會計處填註

012

军政部兵工署第十工厂卅一年上半年度订购机器清册

品名	数量	单价	总价	供给商号	附记
Paradyne 3220A式电焊机	一部	一四〇,〇〇〇元	一四〇,〇〇〇元	昆明中一实业公司	
双轆轤砂圆机	一部	八五,六〇二元	八五,六〇二元	華新[illegible]信箱	
TL2580·五呎·六呎车床	一五部	五〇,〇〇〇元	七五〇,〇〇〇元	上川实业公司	
Dombey双桿六呎车床	一部	五六,〇〇〇元	五六,〇〇〇元	昆明中一实业公司	
总计			一〇三三,六〇二元		

兵工署第十工厂一九四三年度向昆泸各地署库领收材料表（一九四三年十一月十八日）

軍政部兵工署第十工廠

三十二年度向昆泸各地署庫領收材料表

年　月　日　32/11/18　第　頁

820

料名	三十一年下半年度 @		三十二年度六月以前 @		三十二年度八月以前 @	
2.8m/m 銅珠 2,880 粒	814.40	841,472.–	850.–	8,144,000.–	890.–	8,001,600.–
硝錳鉀 1,884.5 kg						
6cm 迫砲管 6,000 kg	50.–	300,000.–	65.–	390,000.–	90.–	540,000.–
#0 砂布 2,165 張(180.42打)	每打24.–	4,330.08	每打50.–	9,021.–	每打60.–	10,825.20
#1 〃 7,262 〃(605.17打)	〃	14,524.08	〃	30,258.50	〃	36,310.20
#1½ 〃 1,190 〃(99.17打)	〃	2,380.08	〃	4,958.50	〃	5,950.20
#2 〃 3,241 〃(270.08打)	〃	6,481.92	〃	13,504.–	〃	16,204.80
鋁塊 6,321.2 kg	30.–	189,636.–	55.–	347,666.–	65.–	410,878.–
0.5m/m 白鋼皮 1,666 kg	40.–	66,640.–	55.–	91,630.–	70.–	116,620.–
烏儀瓷 359,989 只	0.40	143,995.60	1.–	359,989.–	2.–	719,978.–
馬口鐵皮 41,586.5 kg	20.–	831,730.–	45.–	1,871,392.50	55.–	2,287,257.50
6cm 迫擊砲管 (34,778.9－15,750) kg	20.–	380,578.–	50.–	951,445.–	75.–	1,427,167.50
#28 白鐵皮 498 張	每張20.–	~~9,960.–~~	每張45.–	~~22,410.–~~	每張55.–	~~27,390.–~~
黃銅條 108,112.7 kg	22.–	2,378,479.40	50.–	5,405,635.–	65.–	7,027,325.50
鋼板及黑鐵皮 187,939 kg	20.–	3,758,780.–	42.–	7,893,438.–	55.–	10,336,645.–
鋒鋼 24.7 kg	15.–	370.50	50.–	1,235.–	65.–	1,605.50
鎳鋼 2,232.7 kg	75.–	167,452.50	100.–	223,270.–	150.–	334,905.–
高炭鋼 3,494.1 kg	15.–	52,411.50	50.–	174,705.–	65.–	227,116.50
沖模鋼 2,515.5 kg	36.–	90,558.–	65.–	163,507.50	75.–	188,662.50
軟鋼 475.5 kg	15.–	7,132.50	50.–	23,775.–	65.–	30,907.50
中炭鋼 898 kg	15.–	13,470.–	50.–	44,900.–	65.–	58,370.–
馬丁鋼 194,962.2 kg	15.–	2,924,433.–	50.–	9,748,110.–	65.–	12,672,543.–
炭素鋼 88,935.7 kg	15.–	1,334,035.50	50.–	4,446,785.–	65.–	5,780,820.50
鋼面 684.9 kg	15.–	10,273.50	50.–	34,245.–	65.–	44,518.50
元鐵 370.5 kg	15.–	5,557.50	50.–	18,525.–	65.–	24,082.50
		812,324,221.66		823,391,395		840,500,293.40

另有大批工具未列計

兵工署第十工厂为报送一九四二年下半年及一九四三年上半年购置机器清册致兵工署的呈（一九四三年十一月二十七日）

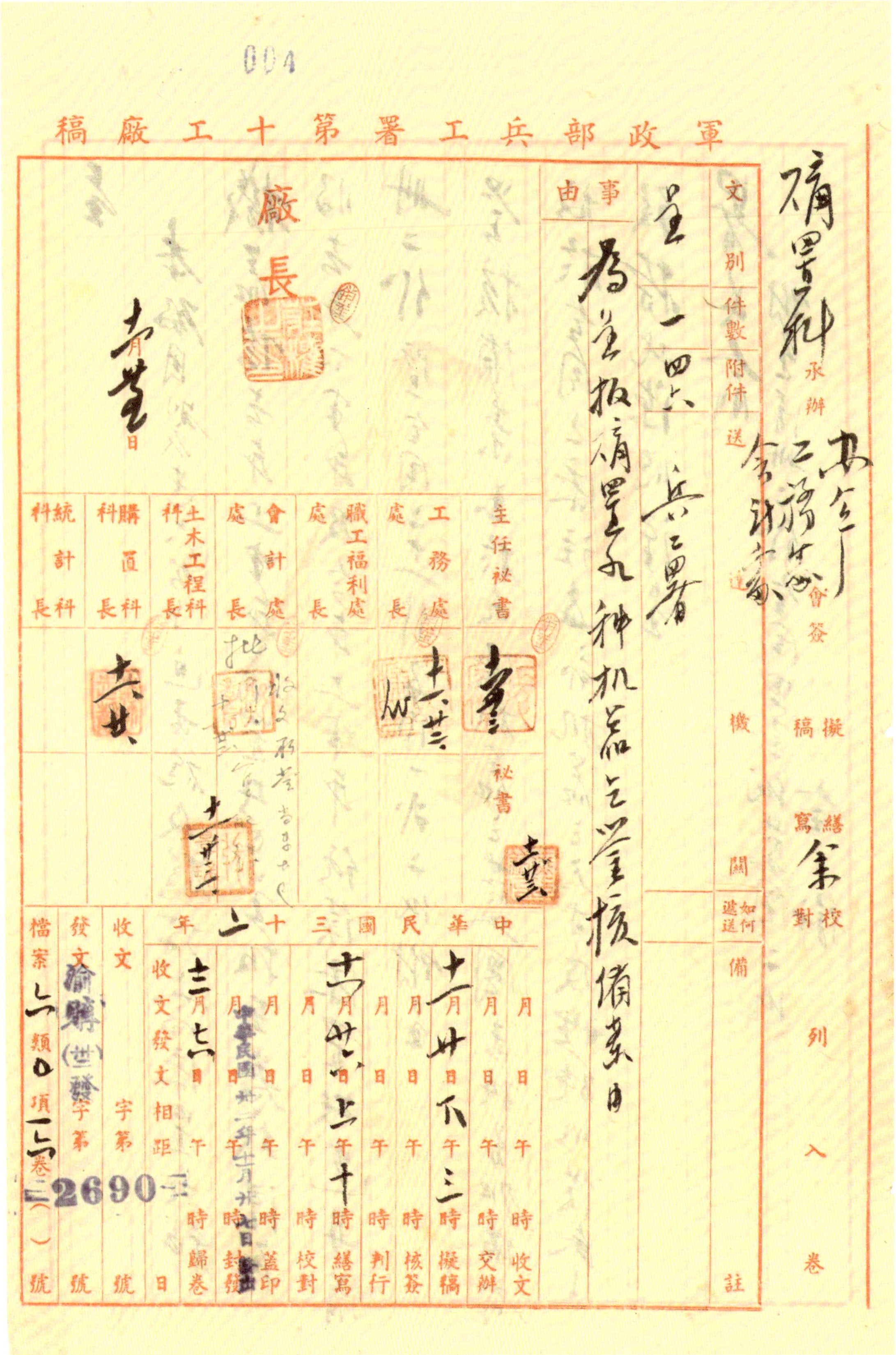
军政部兵工署第十工厂稿

文别：呈
件数：一
附件：一四六
送：兵工署
事由：为呈报购置机器清册仰祈鉴核备案由
拟稿：购置科

厂长
主任秘书
工务处处长
职工福利处处长
会计处处长
土木工程科科长
购置科科长
统计科科长

中华民国三十二年
收文 发文 档案
2690

4-1

呈

本廠因製造六公厘迫擊砲及砲彈需用緊要各種機器除去年上半年購置者已呈報在卷外謹再將去年下半年及今年上半年所續購置者造具清冊二份暨合同二十一份每份一式二紙附呈鑒核備案至於各項機器之藍圖書籍另加備齊擬於合同上添註並示機器之尺寸及性能以供參考茲特此陳明謹呈

署長俞

附呈清冊二份合同四十二紙藍圖二紙

全銜

015

附卷

兵工署第十工廠三十一年度下半年及三十二年度上半年購置機器清冊

品名	數量單	價	總價	列入何年度何項經費支報	備考
高壓離心鼓風機	二部	五八五〇元	一一七〇〇元	三十一年度製造費列支	合同#2142
傾側式熔鐵爐	二座	六六〇〇元	一三二〇〇元	仝	右仝右
六呎單桿車床	五部	五〇〇〇〇元	二五〇〇〇〇元	三十一年度建設費列支	合同#2154
柒號葉氏式鼓風機	一部	一六五〇〇元		三十一年度製造費列支	合同#2159
12"車床	一部	九〇〇〇〇元		三十一年度建設費列支	合同#2162
6"車床	四部	四四〇〇〇元	一七六〇〇〇元	仝右	仝右
4"車床	一部	四〇〇〇〇元		仝右	仝右
22"牛頭鉋床	一部	四五〇〇〇元		仝右	仝右

15-1

010

平銑	一部	四五〇〇〇元		仝右	仝右
1½"鑽床	一部	一二〇〇〇元		仝右	仝右
½"槍鑽	三部	一〇〇〇〇元	三〇〇〇〇元	仝右	仝右
5HP馬達	一部	四〇〇〇〇元		仝右	仝右
動力設備	一套	四〇〇〇〇元		仝右	合同仝右其中包括軸承二只、1⅝"×26'地軸一根各机器傳動皮帶（以上三十二年度下半年購置）
三噸半熔鉄爐	一座	三九〇〇〇元		三十二年度製造費列支	合同#3202
五呎木車床	一部	三五〇〇〇元		仝右	合同#3203
雙桿加強六呎車床	六部	六八五〇〇元	四一一〇〇〇元	三十一年度建設費列支	合同#3209
六呎車床	四部	五五三八五元	二二一五四〇元	三十二年度製造費列支	合同#3216
重式450公厘鉋程牛頭鉋床	一部	一四五〇〇元		仝右	合同#3218

15-2

150公斤汽錘	一部	五八〇〇〇元		三十二年度製造費列支	合同#3221
手扳剪料機	一部	五一六〇〇元		仝右	合同#3222附圖
雙人手板機	十部		二四一九八七五元	仝右	合同#3238
1.5噸傾側式澆鑄桶	一只	七二四〇〇元		仝右	合同#3241
一噸傾側式澆鑄桶	二只	五二八〇〇元	一〇五六〇〇元	仝右	仝右
30m/m鑽床連馬達	一部	七五五〇〇元		仝右	合同臨編#1
30m/m鑽床連馬達	一部	八八〇〇〇元		仝右	合同臨編#2
加強六呎單桿車床	五部	七三〇〇〇元	三六五〇〇〇元	仝右	合同#3257
20"鋸床	一部	三九〇〇〇元		仝右	合同#3261
5"進水4"出水四級式離心力抽水機	一部	九二〇〇〇元		仝右	合同#3268

15-3

十呎車床	三部	一六〇〇〇〇元	四八〇〇〇〇元	仝右	合同#3272
重式牛頭刨床	一部	一四六、〇〇〇元		仝右	合同臨編#3
製砲彈專用六呎車床	二部	四二〇〇〇元	八四、〇〇〇元	仝右	合同臨編#4
仝右	二部	三八〇〇〇元	七六、〇〇〇元	仝右	仝右

兵工署第十工厂一九四二年度重要正料出纳储备情形表（一九四三年）

军政部兵工署第十工厂　　（~~附表十二~~）

附表十三

三十一年度重要正料出纳储备情形表

料名	单位	三十年底结存数量	三十一年购入或运到数量	三十一年用去数量	三十一年底结存数量	备注
砲弹用钢	公斤	137922	413448	165346	386025	
钢筋	〃	16284	8619	12143	12760	
黄铜條	〃	119621	122961	56724	185858	
黄铜餅	〃	214232	55027	99901	169358	
黄铜皮	〃	3335	14143	7064	10414	
黄铜板	〃	9298	5060	13586	772	
白铅皮	〃	9971	——	5555	4416	
紫铜管	〃	9292	——	6809	2483	

黄銅管	〃	515	7162	7555	6912
漆	〃	3730	——	1842	1888
腊	〃	2980	3223	2555	3650
綢	市尺	8364	9060	15933	1491
布	〃	30053	11145	23523	17675
紙	張	9140	68505	43760	33885
洋綫	錠	360	4718	2650	2428
棕麻繩	公斤	1013	3523	3039	1497
無烟葯	〃	27985	46365	16650	57700
黑葯	〃	259	1526	650	1135

正2

锑恩锑	公斤	1210	60743	59553	2400	
镁粉	〃	869	270	1139	——	
氯化钙	〃	1098	——	867	231	
過氧化钡	〃	723	——	723	——	
硝酸钡	〃	1585	950	1935	600	
硫酸	〃	7581	——	3292	4289	
硝酸	〃	3474	2554	3680	2348	
酒精	加侖	438	8482	6792	2133	
柏木板	塊方	144	1580	1524	200	

103-1

軍政部兵工署第十工廠

三十一年度重要副料出納儲備情形表（附表十四）

料名	單位	三十年底結存數量	三十一年購入或運到數量	三十一年用去數量	三十一年底結存數量	備註
普通鋼與工具鋼	公斤	92708	308378	24180	376900	普通鋼與黑鉄皮在卅一年度出品範圍內視作副料至卅二年度大半廠作正料矣
鋒鋼	〃	5255	5230	1833	8652	
黑鉄皮	〃	5151	124538	4005	125684	
麻花鉆	支	34499	3117	390	37226	
銼刀	把	9952	3162	475	12639	
扁方車刀	〃	3491	——	248	3243	
鋸條	只	3207	581	2331	1457	
鋼板	付	396	95	108	383	

0104

0105

絲　公	〃	1115	710	364	1469	
砂　輪	只	123	366	111	378	
油　石	塊	20	8	11	9	
三角皮带	根	344	90	62	372	
牛皮带	公尺	844	1784	471	2157	
砂布紙	張	6746	17794	3656	20884	
滑润油類	加侖	4565	2730	2477	4818	
冷却油類	〃	1850	11699	11556	1993	
汽　油	〃	852	3931	1607	3156	
柴油代汽油	〃	1188	6361	4242	3307	

105-1

副2

菜油桐油	公斤	576	47885	36796	11665	
凡士林	〃	1051	——	216	835	
牛油	〃	981	71	160	892	
煤炭	〃	574488	2084027	2110437	546078	
純碱	〃	2268	4980	2798	4450	
膠皮銅線	公尺	77341	16910	13754	80497	
裸銅線	公斤	2092	——	178	1914	
電燈泡	只	1328	2052	1556	1824	
白鉛管	公尺	8730	496	1920	7306	
洋釘	公斤	5460	3009	2429	6040	

105-2

螺丝钉	只	45604	873	12899	33578	
焊锡	公斤	——	1225	870	355	
铅丝	〃	1245	3817	743	4319	

兵工署第十工厂为报送一九四二年度向兵工署昆明、泸州各库实收机料清表致兵工署的呈（一九四四年十二月）

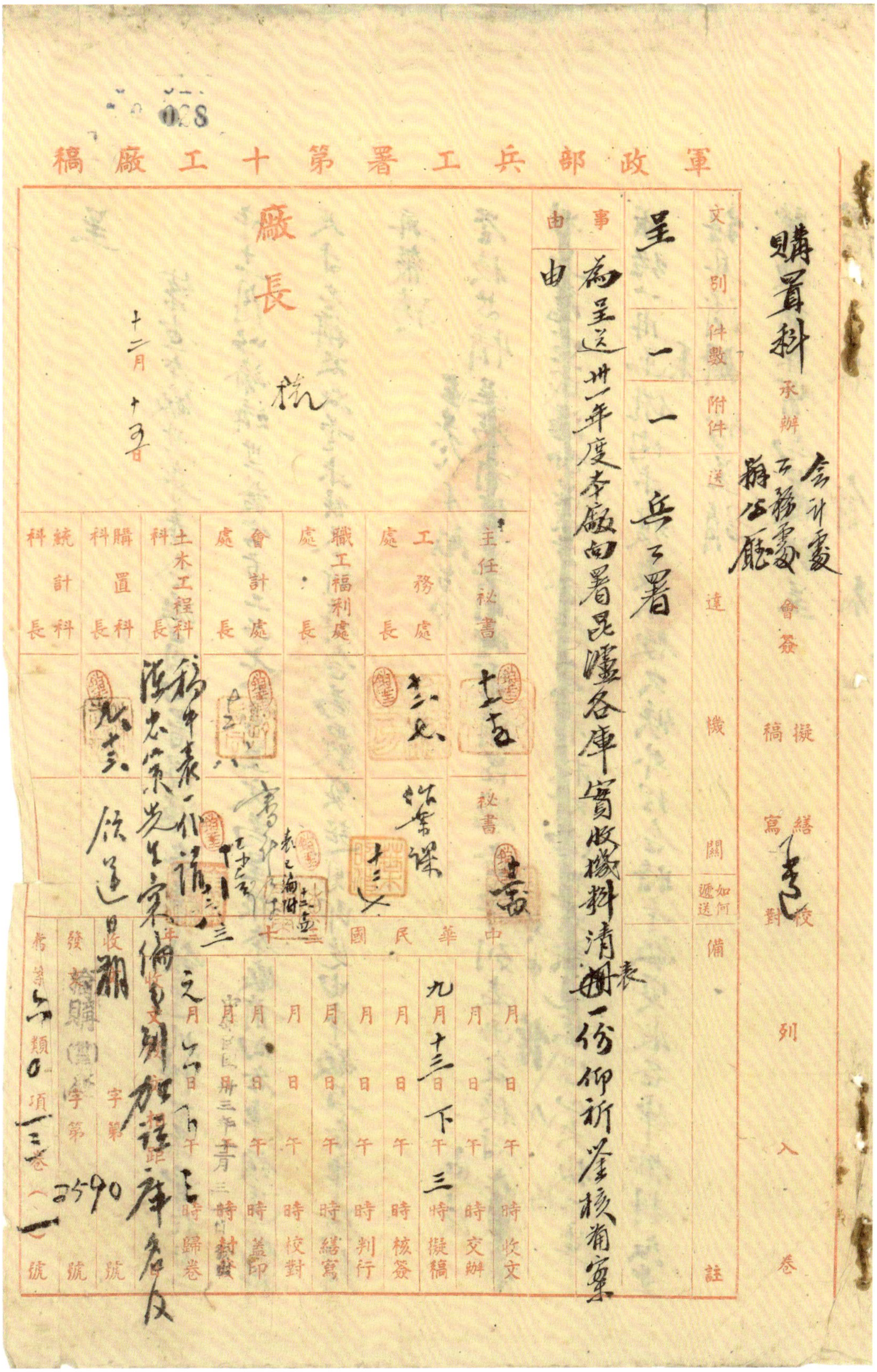
軍政部兵工署第十工廠稿

文別：呈
件數：一
附件：一
送達機關：兵工署
事由：為呈送卅一年度本廠向署昆瀘各庫實收機料清表一份仰祈鑒核備案由
承辦：購置科
會簽：會計處 工務處 辦公廳

廠長 杭 十二月十五日

主任秘書　工務處長　職工福利處長　會計處長　土木工程科長　購置科長　統計科長

秘書

中華民國卅三年十二月　日

月 日 午 時收文
月 日 午 時交辦
九月十三日下午三時擬稿
月 日 午 時核簽
月 日 午 時判行
月 日 午 時繕寫
月 日 午 時校對
月 日 午 時蓋印
月 日 午 時封發
月 日 午 時歸卷

發 字第 號
收文 字第 號
檔案 類 項 卷 號

呈

案查本厰卅一年奉令派員向署昆瀘各庫領運机料一案，曾於卅二年十一月以渝締（卅二）發字第二六七八號呈文為呈報本厰前向各庫領運機料尺寸名稱及數量未能盡行符合，為數頗鉅，見即先由本厰與各庫核對再報請

鑒核等情（呈奉本厰當卯）在案，時電請昆瀘各庫列表函復核對（無訛）。惟白龍寺、成瀘……各庫……核對……（共中僅）保山大板橋二庫並經一再函催，均未獲復，不便久候，外理合將本廠領收各庫機料數量繕具清冊（表）一份，呈請

鑒核備案，實為公便。謹呈

署長　俞

附呈清冊（表）一份

29

向兵工署宣威庫領運械料表

名称	單位	數量	重量 毛重	淨重	箱重	記	領發日期 年月日	附註
#0 砂布	張	2165						
#1 〃	〃	7262				N/M		2箱 277kgs
#1/2 〃	〃	1190				GINNS. CO.	30,8,15	1箱 281kgs
#2 〃	〃	3241						
鋁	塊	570		6270kgs		UTC UAZ-452A	〃11,12	
0.5m/m 白鋼皮	箱	14	1666kgs			N/M	〃11,23	
3/32×12 單面砂輪	只	37						
3/4×6 粗面 〃	〃	19	1箱 61kgs			PR-11 287 3-4609	30,6,12	0.3

29-1

3/4×6 细面 "	"	14					
1/2"φ 白铁管	条	40		276KGS	100 S C	31.9.1	
#28 白铁皮	張	498		46扎 2944KGS	UTC UAZ-141	31.11.23	
3/8"φ (9.52 m/m) 黄铜条	箱 捆	72 173	16920磅	短 ~~329KGS~~	UTC No.491	31.8.16	
5/8"φ (15.88 m/m) "	"	120	27240"		"	" " 16 20	
1 3/8"φ (34.92 m/m) "	"	43	25260"		"	31.8.20	
1 1/2"φ (38.1 m/m) "	条	85		1955"	UTC No.490	31.8.22	
1/2"φ (12.7 m/m) "	箱	28	5936"		UTC No.491	"	
1 1/8"φ (28.57 m/m) "	"	10	2040"		"	"	
1/8" 黑铁皮	張	70	~~4620~~KGS	4620KGS	LO MBA	31.8.2	
"	"	183		12919"	H H 286	31.8.16	

名稱	單位	數量	重量 毛重	淨重	箱記	領發日期 年月日	附註
1/16" 黑鐵皮	張	2241		72,978 kgs	N/M	31/8	
〃	〃	567		20,979"	◇532◇	31.8.1	
〃	〃	80		1,744"	◇UTC◇ UAZ-T-534		
〃	〃	2395		51,253"	◇UTC◇ UAZ-351	31/8/9 5-	
3/32" 〃	〃	172		8944"	P286	31/8/3	
1 1/8"φ 馬丁鋼	根	6739		111,576"	◇UTC◇ UAZ-188	31/8/8-	
〃	〃	1,768		26,250"	1 yellow	31/7	
〃	〃	3790		37,900"	9343 ◇S◇G◇	31/8	
3"φ 炭素鋼	〃	479		30,783"	PSW 297/w	31/8	

30

030

2

30-1

2″φ	〃	〃	67		2010″	N/M		
1½″φ	〃	〃	30		540″	UTC UAZ-346D	31/8	
1⅜″φ	〃	〃	85		2125″	N/M	31/9	
⅞″φ	〃	扎	2		182″	UTC		
¾″φ	〃	〃	10		707″	UTC UAZ-346D	31/8	
⅝″φ	〃	〃	17		1326″	〃		
½″φ	〃	〃	38		1619″	P.S.W. 297/w	31/8	
⅜″φ	〃	〃	3		120″	N/M		
¼″φ	〃	〃	5 37		85″ 617″	〃	31/8	
1″φ	铜	条 〃	4		352″	UTC UAZ-346D	31/8	
6 m/m	〃	〃	2		85″	N/M	31/10/27	

3

31

名称	單位	數量	重量 毛重	重量 净重	箱記	領發日期 年月日	附註
1/4"φ细长钢条	扎	3		282kgs	FDH IND 537	34.10.27	
5/16"φ 〃	〃	4		418〃	〃	〃	
5/16"φ钢条	〃	16		431〃	UAZ-491B	〃	
〃	〃	6		267〃	N/M		
5/16"φ什色钢条	〃	3		120〃	〃	34/10/27	
工具	箱	3	116kgs		UTC UAZ-211B	34/8/15	上項工具六箱詳细名称數目見另表"1"
〃	〃	2	57〃		UTC UAZ-326		
〃	〃	1	98.5〃		He He 47043		
〃	〃	21	1454〃		UTC UAZ-211C		上項工具二十一箱詳细名称及數目見另表"2"

061

32

向兵工署馬龍庫銷運材料表

名稱	單位	數量	重量 毛重	重量 淨重	箱記	銷發日期 年月日	附註
28m/m鋼珠	箱	2	70kgs		D E LUO Linchon	31,5,30	
12"圓盤銑 14" 〃	箱	2	120kgs		N/M		
銷酸鉀	袋	22	2200kgs		⊗	〃6,13	
6cm迫砲藥	桶	1500	15000kgs		UAZ-109	〃6,13	
〃	箱	128	8576kgs		ZN-1169	〃6,18	
〃	箱	75	5025kgs		ZN-1882	〃6,18	
3/4"中鋒鋼	根	21	~~189kgs~~	189kgs	1132-2	6,13-18	

0.2

m m

32-1

3"φ高炭素鋼	〃	7		843kg	N/M	〃	
4"φ冲模鋼	〃	2		500kg	363A	〃1	
3/4"φ工具鋼	〃	1		135kg	N/M	〃	
2 1/2"φ 〃	〃	4		376kg	N/M	〃	
1 1/2"φ炭素鋼	〃	12		350kg	N/M	〃 5,17	
3/8"φ 〃	〃	93		164kg	N/M	6 13-18	
1/4"φ 〃	〃	138		96kg	N/M	〃	
3/8"φ (9.52 m/m) 黄銅条	本	173		339kg			
5/8"φ (15.88 m/m) 〃	〃	362		1,914"			
7/8"φ 〃	〃	117		1,185"			

33

向兵工署保山庫領運材料表

名称	單位	數量	重量 毛重	重量 净重	箱記	領發日期 年月日	附註
3½"φ鋒鋼	枝	2		300公斤	1132—1		
5"φ冲模鋼	〃	6		1320〃	363—A		
4"φ 〃	〃	6		1140〃	〃		
1½"φ 〃	〃	4		90〃	〃		
4½"φ 〃	〃	3		375〃	〃		
3"φ 〃	〃	9		1470〃	〃		
¾"φ工具鋼	〃	3.		25〃	346-D		
⅛"φ 〃	箱	2	222公斤	222〃	〃		013

33-1

3/8"φ	〃	根	72		148"	〃		
7/16"φ	〃	〃	21		60"	〃		
1/2"φ	〃	〃	71		260"	〃		
9/16"φ	〃	〃	5		20"	〃		
1 3/4"φ	〃	〃	14		615"	〃		
2"φ	〃	〃	6		388"	〃		
1/2"φ	〃	箱	1	85kg		〃		
2"φ炭素钢		根	1			1132-2		
1 3/8"φ	〃	〃	1			〃		
3/4"φ	〃	〃	2		470kg	〃		
1 1/4"φ钢	条	〃	2			〃		

34

名稱	單位	數量	重量 毛重	重量 淨重	重量 體積	記號	領發日期 年月日	附註
1 3/4"ø鋼条	根	2				1132-2		

2

cm

向兵工署昆明庫領運械料表

名稱	單位	數量	重量 毛重	重量 净重	箱記	領發日期 年月日	附註
硝酸銅	桶	13	728公斤		UAZ-T-1148-2		
6cm迫擊砲管	根	590		29,500公斤	UAZ-457-E		
"	"	44		2,200"	"		
1¼"φ全焊鋼				24.7"			
5½"φ鋒鋼				217.5"			
5"φ "				1096.9"			
1"φ高炭素鋼				2233.5"			
7/8"φ "				452"			0.5

35

35-1

5"/32φ "				127"			
4"φ光 铁				370.5"			
1¾"×⅝"轫 钢				475.5"			
¼"φ中炭钢				28.5"			
⅜"φ "				363.5"			
5/16"φ "				506"			
1¼"φ马丁钢				34.5"			
¾"φ炭素钢				140.5"			
2½"φ "				416"			
1 3/16"φ				1764"			
5 7/16"φ钢 筋				363.9"			

名　　稱	單位	數量	重量 毛重	淨重	箱記	領發日期 年月日	附註
1/4″ф鋼筋				321/47			
							0.6

36

37

向兵工署泸县库领运材料表

名称	单位	数量	毛重	净重	箱记	领发日期 年 月 日	附注
6cm迫砲药桶		600	6000kg	5400kg	UAZ—111A	31 8 17	
马枪弹壳箱		26	936"		OT—114—A	"	
"	"	114	4,104"		UAZ-N-123	"	
"	"	40	1440"		B-IV-123	"	
马口铁皮	"	3	249"	234"	UAZ-526	"	
"	"	479	37,768"	35,373"	UAZ-T1139	"	
"	"	74	6,100"	5,730"	UAZ-140	"	
6cm迫击砲管胚		61		3,111"	UAZ-457E	31 9 16	037

(9.52 kg/m)

37-1

3/8″φ黄铜条	扎	300		1,031″		31.9.16	
5/8″φ黄铜条 (15.88 m/m)	〃	315		1,667″	UTC NoV90	〃	
7/8″φ (15 m/m) 〃	〃	46		198″	〃	〃	
1 3/8″φ (13.5 m/m) 〃	〃	87		312″	〃	〃	
1 5/16″φ (13.7 m/m) 〃	〃	1320		2813″	〃	〃	
1 1/2″φ (38.4 m/m)	〃	100		1778″	〃	〃	
1 3/4″φ (16 m/m) 〃	〃	360		1800″	—	〃	
1 3/8″φ 〃	〃	45		896″		〃	
5/16″φ 〃	〃	580		1160″	UTC UAZ-F1322-C	〃	
1/2″φ (12.7 m/m) 〃	〃	214		680″	UAZ-F1132	〃	
9/16	箱	96	19,607″		UAZ-F1352-C	〃	

2

名称	單位	數量	重量 毛重	重量 净重	箱記	領發日期 年月日	附註
1/16" 鋼板	塊	810		16,958磅	UAZ-7-1351-D-1	31,8,17	
1 3/8"φ 炭素鋼	枝	910	5/ #44043	22,232"	UAZ-491-B	"	
1 1/8"φ "	"	803		14,454"	"	"	
7/8"φ "	"	440		4400"	1—1759	"	
元鋼条	"	417		4096"	1379 7/8	31 9 16	
輕機槍鋼管	"	103		2575"	UAZ-F-49113	"	
							U.S

38

（三）機器設備數量表

機器類别	數量	單位	附註
車床類	251	部	左列機器有三分之一由本國自造
鑽床	66	〃	其餘因構造較繁精度較高本
銑床	43	〃	國製造困難於抗戰前向外國購來
磨床	34	〃	
刨床冲床	21	〃	
鋸剪機	8	〃	
壓機	92	〃	
木工用機	6	〃	

10

製炸藥機	40	〃	
動力機	7	〃	
電炉及電焊機	34	〃	
銅壳製造機	52	〃	
試驗儀器	16	〃	
其他	27	〃	
総計	697	部	総計需用馬力 1000 H.P.

113

(五)主要原料數量表

原料名稱	單位	需用數量		附註
		依照最大限度可能產量	依照實際產量	
銅料	噸	430	360	左列原料除普通鋼
鋼鐵料	〃	450	330	鉄及一部份化学药品外
鑄鐵料	〃	840	720	其他皆仰外國供給
其他五金材料	〃	100	90	
化学药品及火药料	〃	90	80	

41

112

（七）產品數量表

名稱	單位	每年產量		附記
		最大限度之可能產量	實際產量	
六公分迫擊砲	門	1,500	1,500	实際數量尚須以材
六公分迫砲彈	發	420,000	360,000	料供應為依據若材
三七破甲彈	〃	60,000	60,000	料能充分供給不虞匱
信號彈殼	個	240,000	120,000	乏即可按量造繳
擦槍器具	套	48,000	24,000	

40

(八) 產品種類

類别	名稱	附註
主要產品	六公分迫擊砲	
〃	六公分迫擊砲彈	
副產品	三七破甲彈	
〃	信號彈殼	
〃	擦槍器具	

兵工署第十工厂领用主要原料运输距离里程表（一九四五年三月）

107

領運主要原料運輸距離里程表

材料來源	發料机関	領運方法	距離本廠里程	備註
呈署撥發	材料儲整處	陸運（卡車）	62公里	
〃 〃	動力油料廠	水運（木船）	10華里	
〃 〃	駐昆處材料庫	陸運（卡車）	1150公里	領運由加爾各答運昆明之空運材料
呈署飭各廠代造	第二十工廠	水運（木船）	24華里	
〃 〃	第二十四廠	陸運（卡車）	30公里	
〃 〃	第二十五廠	〃〃 〃〃	33公里	
〃 〃	第二十八廠	〃〃 〃〃	27公里	
〃 〃	遷建會鋼鐵廠	水運（木船）	60華里	

兵工署第十工厂关于报送一九四五年度购置各种机器清册暨合同等致兵工署的呈（一九四五年十二月六日）

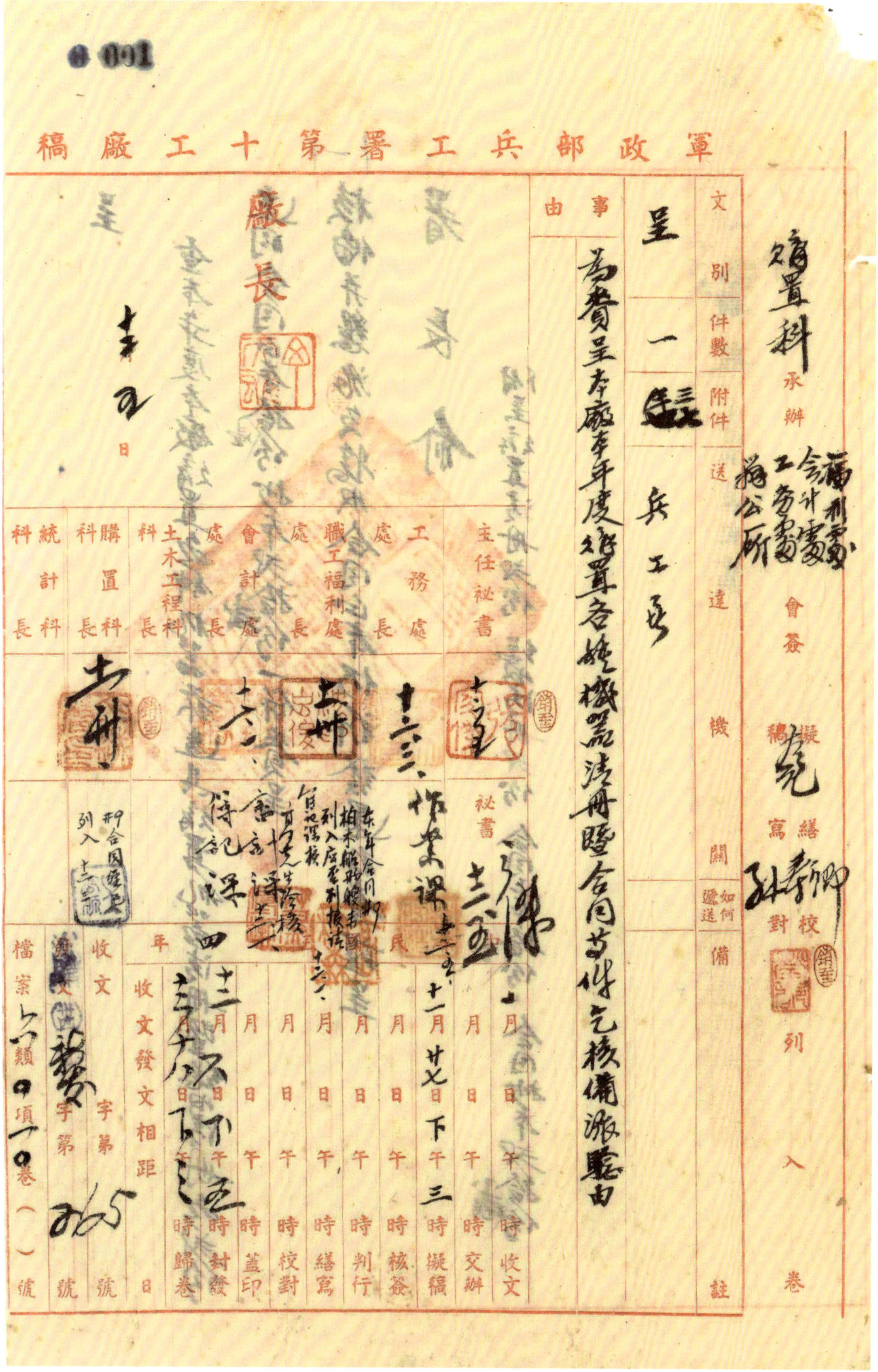
軍政部兵工署第十工廠稿

事由：為賫呈本廠本年度購置各種機器清冊暨合同等件乞核備派聽由

呈 一

兵工署

廠長

購置科 承辦

主任秘書　工務處長　職工福利處長　會計處長　土木工程科長　購置科長　統計科長

呈

查本年度本厂编置各种机器承造具编置机器清册暨总价清册各贰份，连同合同正本拾份，抄本贰拾份，一并赍呈，

核备并恳派员验收，合同正本仍祈发还存查。谨呈

署长俞

附呈编置清册贰份、总价清册贰份、合同正本拾份、合同抄本贰拾份

柏木船壹艘　交通部造船处

繕二份

002

軍政部兵工署第十工廠卅四年度製造費結算之機器清冊

品名	數量	單價	總價	訂購合同號碼	備註
		一六〇、〇〇〇〇〇〇 一五〇、〇〇〇〇〇〇		4[illegible]號	
柏木船	二艘	二〇〇、五〇〇〇〇〇	四〇一、〇〇〇〇〇〇	34字第9號	
六尺雙桿牙箱式車床	十二部	二二六、五〇〇〇	三、一〇八、七三四四〇	34字第23號	
〃〃鑽床	二部	一九六、八六七二〇			
四面企口刨板機	一部	九〇〇、〇〇〇〇〇	九〇〇、〇〇〇〇〇	34字第53號	
三十噸級駁船	二艘	九三七、九〇〇〇〇	一、八七五、八〇〇〇〇	34字第144號	
五燈交流收音機	一架	一六〇、〇〇〇〇〇	一六〇、〇〇〇〇〇	34字第149號	
大號碾米機	一部	一八〇、〇〇〇〇〇	一八〇、〇〇〇〇〇	34字第159號	
四級打水機 連蓮頭	一部 一只	六九〇、〇〇〇〇〇 二五、〇〇〇〇〇	七一五、〇〇〇〇〇	34字第160號	

變壓器	一座	八、八五〇、〇〇〇〇〇	八、八五〇、〇〇〇〇〇	34字第197号
二十尼馬達 廿五尼馬達	一部 一部	一、一四九、〇〇〇〇〇 一、三八八、〇〇〇〇〇	二、五三七、〇〇〇〇〇	34字第259号

繕二份

0003

軍政部兵工署第十工廠卅年度製造費購置之機器總數清冊

品名	數量	單位	售貨廠別	備註
新式手搖馬達兩用鉄架煤球機	五	部	中國机製煤球社	
連煤球架	三	件		
鉄皮烘爐	一	座	王金培	
六尺双桿牙箱式車床	十二	部	渝成公司	
仝"鑽床	二	部		
四面企口刨板機	一	部	洪發利機器廠	
三十噸級駁船	二	艘	劉記造船廠	
五燈交流收音機	一	架	中央無線電器材廠	
大號碾米機	一	部	上海機器廠	
四級打水機	一	部	上海機器廠	
連蓮頭	一	只		

3-1

變壓器	一	座	華美電機廠
二十 廿五疋馬達	一	部	中央電工廠